共同研究開発契約の法務 第2版

重冨貴光・酒匂景範・古庄俊哉〔著〕
Takamitsu Shigetomi　Kagenori Sako　Toshiya Furusho

中央経済社

はしがき（第２版）

2019年11月に本書初版を発行して早２年半が経過したが，その間においても企業や大学による共同研究開発活動は引き続き活発に行われており，共同研究開発遂行者にとって共同研究開発案件を法律および契約に照らして適切に管理運営する重要性は何ら変わらず，むしろその重要性はより一層増している。かような状況の下で，幸いなことに，本書初版は，共同研究開発案件に携わる関係各位の好評を博し，第５刷に上る増刷に至った。

本書第２版は，初版発行後の共同研究開発案件に関連する諸動向を踏まえて解説を追加したものである。主な追加内容は，①経済産業省および特許庁が新たに公表した「研究開発型スタートアップと事業会社のオープンイノベーション促進のためのモデル契約書ver2.0」（「モデル契約書ver2.0」）を踏まえた解説追記（第３章および第５章），②スタートアップとの共同研究開発案件における実務上の留意点に関する解説追記（第５章），③初版発行後に出された重要裁判例の解説追記（第８章）である。上記①②は，近時，スタートアップが共同研究開発案件に数多く参画する実態が生じていることに鑑み，スタートアップとの共同研究開発案件における固有の問題点を指摘し，実務上の対応について解説したものである。上記③は，初版発行後に共同研究開発関連紛争において注目すべき裁判例が出されていることを踏まえ，その内容を紹介するとともに，本書における契約書条項解説部分において該当裁判例を指摘し，紛争を見据えたうえでの契約書条項作成の留意点を解説したものである。いずれも，共同研究開発案件の適切な管理運営に資する重要な情報であると考えている。また，巻末資料の契約書ひな型についても，表現整備を行った。

本書第２版が，初版と同様に，共同研究開発案件に取り組む企業等の担当者をはじめとする共同研究開発案件関係者の実務遂行上の参考になることを祈念する次第である。

なお，本書第２版の執筆作業に際しては，日本新薬株式会社の加藤文彦弁護士に第１章および第８章の改訂作業につき，多大なるご協力を頂いた。この場を借りて加藤文彦弁護士には，執筆者一同，心より感謝を申し上げる次第である。

2022年８月

執筆者を代表して

重冨 貴光

はしがき

企業や大学において，新たな製品や技術を開発するために，他者との間で共同研究開発を行うことは少なくない。この共同研究開発を円滑に進めていくにあたっては，共同研究開発の特質を十分に理解したうえで，契約締結前の商談，契約締結交渉，契約締結後の運用を適時適切に進めていくことが極めて重要である。しかしながら，共同研究開発に関して，法的・契約的に留意すべき事項を体系的に整理して解説した書籍はあまり存しない。このような問題意識の下，本書では，共同研究開発に関し，法的・契約的にみて，どのような事柄に着目・留意して取り組めばよいのかという点について網羅的かつ体系的に解説することを試みている。

本書の体系であるが，まずは第１章において共同研究開発の意義および仕組みについて概説する。第２章では，共同研究開発の進め方全般を解説する。すなわち，共同研究開発を進める各ステージとして，①開発ターゲットの設定・共同研究開発パートナーの選定，②秘密保持契約，③レター・オブ・インテント（LOI, Letter of Intent），フィージビリティ・スタディ契約，④共同研究開発契約の締結，⑤共同研究開発の遂行，⑥共同研究開発の終了が存するところ，各ステージの内容や留意点を概説する。第３章では，共同研究開発案件を進めていく初期段階として，より具体的に法律的観点から，①秘密保持契約締結の実務的留意点，②レター・オブ・インテント，フィージビリティ・スタディ契約締結・遂行に関する実務的留意点を解説する。第４章では，共同研究開発契約書の作成に際して把握・理解すべき主要な契約条項について，ひな型を用いつつ解説を行うとともに，特に重要な共同研究開発成果の取扱いに関する法的留意点や独占禁止法上の問題点を解説する。第５章では，当事者の属性として特徴のある①大学との共同研究開発案件，②外国企業との共同研究開発案件において留意すべき事項を解説する。第６章では，共同研究開発の遂行段階において実務的に留意すべき事項を解説する。第７章では，共同研究開発案件を終了する際に実務上留意すべき事項について解説する。第８章では，共同研究開発案件に関連した裁判例を紹介・解説している。裁判に発展した紛争を通じて，契約書作成のあり方を含め，共同研究開発案件にどのように取り組むべきかを学ぶことは重要であるため，本書では独立して章立てをして扱っている。

また，実務上，筆者らが相談を受ける頻度が少なくない事項について，Q&Aを随所に散りばめる試みも行っている。

本書が，共同研究開発案件に取り組む企業等の担当者をはじめとする共同研究開発案件関係者の実務遂行上の参考になるとともに，より一層，共同研究開発が発展することを祈念する次第である。

2019年10月

執筆者を代表して

重冨 貴光

目　次

第5章　大学・研究機関との産学連携，外国企業やスタートアップとの共同研究開発　116

第8章　共同研究開発に関する裁判例　167

第1章　共同研究開発とは

第1節　共同研究開発の意義・類型

共同研究開発とは，製品や技術を研究開発するにあたり，複数の当事者が共同して研究開発を行うことを意味する。

いうまでもなく，企業が成長を続けるためには，新たな製品や技術を絶えず生み出していくことが必要であり，そのために研究開発を行うことは必要不可欠である。

企業の研究開発活動の実施状況についてみるに，文部科学省科学技術・学術政策研究所第２研究グループが実施した「民間企業の研究活動に関する調査報告2020」によれば，2019年度における企業の主要業種における社内研究開発費は１社当たり平均23億1,912万円（うち外部からの受入研究費が１社当たり6,004万円），外部支出研究開発費（総額）が平均４億6,870万円と極めて多額に上っている。

このような研究開発については，もちろん自社単独で遂行するものも数多く存在する。しかしながら，自社単独ではなく，他社と共同して新製品を研究開発することが必要または重要となる場合がある。実務上，共同研究開発が行われる場合として，以下のような事例が存在する。

第１に，製品開発に際しては，自社が保有していない技術や知見が必要となる場合や，製品開発のスピードアップを図るために技術力を早期に確保する必要がある場合などが生じる。このような場合には，そのような技術・知見を備えた他社と共同して研究開発を進めることが有効な手立てとなる。

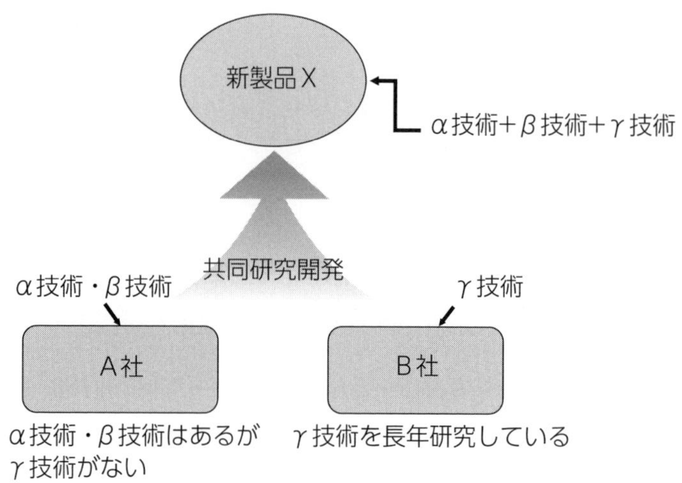

第2に，最終製品メーカーは，最終製品に搭載される素材や部品について，最終製品の性能・品質を向上させるために素材や部品メーカーとの間で新製品の共同研究開発を行う場合が多い。この類型では，新素材や新部品に関する技術的蓄積がある素材・部品メーカーに新素材・部品の研究開発を担ってもらうとともに，新素材・部品を最終製品に搭載した際の性能・品質を技術的に分

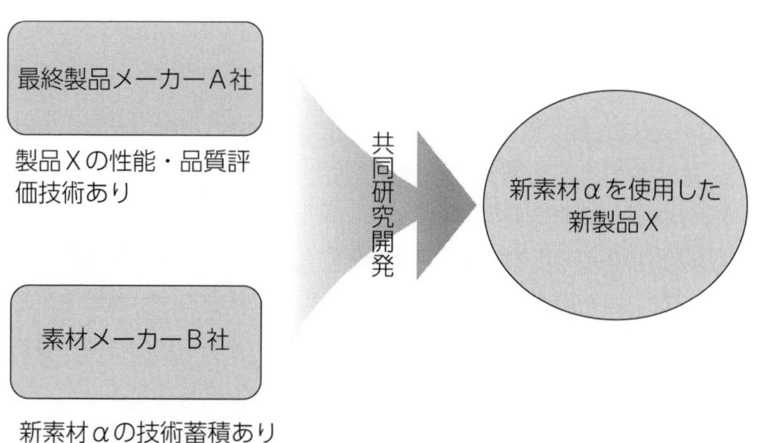

析・評価して，新素材・部品に求められる技術的要素をフィードバックするという形で新製品の共同研究開発が行われることになる。

第3に，ベンチャー企業や大学においては，有望な技術（シーズ）を保有しているものの，その技術を利用した製品化に向けた資金・市場分析力等を十分には備えていないことが少なくない。このような場合には，潤沢な資金を有している企業や，製品市場に関する豊富な知識・経験を有している企業と製品を共同して研究開発していくことが重要な事業化戦略となる。

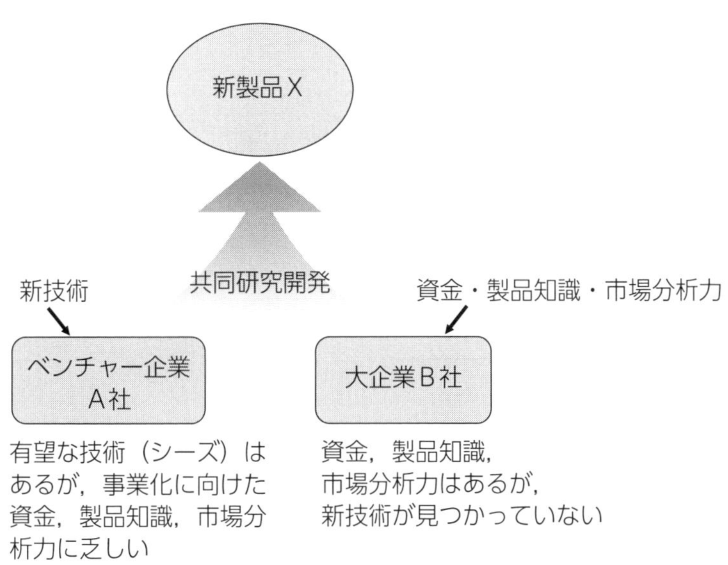

第4に，日本企業は，世界市場にて製品を拡販して収益を上げるために，外国企業と共同して製品の開発・製造・販売事業を行うことがある。たとえば，医薬品分野では，各国の規制当局による承認制度が存在し，各国の規制に対応した医薬品開発が必要となるが，日本企業単独では世界各国における医薬品開発が難しい場合も少なくない。このような場合には，日本企業が日本やアジア地域における製品開発を主に担当し，共同研究開発の相手方である外国企業が欧米地域における製品開発を主に担当する仕組みを構築したうえで，世界各国

で製品を開発・製造・販売できるように共同研究開発プロジェクトを企画・遂行することが考えられる。

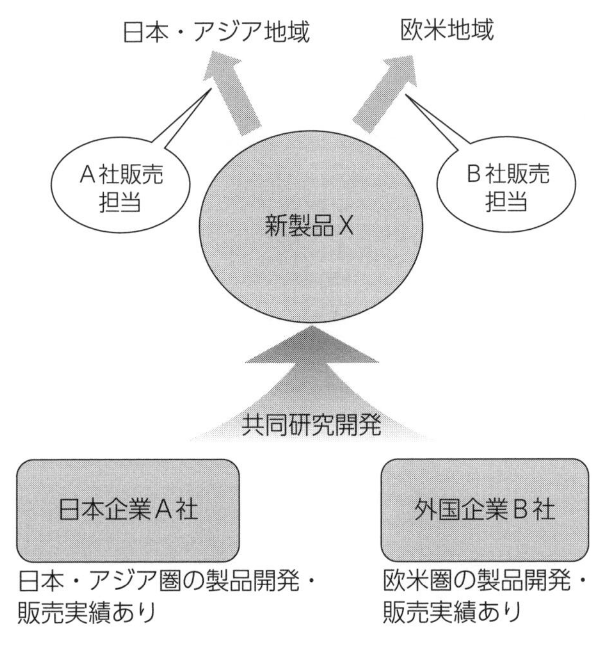

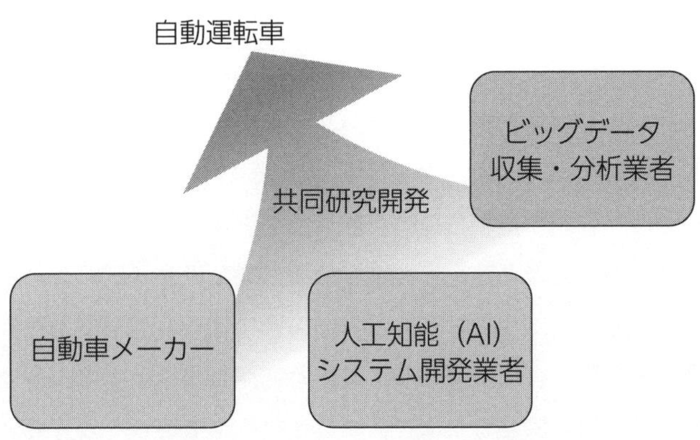

第５に，特に昨今は，第４次産業革命ともいわれる科学技術の目覚ましい進展に伴って，企業が自社単独で研究開発を行うことの限界がより一層認識されるようになっている。たとえば，自動車の自動運転技術の開発に際しては，自動車メーカーが業界の垣根を超えて人工知能（AI）のシステム開発業者，ビッグデータの収集・分析業者等との間で共同研究開発を行うことが必要不可欠となっている。このように，企業にとって，他の企業との共同研究開発を行うことの重要性が大きくなっている。

第２節　共同研究開発を巡る近時の動き

共同研究開発は企業間に限られず，近時は，従前にも増して産学連携による共同研究開発案件が増加し，大型案件も増加している。

文部科学省が公表した「令和２年度の大学等における産学連携等実施状況について」をみると，民間企業との共同研究において，「研究費受入額」は約847億円となり，文部科学省による本調査開始後（平成15年度以降），初めて800億円を超えた。また「研究実施件数」は28,794件となり，前年度と比べて488件減少（1.7％減）したが，依然として高い水準にある。

一例を挙げると，2018年に本庶佑・京都大学名誉教授がノーベル生理学・医学賞を受賞したことからも注目されたPD-1（蛋白質）関連の研究に基づく医薬品（オプジーボ）は，小野薬品・BMS・京都大学の産学連携の成功例として挙げられる。1992年に京都大学においてPD-1が発見されるとともに，1998年にPD-1欠損マウスが自己免疫疾患を発症することが発見された後，PD-1を活用したがん治療に向けた研究開発が行われた結果，2002年に抗PD-1抗体のがん治療用途特許出願がなされるに至った。小野薬品は京都大学とともに抗PD-1抗体をがん治療薬として開発する事業を推進し，2005年に米国メダレックス社との共同研究開発を行うとともに，2006年には米国で抗PD-1抗体（オプジーボ）の臨床試験を開始した。2008年には日本で抗PD-1抗体（オプジーボ）の臨床試験を開始した。2009年にBMSがメダレックス社を買収したこと

【民間企業との共同研究開発実施件数および研究費受入額の推移】

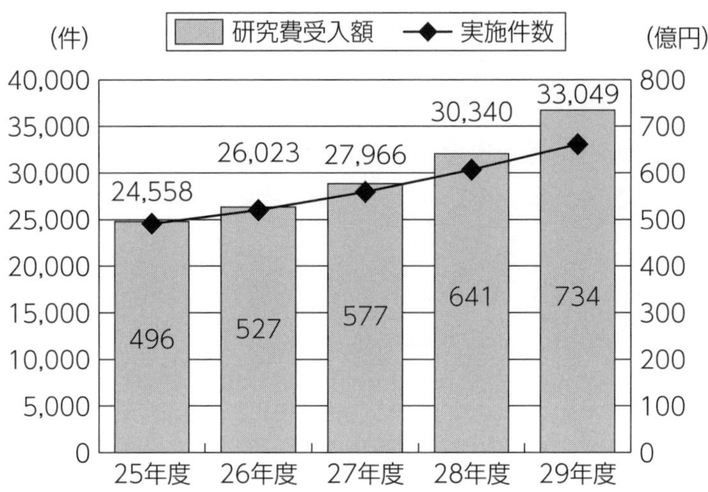

出所：文部科学省 科学技術・学術政策局 産業連携・地域支援課 大学技術移転推進室「平成29年度 大学等における産学連携等実施状況について」（平成31年２月27日）

から，小野薬品はBMSとの協働を行うこととなり，2014年には小野薬品とBMSとの戦略的提携契約が拡大するとともに，オプジーボが日米で承認された。その結果として，オプジーボは，2021年国内売上高が1,200億円を超えるブロックバスター医薬品となっている。

他の例を挙げると，2015年４月には，京都大学iPS細胞研究所（CiRA）と武田薬品が，iPS細胞研究に関する10年間の包括的な共同研究開発契約を締結したことで世間の耳目を集めた。この共同研究開発案件は，T-CiRA（Takeda-CiRA Joint Program for iPS Cell Applications）と称する提携により，心不全，糖尿病，神経疾患等の分野におけるiPS細胞技術の臨床応用に向けた共同研究を実施することを旨とし，複数の研究プロジェクトが同時並行的に実施されるものであり，武田薬品が10年間で120億円以上に相当する研究支援を提供するという大型プロジェクトである。そして，この共同研究のプロジェクトで得られたiPS細胞由来心筋細胞とiPS細胞由来膵島細胞が，再生医療等製品候補として

2021年８月にオリヅルセラピューティクス株式会社に移管され，共同研究で得られた成果を基にした事業化も始まっている。

他にも，2020年８月には，東京大学，ソフトバンク，ソフトバンクグループ，Yahoo! JAPANが世界最高レベルのAI（人工知能）研究機関として「Beyond AI 研究推進機構」を設立し共同研究を開始した旨公表された。この共同研究では，AI自体の進化や他分野との融合，最先端AIを追求する中長期の研究テーマ10件を選定し，初期段階から事業化を見据えた研究活動を行っており，ソフトバンク，ソフトバンクグループ，Yahoo! JAPANから10年間で最大200億円を拠出するという大型プロジェクトである。

第３節　共同研究開発のメリット・デメリット

以上に紹介した事例からもいえることであるが，共同研究開発を行うメリットとしては，大要，以下の要素を挙げることができる。

① 研究開発を行うにあたり，自社にないヒト・モノ・カネを入手できる
② 自社単独ではなしえなかった新事業・新製品市場に参入することができる
③ （特に製品のライフサイクルが短い分野において）技術開発をスピードアップできる
④ 事業化に必要な量産化技術・コストダウンを実現できる

他方で，共同研究開発は，自社単独の研究開発とは異なる要素があることにも留意しておく必要がある。この要素（問題点）を把握せず，これに適切に対処しなければ，共同研究開発によって事業上の不利益（デメリット）を被りかねない。このデメリットとしては以下のような要素が存在する。

① 共同研究開発案件におけるパートナーとの関係は，一種の運命共同体である（成功するも，失敗するも，パートナーとの共同関係に依存せざるを得ない）
② 他者である以上，法的・物理的に完全なコントロールはきかない
③ 相手方との利害衝突が生じうる

④　成果帰属・成果利用（自らの希望通りに成果帰属・成果利用を実現することができない）
⑤　共同研究開発後に他者に事業遂行を依存せざるを得ない場合がありうる（例として，パートナーでしか共同研究開発成果としての製品を製造することができない事情の下で，パートナーによる安定的な製品の供給を受けることができなくなるリスクがある）

そこで，共同研究開発を行うにあたっては，上述したメリットを十分に享受しつつ，生じうる事業上の不利益（デメリット）を未然に防ぐために，適切なマネジメントを行うことが何よりも重要である。このマネジメントを行うにあたっては，共同研究開発の仕組みを十分に理解するとともに，共同研究開発の企画・契約・遂行の一連の過程で生じうる法律的・契約上の問題点を認識し，問題点への対処策を把握しておくことが肝要である。共同研究開発は，企業の成長戦略にとって必要不可欠なものといえるが，本書では，共同研究開発をテーマとして取り上げ，弁護士の視点から法的に留意すべき事項を解説する。

第4節　他の共同形態との比較

複数の当事者が共同して研究開発を行う仕組みとしては，共同研究開発の他に，合弁事業を行う形態や，コンソーシアムを形成する形態もある。

合弁事業を行う場合には，共同研究開発という案件単位での共同形態を超えて，合弁事業体（組織）を構築し，合弁事業体（組織）への出資・経営のあり方等を契約にて仕組みづくりすることになる。すなわち，合弁事業の場合には，合弁事業体に各当事者がヒト（事業体の取締役・従業員等），モノ（研究設備等），カネ（出資・貸付等）を拠出すること等によって当該事業体が組織（多くの場合は法人組織）として事業を行っていくことになる。このような合弁事業によるプロジェクトは，各当事者が本格的に当該事業を行うことを決している場合や，事業採算性の見込みが付いているような場合に採用されることが多い。他方で，本書で扱う共同研究開発案件は，事業体を組織として形成するのではなく，各当事者が案件単位として共同する点で合弁事業とは異なる。また，共同研究開発の場合には，ターゲットとなる技術や製品の開発の成否，事業性・採算性の見込みが立っていない状況で開始されることが少なくなく，このような場合に合弁事業形態を採用することは一般的にはない。かような意味において，共同研究開発案件は合弁事業案件とは属性において異なっているといえよう。

コンソーシアムは，多数当事者が共通の目的の下で共同研究開発を遂行するための枠組みを契約や規約によって形成することになる。このコンソーシアムは，共同研究開発の応用型であるが，一般的な共同研究開発が二者間の案件であるのに対して，コンソーシアムは三者以上の多数当事者間の案件であるという点で相違する。コンソーシアムの例としては，国（行政機関），公的研究機関，複数の民間企業（装置メーカー，部品メーカー，ソフトウェア開発業者等）が新世代の技術開発および製品開発に向けて一定期間（例：３か年）の共同研究開発プロジェクトを企画し，当該プロジェクトを進めるにあたって多数当事者が担うべき役割や費用負担等について定めるといった形態がとられる。

ここでは，本書で扱う二者間の共同研究開発とは異なり，多数当事者間がプロジェクトに関与することから，当事者間の法律関係をどのように形成するのかという仕組みづくりにおいて別途の考慮を要する。国が関与するコンソーシアムでは，国が一定のルールを規約として策定し，参加当事者が当該規約を遵守することを約してコンソーシアムを形成する仕組みづくりが行われることが一般的であるが，民間企業のみが形成するコンソーシアムでは，規約を定める場合のほか，各当事者の契約を複数作成・締結することによってコンソーシアムを形成することもある。このように，二者間の共同研究開発案件とは異なり，多数当事者間での法律関係形成を行う必要がある点や，事業としても二者では技術・製品開発を行うことが難しい場合にコンソーシアムを形成して共同事業を行うこととなる。

第2章　共同研究開発の進め方

本章では，共同研究開発の進め方全般について解説を行う。

共同研究開発の具体的な進め方については第３章以下で詳しく解説するが，ここでは，共同研究開発をどのような手順で進めていけばよいのかについて説明しておく。

共同研究開発案件は，以下のような各ステージに分けて整理することができる。

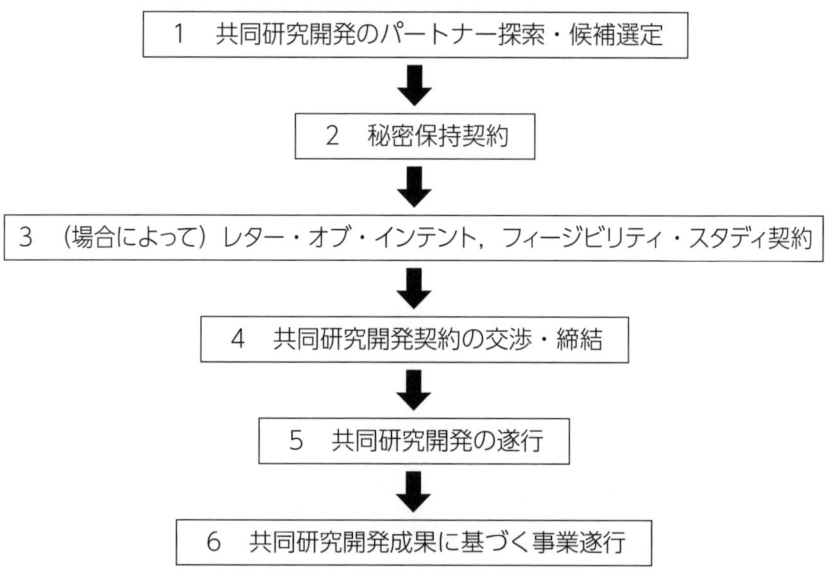

そこで，以下，各ステージにそって共同研究開発の進め方・手順を説明する。

1　共同研究開発のパートナー探索・候補選定

当然のことではあるが，共同研究開発を進めていくにあたっては，共同研究開発の相手方となるパートナーを探索するとともに，その候補を選定していく必要がある。

このパートナーをどのように見つけていくかについてであるが，企業や研究者は研究開発対象となる技術分野に関する学会・展示会に参加して他者の新たな技術に触れ，技術的交流をすることが少なくない。このような機会を通して他者との共同研究開発を推し進めることがある。

また，大学における産学連携本部やTLO（技術移転機関）は，シーズとなる新たな技術を公表するとともに，企業との共同研究開発を推し進めるべく，企業への技術の売り込みを積極的に行っている。かような取り組みも，共同研究開発のパートナー探索・候補選定の有用な手段である。

さらに，企業は，顧客やサプライヤーとの日常的な取引を進める過程において，取引対象としての製品の品質・性能改善に向けた継続的な協議を行っている場合が少なくない。このような協議の過程で新技術の開発の必要性等を相互に共通認識し，新製品および技術の研究開発を共同して行うこともある。

以上のようなさまざまな経緯・契機によって共同研究開発のパートナー探

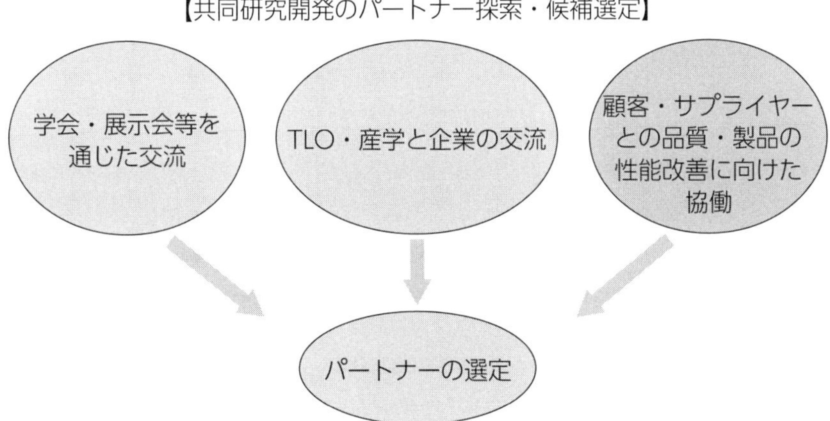

索・候補選定がされるとともに，共同研究開発案件が推し進められることになる。

2　秘密保持契約

共同研究開発のパートナーを選定した後は，パートナーとの間で，新製品や新技術の研究開発に向けて，当事者が保有するアイデア・知見を出し合うことになる。

かようなやり取りにおいて，双方が出し合うアイデア・知見は，当事者にとっての秘密情報であることが少なくない。

ここで，情報の秘密を保持する措置を講じないまま安易に相手方当事者に開示した場合には，秘密情報が非公知性（秘密性）を失って公知情報となってしまい，以降，法的保護を求めることができなくなる。

そこで，秘密情報が法的に保護される状態を確保するために，秘密保持を明確にさせるものとして，秘密保持契約を締結することが一般的である。この秘密保持契約は，主として，秘密情報の非開示・目的外使用を制限することを合意するものである。

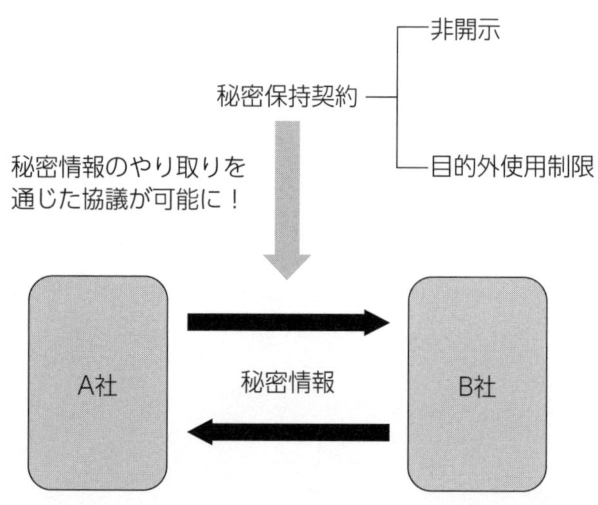

このような秘密保持契約を締結することによって，相手方に秘密情報を開示して共同研究開発の目的や対象について具体的に協議することができるようになる。

3 (場合によって) レター・オブ・インテント，フィージビリティ・スタディ契約

上記2のとおり，秘密保持契約を締結して当事者間で共同研究開発に向けた協議を進める中で，はじめから相手方（パートナー）とともに本格的に共同研究開発を進めるか否かについて躊躇・逡巡することも少なくない。たとえば，共同研究開発の対象となる新製品の潜在的な性能や品質が果たして実現可能なものであるか否かや，相手方（パートナー）が期待する程度に技術力を持っているか否かを判断してから本格的に共同研究開発を進めるかを決定したいと考える場合がある。このような場合には，共同研究開発契約に入る前に，その前提として共同研究開発の成功可能性・実行可能性を判断するためのフィージビリティ・スタディを目的とする契約を締結することが考えられる。すなわち，フィージビリティ・スタディ契約とは，共同研究開発の本契約を締結する前段階にて，共同研究開発の成功・実行可能性（相手方の研究開発力など）を見極めることを目的として締結される契約をいう。この契約においては，将来に本格的な共同研究開発を行うか否かについて双方当事者がコミットする条件とせ

【フィージビリティ・スタディ契約】

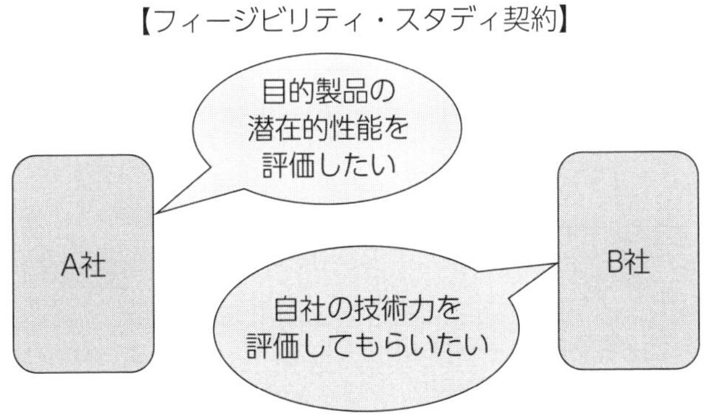

ず，一定の事柄（例として，新製品の基礎技術・基礎的性能）を達成するために共同で研究開発活動を行うとともに，技術や性能を確認することを目的として締結される。

あるいは，本格的に共同研究開発を行うことを双方当事者が希望はしているものの，詳細かつ具体的な条件を定める前段階として，共同研究開発に関する役割・スケジュール・費用負担・経済条件等の基本的な仕組みについてすり合わせをしたうえで合意をしておきたいと考える場合も少なくない。このような場合には，双方当事者の共通意思を確認して合意することを目的としたレター・オブ・インテントを締結することが考えられる。このレター・オブ・インテントでは，上述した共同研究開発に関する基本的な仕組みを条項化して合意するとともに，当該合意内容は後の共同研究開発契約書に反映されることもあわせて合意することが一般的である。

【レター・オブ・インテント】

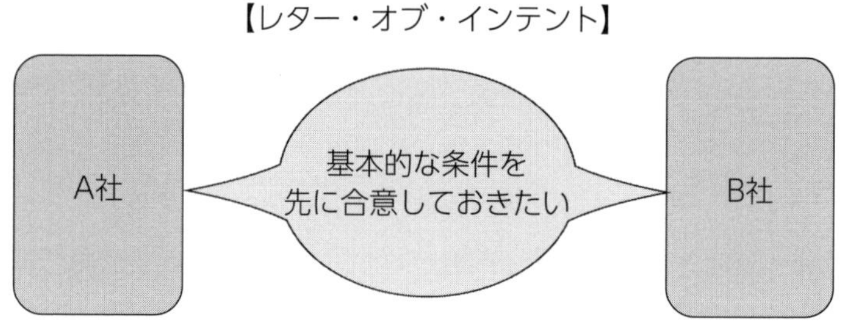

また，共同研究開発を行うにあたっては，念頭に置く共同研究開発が独占禁止法上の問題を内包しているか否かを検討しておく必要がある。すなわち，共同研究開発を行うこと自体が内容によっては独占禁止法上問題とされる場合が存在する。そこで，共同研究開発の独占禁止法上の位置づけについては第３章第４節にて解説を行う。

4　共同研究開発契約交渉・締結

この段階では，共同研究開発の具体的な条件を協議して契約書を作成していくことになる。詳細は，第４章にて解説しているが，共同研究開発契約書に盛り込まれるべき重要な条件を把握・確認したうえで，各条項を置く意義をしっかりと理解しておくことが肝要である。加えて，極めて重要なことは，契約当事者の立場によって，同じ条項であっても，有利・不利な条項の見分け方を把握できるようにすることである。たとえば，最終製品メーカーと部品メーカーが共同研究開発を行う場合には，成果の取扱いに関する条項をとってみても，最終製品メーカーにとって有利な条項の作り方と，部品メーカーにとって有利な条項の作り方があることを知ったうえで，ある条項がいずれの当事者に有利な条件として作成されているかを見抜けるようになることが重要である。

このように，共同研究開発契約書に盛り込まれるべき各条項の意義・ポイントを正確に理解したうえで，相手方当事者との間で具体的な条件を協議し，最終的に契約書として合意することになる。

また，共同研究開発は，新たな技術的成果を得ることを目的とするところ，共同研究開発遂行の結果として得られた成果について，成果の帰属や実施の条件に関して適切な取決めをしておくことが極めて重要である。この成果の取扱いを定めるにあたっては，前提となる法律的なルール（いわゆるデフォルトルール）を理解したうえで，契約によってどのように合意をしていくべきかを十分に把握しておくべきである。そこで，成果の取扱いについては，第４章第２節で項目を立てて解説する。

さらに，共同研究開発の条件（実施に伴う取決めや成果に関する取決め等）が独占禁止法上問題とされる場合が存在する。そこで，共同研究開発の条件が独占禁止法上問題となる場合について第４章第３節で解説する。

5　共同研究開発の遂行

共同研究開発契約を締結した後は，契約の条件に沿って共同研究開発を進めることになる。もっとも，共同研究開発案件は，新製品や新技術の開発を目指して進めるものであるが，その成功の保証はなく，期待したような成果が得られずに終了することも少なくない。また，共同研究開発当初には予想していなかった種々の問題（スケジュール遅延，予算オーバー，性能未達等によるさらなる研究開発事項の抽出等）が発生することも決して少なくない。そこで，共同研究開発の遂行にあたっては，このような問題が生じうることについても予め想定したうえで，問題が発生した場合の対処策についても把握しておくことが肝要である。

6　成果に基づく事業遂行

共同研究開発プロジェクトが奏功して成果が得られた場合には，双方当事者が成果を利用した新製品の製造販売等の事業を遂行するステージに移ることになる。このステージにおいては，双方当事者の事業利益を実現・確保するとともに，うまく調和させることによって成果を最大限活用して事業活動が展開できるような仕組みを構築していくことが重要である。このような仕組みの構築に際しては，共同研究開発契約書作成の段階から当事者が協議して合意する場合もあるし，成果が創出されてから当事者が協議して合意する場合もある。いずれの場合でも，成果を双方当事者が支障なく利用して事業遂行できるような仕組みを構築することが望ましいことには変わりがないが，双方当事者として，自らが置かれた立場によってどのような仕組みが好ましいかが変わることを十分に把握・理解しつつ，条件協議を行うことが肝要である。どちらの場合でも，成果を利用した事業遂行に関して適用されるべき法律を理解したうえで対応することが肝要である。

第3章　共同研究開発初期段階

共同研究開発契約の締結に至るまでの過程では，両当事者が秘密性の高い情報を相互に開示することが通例であり，そのような情報を秘密として取り扱うべきことなどを定めた秘密保持契約が締結されることが多い。また，共同研究開発契約を締結すべきか否かを判断する前提として，フィージビリティ・スタディ契約を締結したうえで，予備的テスト・検証を行うこともある。さらには，共同研究開発契約の締結に向けた交渉過程においては，契約の締結に向けた交渉を行う意向の表明や中間的な合意事項の確認等のためにレター・オブ・インテント等の書面が作成されることもある。また，共同研究開発を行うに当たっては，独占禁止法上の問題がないかも確認しておく必要がある。

そこで，本章においては，共同研究開発契約の締結に至るまでの過程で作成される契約書，書面の内容や留意点，独占禁止法上の問題点等について解説を行う。

第1節　秘密保持契約

1　秘密保持契約を締結する目的と必要性

秘密保持契約とは，契約の相手方から開示された情報を秘密として保持し，第三者に開示，漏えい等しないこと，当該情報を契約において定められた目的以外に使用しないことなどを約する契約である。

一般的に，秘密保持契約が必要となる場面としては，①一定の取引を行うかどうかを検討するに際し，秘密情報を開示することを予定している場面，②一定の取引に付随してまたは当該取引の目的を達成するために，秘密情報を開示することを予定している場面，③相手方が日常的に秘密情報に接する場面などが挙げられるが，共同研究開発を行うか否かの検討を行う前提として締結される秘密保持契約は，上記①の場面を念頭に置いたものである。共同研究開発の初期段階では，共同研究開発のパートナー候補を選定し，当該パートナー候補と共同研究開発を行うことの是非について検討を行うが，その前提として，当該パートナー候補に対し，自社の技術に関する情報，経営に関する情報，営業に関する情報等の自社の秘密情報を開示することが必要になる。また，自社がパートナー候補に対して秘密情報を開示するのみならず，パートナー候補から秘密情報の開示を受けることにもなる。このように，共同研究開発の実施の是非を検討する段階で両当事者間において相互に秘密情報の開示が行われるのが通常であり，開示された秘密情報の秘密保持義務や目的外使用禁止義務などを取り決めるために，秘密保持契約の締結が必要となる。

2　秘密保持契約の内容と検討のポイント

共同研究開発の初期段階，具体的には，共同研究開発のパートナー候補と共同研究開発を行うか否かを検討するために秘密情報のやり取りが行われる場面を想定した秘密保持契約の基本的な内容は，他の場面における秘密保持契約の内容と同様である。もっとも，共同研究開発開始前の段階においては，目的条項，定義条項の定め方，成果の取扱いなど，特有の留意を要する点もある。

以下では，共同研究開発のパートナー候補と共同研究開発を行うか否かを検討するために秘密情報のやり取りが行われる場面を想定した秘密保持契約について，秘密保持契約書のサンプル（巻末資料〔書式１〕）の契約条項例を示しながら解説を行う。

(1)　表題および前文

秘密保持契約書

Ａ株式会社（以下「Ａ社」という。）とＢ株式会社（以下「Ｂ社」という。）とは，Ａ社が製造技術を有するＸ物質を採用したＢ社のＹ製品開発についての共同研究開発の可

> 能性を検討する目的（以下「本目的」という。）のため，各々が保有する情報を相互に開示するにあたり，本秘密保持契約（以下「本契約」という。）を締結する。

契約書の表題は，「秘密保持契約書」，「機密保持契約書」などと表記されるのが一般的である。

また，上記条項例においては，前文に両当事者が情報開示を行う目的を規定した。情報開示の目的を必ず前文に規定しなければならないというわけではなく，本文中に目的に関する条項を置いてもよいが（たとえば，定義条項において「本目的」を定義することが考えられる），秘密保持契約において，情報開示の目的を適切に定義することは重要である。情報開示の目的は，後述する「秘密情報の目的外使用禁止」の範囲や「秘密情報の開示範囲」に影響するためである。

共同研究開発のパートナー候補と共同研究開発を行うか否かを検討する段階においては，共同研究開発を行った結果，いかなる製品が開発されるか，いかなる事業が実施されるかなどが明らかではないことから，このような製品開発や事業化の可能性を検討するために，パートナー候補が保有する技術，人的能力・リソースなどを評価することが情報開示の目的となることが多い。そこで，上記条項例においては，前文に「A社が製造技術を有するX物質を採用したB社のY製品開発についての共同研究開発の可能性を検討する目的」という形で，両当事者が情報開示を行う目的を規定した。これにより，たとえば，後述する「秘密情報の目的外使用禁止」に関する条項により，この秘密保持契約に基づいてやり取りされる情報は，「X物質を採用したB社のY製品開発についての共同研究開発の可能性を検討する目的」のみで使用可能であるという制約が両当事者に課されることとなる。

(2)　秘密情報の定義

> 第1条（秘密情報）

1　本契約において「秘密情報」とは，本目的のために，本契約に基づいて情報を開示する当事者（以下「開示当事者」という。）から本契約に基づいて情報の開示を受ける当事者（以下「受領当事者」という。）に対して開示される次の各号に定める情報，並びに，本契約締結の事実及び本契約の内容をいう。

⑴　有体物（書面，電子メール，電子ファイル，試作品等を含む。）で開示される場合には，開示の際に開示当事者が秘密情報である旨を明示した情報

⑵　口頭又は映像など無形的な方法で開示される場合には，（ⅰ）開示の際に開示当事者が秘密情報である旨を明示し，かつ，（ⅱ）当該開示の時点から10営業日以内に開示当事者が受領当事者に送付した秘密情報である旨を明示した書面に記載された情報

2　次の各号のいずれかに該当することが受領当事者によって書面により証明される場合には，当該情報は前項の秘密情報に含まれない。

⑴　受領前にすでに公知であった情報

⑵　受領後に受領当事者の責によることなく公知となった情報

⑶　受領時に受領当事者が秘密保持義務を負うことなく適法に保有していた情報

⑷　受領当事者が権限を有する第三者から秘密保持義務を負うことなく適法に入手した情報

⑸　受領当事者が秘密情報を利用することなく独自に開発又は知得した情報

第１条は，いかなる情報が「秘密情報」にあたるか，「秘密情報」の定義を規定する条項である。本条に定める定義に合致する情報が「秘密情報」として第三者への開示，漏えいの禁止（第２条），目的外使用禁止（第３条）の対象となる。逆にいうと，本条に定義する「秘密情報」に該当しない情報については，当該情報の開示を受けた当事者（受領当事者）が当該情報を第三者に開示，漏えいし，または，前文で定められた「本目的」以外に利用したとしても，秘密保持契約違反の責任を問うことができない。したがって，いかなる情報が「秘密情報」にあたるのかの定義は，秘密保持契約の根幹を成すものであるともいえる。

第１項⑴⑵号では，「秘密情報」に該当するための情報開示方法を特定している。特に，共同研究開発の前提となる相手方の技術情報等の開示を受けたうえで当該情報を評価する当事者の立場からは，「秘密情報」に該当するための

情報開示方法を特定することにより，秘密保持義務等の対象となる情報の範囲を限定し，明確にするために，このような情報開示方法の特定を求めることが多い。この場合，情報を開示する当事者にとっては，規定された情報開示方法に従って情報を開示していなかった場合（たとえば，書面で情報を開示する場合に，当該書面に「㊙」，「Confidential」などの秘密情報であることを表示していなかった場合），当該情報が秘密として取り扱われるべき情報であったとしても，当該情報は「秘密情報」に該当しないことになることに留意する必要がある。他方，情報を開示する当事者の立場からは，このような情報開示方法の特定を設けずに，口頭，書面等の開示方法を問わず当事者間で開示されたすべての情報が「秘密情報」に該当しうるようにしておくことが望ましい場合もある。

共同研究開発の初期段階の場面においては，当事者間で双方向に技術情報等のやり取りが行われることが多く，自社が情報を開示する側，情報を受領する側のいずれの立場をも有することが通常である。そこで，共同研究開発を行うことの是非を検討する段階でやり取りが想定される情報の内容，種類，量，現実に想定される情報開示方法等を考慮して，「秘密情報」に該当するための情報開示方法の特定の要否，また，情報開示方法の特定が必要な場合に実務的に実現可能な開示方法を検討すべきである。

また，共同研究開発の初期段階では，自社とパートナー候補が共同研究開発の是非を検討しているテーマや，共同研究開発を行うことの是非について検討を行っていること自体についても第三者に対して秘密にすべき場合も少なくない。

秘密保持契約を締結していることや，同契約の条項が第三者に開示されることを防止するために，上記条項例では，「本契約締結の事実及び本契約の内容」も秘密情報に該当するよう定義している。

加えて，共同研究開発の初期段階では，パートナー候補の技術等の評価のため広範囲にわたる情報を受領することも考えられ，パートナー候補から開示を受けた情報が，自社が既に保有している情報や既に別の取引や共同研究開発を行っている第三者から開示を受けた情報と同種，類似の情報であることも少なくない。このような場合に，当該パートナー候補との秘密保持契約により，自社が既に保有している情報などの使用が制約を受けないようにするため，第２項(3)(4)(5)号では，パートナー候補から開示を受けた時点で秘密保持義務を負うことなく適法に保有していた情報，権限を有する第三者から秘密保持義務を負うことなく適法に入手した情報，パートナー候補から開示を受けた秘密情報を利用することなく独自に開発または知得した情報を秘密情報から除外する旨を明記している。第２項(3)(4)(5)号のような除外規定を実際に機能させるためには，開示当事者から開示を受けた情報が，これらの除外規定に該当する情報であることを受領当事者において立証する必要がある。たとえば，(5)号についていえば，パートナー候補から開示を受けた「秘密情報を利用することなく独自に開発又は知得した情報」であることの立証のため，当該情報に係る自社内の研究開発がいつからどのように進められ，いつの時点でいかなる成果を生み出していたのかなどを裏付ける証拠を整理し，保管しておき，将来立証が必要となる場合に備えておくことが重要である。

(3)　秘密保持義務

> 第２条（秘密保持義務）
> 1　受領当事者は，善良な管理者の注意義務をもって秘密情報を管理し，秘密情報について厳に秘密を保持するものとし，開示当事者の事前の書面承諾を得ることなく，秘密情報を第三者に開示又は漏洩してはならない。
> 2　受領当事者は，開示当事者の事前の書面承諾を得ることなく，秘密情報について，リバースエンジニアリング・逆コンパイル・分解その他類似の行為を行ってはならない。
> 3　受領当事者は，本目的のために必要な範囲の役員，従業員，弁護士，公認会計士，税理士及びその他外部専門家（以下「開示対象従業員等」という。）にのみ秘密情報を開示することができるものとする。この場合，受領当事者は，開示対象従業員等に対し本契約に基づく義務と同様の義務を課し，遵守させるものとし，開示対象従業員等による義務の違反があった場合には，受領当事者による義務の違反として開示当事者に対して直接責任を負う。

> 4　本契約は，受領当事者が，法律に基づく政府又は裁判所の命令により秘密情報の開示を強制された場合に，当該強制された範囲内で秘密情報を開示することを妨げるものではない。但し，受領当事者は，当該命令を受領後速やかに開示当事者へ通知し，保全命令等の取得その他の適切な秘密保持措置を講じることにつき開示当事者に協力する。

第２条は，秘密情報の開示を受けた当事者（受領当事者）が負うべき秘密保持義務の内容を規定したものである。

共同研究開発の初期段階においては，パートナー候補が保有する技術などの評価が情報開示の目的であり，開示したサンプル等の解析等を行うことは必ずしも必要ではないことが多い。そこで，第２項に，「秘密情報について，リバースエンジニアリング・逆コンパイル・分解その他類似の行為」を原則として禁止する条項を定めている。

また，第３項には，受領当事者が秘密情報を開示できる人的範囲を「本目的のために必要な範囲」に限定する規定を置いている。これにより，開示当事者にとっては，受領当事者において不必要に秘密情報が拡散し，第三者への漏えい，目的外使用等がなされるリスクを低減することを目的としている。他方，受領当事者の立場からは，秘密情報の開示範囲が限定されることは一見すると不利益であるようにも思える。しかし，当該プロジェクトのメンバー以外の者が不用意に秘密情報に触れることで，思いがけないところで秘密情報の漏えいや目的外使用を行ってしまうリスクが高まることにもなる。したがって開示を受けた秘密情報を適切に管理するという観点からは，秘密情報の開示を受けることができる人的範囲を必要最小限に限定しておくことには意義があると考えられる。

(4)　目的外使用禁止義務

> 第３条（目的外使用禁止）
> 　受領当事者は，開示当事者の事前の書面承諾を得ることなく，秘密情報を本目的以外

の目的に利用してはならない。

共同研究開発の初期段階においては，上述のとおり，パートナー候補が保有する技術などを評価するために情報をやり取りすることが想定されており，開示当事者としては，たとえば，受領当事者が秘密情報を利用して具体的な製品開発を独自に行うことまでは想定していないことがほとんどである。したがって，第３条では，秘密情報の目的外使用禁止義務を定め，受領当事者において秘密情報を特定された目的以外に使用することを原則として禁止している。受領当事者が秘密情報を使用できる目的・範囲を明確にしておくためにも，前記(1)で上述したとおり，「目的」を適切に定めることが重要である。

(5)　秘密情報の複製

第４条（秘密情報の複製）
　受領当事者は，本目的のために必要な範囲において秘密情報を複製（文書，電磁的記録媒体，光学記録媒体その他一切の記録媒体への記録を含む。）することができるものとする。

共同研究開発の初期段階における秘密情報のやり取りは，開示当事者が有する技術等の評価を目的としていることが多いことは前述したとおりであるが，共同研究開発が開始されていない段階において，開示当事者としては，開示した秘密情報が受領当事者において無制限に複製され拡散するという状況は避けたいところである。秘密情報の複製を制限する規定がない場合には，受領当事者が秘密保持義務や目的外使用禁止義務に違反しない限りは，受領当事者において秘密情報を複製することは自由に可能であることから，開示当事者が，受領当事者による秘密情報の複製に制限をすることを希望する場合には，上記条項例のような秘密情報の複製に関する条項を定める必要がある。

上記条項例では，受領当事者が本目的のために必要な範囲で秘密情報を複製できるという形で，原則として複製を認める方向の定め方をしているが，逆に，

「受領当事者は，開示当事者の書面による事前の同意なく秘密情報の複製を行うことはできない」という形で，複製を原則として禁止することも可能である。

⑹　秘密情報の返還・廃棄

> 第５条（秘密情報の返還・廃棄）
> 　受領当事者は，本契約の有効期間中であるか，本契約の終了後であるかを問わず，開示当事者の要請がある場合には，開示当事者の指示に基づき，直ちに，秘密情報の原本，複製，要約を含む一切を開示当事者に返還し，又はそれらを廃棄するものとする。

秘密情報の返還・廃棄に関する条項を定めるべきことは，共同研究開発の初期段階において締結される秘密保持契約においても，一般的な秘密保持契約と同様である。

共同研究開発の初期段階においては，広範囲にわたる情報をパートナー候補に提供することも多く，共同研究開発を開始するか否かの検討を進めていく中で不要になった秘密情報については，速やかに返還・廃棄を求めることができるようにしておくことが望ましい。そこで，上記条項例においては，秘密情報の返還・廃棄のタイミングにつき，契約終了時のみならず，「開示当事者の要請がある場合」を定め，開示当事者が任意のタイミングで秘密情報の返還・廃棄を求めることができるようにしている。

⑺　表明保証・瑕疵担保責任

> 第６条（表明保証・契約不適合）
> １　開示当事者は，秘密情報の開示に際し，当該秘密情報の開示につき必要な権限，権利及び能力を有すること，並びに，本契約に基づく秘密情報の開示が適法であり，第三者との契約違反を構成しないことを表明し，保証する。
> ２　開示当事者は，受領当事者に対し，開示する秘密情報に何らかの誤り又は契約不適合があった場合でも，何らの責任を負わないものとし，秘密情報の正確性及び完全性について，前項に規定するほか一切の明示又は黙示の保証をしないものとする。

第1項は，開示当事者が受領当事者に対し当該秘密情報を開示する権限があることを表明保証するものである。たとえば，開示当事者が同種の共同研究開発を複数の企業と実施している場合に，誤って第三者の秘密情報に該当する情報を受領当事者に開示してしまうケースも想定される。当該第三者の秘密情報は，不正競争防止法2条6項の「営業秘密」として保護されるものであることも多く，当該秘密情報の使用につき，不正競争防止法上の責任を追及されるおそれもある。そこで，第1項のように開示当事者に当該秘密情報の開示権限があることを表明保証させることにより，万が一，開示当事者が受領当事者に対して開示した秘密情報が第三者の営業秘密に該当する場合に，受領当事者が不正競争防止法上の責任を問われにくくするという効果が期待できる。

第2項は，開示当事者は受領当事者に開示する秘密情報の正確性および完全性については，表明保証しない旨の条項である。共同研究開発初期段階における情報のやり取りは，今後，当該パートナー候補と共同研究開発を行うか否かを判断するために行われるものであることから，受領当事者としては，当該情報に誤りや契約不適合がないことを開示当事者に表明保証させたいと考えるのが通常であろう。もっとも，共同研究開発初期段階においては，当該情報自体が開発途上の段階のものであることも多いことから，開示当事者としては当該情報に誤りがないことを前提として当該情報を開示することは一般的には困難であると思われる。したがって，第2項のように，開示当事者は秘密情報の正確性等については表明保証しないとする例が多い。なお，受領当事者が開示当事者に対して，正確性等についての保証を求めたい情報がある場合には当該情報については，不保証の対象から除外することも考えられる。

(8)　知的財産権の取扱い

第7条（知的財産権）

1　秘密情報にかかる一切の権利は開示当事者に単独に帰属し，開示当事者による秘密情報の開示は，本契約で明示的に認められたものを除き，受領当事者に対して，秘密情報にかかる特許権，実用新案権，意匠権，著作権，商標権，ノウハウ，その他一切の知的財産権の譲渡や実施・使用許諾を行うものではない。
2　受領当事者は，秘密情報に基づき発明，考案，意匠，著作物，その他の知的財産を創作した場合には，直ちに開示当事者に対してその旨通知しなければならない。当該知的財産にかかる権利の帰属及び当該知的財産の利用，権利化，公表，その他取扱いについては，当事者間で別途協議のうえ決定する。

秘密情報には，特許やノウハウ等の知的財産権の保護対象となる情報が含まれていることが多いことから，第1項のように，秘密情報の開示が，開示当事者の有する特許権等の知的財産権の譲渡，ライセンスに該当するものではないことを確認的に規定する例が多くみられる。

少なくともわが国の契約法，知的財産権法の下では，このような規定が置かれていなかったとしても，秘密情報に係る知的財産権の譲渡やライセンスが当然に認められることにはならないと考えられる。また，秘密保持契約に基づいて開示される秘密情報を受領当事者がいかなる範囲で使用できるのかについては，秘密保持契約の目的に関する記載や目的外使用禁止義務の条項において定められており，第1項により，両当事者間に秘密情報の使用範囲につき新たな権利義務関係が生じるわけではない。したがって，第1項は，両当事者間に合意がない場合の原則的なルールを確認したものであると位置づけられる。

第2項は，開示された秘密情報に基づいて新たに発明等の創作がなされた場合の取扱いについての規定である。

共同研究開発初期段階における秘密情報のやり取りは，あくまで共同研究開発を行うか否かの評価，検討を行うことを目的とするものであり，当該秘密情報に基づいて新たな発明等を創出する研究開発活動を行うことは，本来的には想定されていない。新たな発明等の創出等の成果を伴う研究開発活動は共同研究開発契約の締結後に行われるべきというのが一応の建前である。

もっとも，実際には，秘密保持契約の締結をきっかけに，本来的な研究開発と同等の活動が開始することもあり，共同研究開発契約の締結を待たずして何らかの成果が創出されることはある。また，共同研究開発を行うか否かを判断するにあたって両当事者間において自由なディスカッション等を行う中で，思いがけず新たな発明等が創出されることもある。したがって，共同研究開発契約締結前の段階における秘密保持契約においても，秘密情報に基づき何らかの知的財産権が創出された場合の取扱いについて定めておくことが望ましいといえる。

具体的には，第２項のように，まず，受領当事者が秘密情報に基づいて知的財産を創出した場合，開示当事者にその旨報告すべきことが規定される例が多い。報告のタイミングとしては，受領当事者が秘密情報に基づいて知的財産を創出した場合とするほか，より客観的に明確な基準として，出願・公表しようとする内容自体に当該秘密情報が含まれている場合に限定する例もある[1]。このような報告義務のほかには，当該知的財産がいずれの当事者に帰属するか，当該知的財産の利用，権利化，公表等の取扱いについて定めることが必要となるであろうが，共同研究開発契約締結前の秘密保持契約においては，共同研究開発における両当事者の役割，責任分担等が決まっていないことから，知的財産の取扱いを具体的に決定するのが困難である場合が多い。したがって，第２項においては，知的財産の取扱いについては，当事者間で別途協議のうえ決定することとしている。この点については，共同研究開発契約の段階で明文化するか，共同研究開発に入らないことを決定した時点で，それまでの成果の有無・内容を確認し，その取扱いについて合意することが多いであろう[2]。

⑼　有効期間

第８条（有効期間）

１　本契約の有効期間は，本契約の締結日から１年間とする。

２　Ａ社及びＢ社は，相手方に対し，１か月以上の予告期間をもって書面で通知することにより，本契約を解約することができる。

３　本契約第５条，第６条，第７条及び第９条の規定は，本契約終了後（終了の理由を

1　オープン・イノベーション・ロー・ネットワーク編『共同研究開発契約ハンドブック―実務と和英条項例 別冊NBL149号』（商事法務，2015年）42頁。

2　オープン・イノベーション・ロー・ネットワーク編・前掲注１・43頁。

> 問わない。以下同様とする。）も有効に存続する。なお，本契約第2条及び第3条に定める受領当事者の義務は，本契約終了後もさらに2年間有効とする。

秘密保持契約の有効期間を定めるべきことは一般的な秘密保持契約と同様である。第1項においては，契約の有効期間を締結日から1年間と定めている。共同研究開発初期段階においては，当該パートナーと共同研究開発を行うか否かを検討，判断することを目的とした秘密情報のやり取りを行うために秘密保持契約が締結されることから，契約の有効期間は，当該検討，判断にどのくらいの期間が必要であるかを念頭に置いてケースバイケースで定められるべき事柄である。

また，第2項には，秘密保持契約の有効期間中であっても，予告期間を置いた書面通知により，契約を中途解約することができる旨の規定を置いた。開示された秘密情報を踏まえて当該相手方との共同研究開発を行うか否かを検討した結果，相手方が有する技術が自社の期待するものではない場合や共同研究開発に要するコストの見込みが許容範囲を超える場合など，当該相手方との共同研究開発を断念せざるを得ない場面は当然想定される。当該相手方と共同研究開発を行わないという結論に至った場合には，自社単独での研究開発活動を進めたり，他のパートナー企業を探したりするなどの自社の新たな活動を行いやすくするために，秘密保持契約の有効期間満了を待たずして当該秘密保持契約を早期に終了させるべきと判断すべきこともある。このような場面を想定して，契約の中途解約権を定めておくことも検討に値するであろう。

もっとも，契約の終了原因にかかわらず，秘密保持契約が終了後も秘密保持義務や目的外使用禁止義務に関する条項やその他の条項が一定期間継続する旨の定め（残存条項）を規定するのが一般的である。第3項においては，秘密情報の返還・廃棄に関する条項（第5条），表明保証・瑕疵担保責任に関する条項（第6条），知的財産権の取扱いに関する条項（第7条）および準拠法・紛争解決に関する条項（第9条）は，契約終了後も有効に存続する旨，秘密保持義務（第2条）および目的外使用禁止義務（第3条）の義務が契約終了後も2

年間有効に存続する旨の残存条項を定めた。

秘密保持義務等の残存期間については，開示当事者の立場からは，一般的にはできるだけ長期の期間を設定するほうが望ましい。他方，共同研究開発においては，段階を問わず，双方向の情報開示がなされるのが通常であり，自社が開示当事者であるとともに受領当事者であることが少なくない。したがって，秘密保持義務等について長期間の残存期間を設けることは，かえって自社の研究開発活動の足かせとなる場合もある。したがって，自社が相手方に開示した秘密情報の利用に制約を設けたいという開示当事者としての要請と，自社が相手方から開示を受けた秘密情報を秘密として取り扱い，当該秘密情報の開示を受けた目的以外の利用をしないよう管理をしながら，自社単独または他のパートナーとの研究開発活動を継続しなければならないという受領当事者としての立場とのバランスを考慮して，契約終了後に残存する条項の選択および残存期間を検討する必要がある。

⑽　準拠法・紛争解決

第9条（準拠法・紛争解決）
1　本契約の準拠法は日本法とし，日本法によって解釈される。
2　本契約に基づく一切の紛争は，■■地方裁判所を第一審の専属的合意管轄裁判所と定める。

第9条は，準拠法と紛争解決手段について定めた条項である。

共同研究開発のパートナー候補が日本国内の企業である場合には，日本法以外を準拠法とすることは想定されないことから，準拠法に関する規定を置かないことも多い。同様に，日本企業同士の契約の場合には，紛争解決手段としては，裁判が選択されることがほとんどである。

他方，共同研究開発のパートナー候補が外国企業である場合には，準拠法の定めがなければ，国際司法のルールに基づいて準拠法が決定されることになるが，当該秘密保持契約がどの国の法律に準拠して解釈されるのか等で争いが生じうることから，事前に準拠法を定めておくことが望ましい。また，外国企業との秘密保持契約の場合は，相手方が「外国仲裁判断の承認及び執行に関する条約」（通称：ニューヨーク条約）の加盟国である場合には，紛争解決手段としては，裁判よりも仲裁を選択することが多い。裁判の場合には，たとえば，日本の裁判所において，相手方の秘密保持義務違反に基づく損害賠償・差止めを認める判決を得たとしても，当該判決を相手方の国において執行することができない場合がある。したがって，執行を考慮すれば，裁判よりも仲裁を選択すべき場合もある。

共同研究開発のパートナー候補が外国企業である場合，日本企業にとっては，通常は，秘密保持契約の準拠法を日本法とし，紛争解決も日本における裁判または仲裁とするほうが有利なようにも思われる。もっとも，秘密情報は相手方の国で管理，使用され，違反行為も相手方の国で行われるケースが多い。相手方の国で行われた秘密保持義務違反や目的外使用禁止義務違反に対しては，相手方の国における法律により，当該国における紛争解決機関において救済を受けるほうが時間的，労力的にも効率的であることも多い。そうすると，日本企業が外国の共同研究開発のパートナー候補に対して秘密保持義務違反等の責任を問う場合には，日本法を準拠法とし，日本における裁判，仲裁等を紛争解決手段とすることが日本企業にとって有利だと一概にいえるわけではない。逆に，日本企業が共同研究開発のパートナー候補から秘密保持義務違反等の責任を問われるケースを想定すると，相手方の国の法を準拠法とし，相手方の国の紛争解決機関における紛争解決を定めておくと，相手方は権利行使を行いにくくなるといえる[3]。

このように，準拠法，紛争解決条項については，秘密保持義務違反がどの当事者によりどの国で行われるかなどの事情を考慮して検討する必要があり，場合によっては，共同研究開発のパートナー候補が外国企業である場合であっても，準拠法や紛争解決方法をあえて定めないという選択肢もありうる。

3　牧野和夫「準拠法の選択による契約条件の効力への影響について―秘密保持契約書，共同開発契約書，ライセンス契約書を中心に」知財管理64巻6号811頁も同旨。

第2節　フィージビリティ・スタディ契約

1　フィージビリティ・スタディとは

共同研究開発の初期段階においては，共同研究開発契約を締結する前段階において，双方の製品，技術を評価するための予備的なテスト等（フィージビリティ・スタディ（Feasibility Study））を実施し，その結果に基づいて，実際に共同研究開発を行うか否かを判断することがある。フィージビリティ・スタディは，特に共同研究開発に多くの経済的資源を投入する必要がある場合に，当該プロジェクトの実行可能性を事前に検討し，本格的な共同研究開発を実行すべきか否かを判断するために用いられる。経済産業省と特許庁は，研究開発型スタートアップと事業会社の連携を促進するため，共同研究契約やライセンス契約などを交渉する際に留意すべきポイントについて解説した「研究開発型スタートアップと事業会社のオープンイノベーション促進のためのモデル契約書ver2.0」（以下「モデル契約書ver2.0」という）を公表している[4]。この「モデル契約書ver2.0」の中の「PoC（技術検証）契約書ver2.0（新素材編）」「PoC（技術検証）契約書ver2.0（AI編）」は，「共同研究開発段階に移行するか否かを検討する前提として，スタートアップの保有している技術の開発可能性・導入可能性などを検証するための契約」[5]であり，本書におけるフィージビリティ・スタディ契約と同様の目的を有し，基本的な内容も共通するものである。ただし，PoC（Proof of Concept）は，例えば，医薬分野では，新しい作用機序を持つ医薬品の研究開発が一定程度進んだ初期臨床段階において，当該医薬品がヒトや動物に対して想定した有用性・効果を持つことの確認ができたことをいう場合が多く，必ずしも医薬品開発の初期段階における技術の検証を意味するわけではない。このように「PoC」という用語は一義的ではなく，必ずし

4　特許庁オープンイノベーションポータルサイト（https://www.jpo.go.jp/support/general/open-innovation-portal/index.html）（最終アクセス日：令和4年7月19日）

5　「PoC契約書ver2.0（新素材編）」の逐条解説4頁，「PoC契約書ver2.0（AI編）」の逐条解説5頁。

も共同研究開発の初期段階において開発可能性・導入可能性を検証することを意味するとは限らないことには留意されたい。

2　フィージビリティ・スタディ契約の内容

フィージビリティ・スタディ契約においては，概ね，フィージビリティ・スタディの目的，役割・費用分担，スケジュール，フィージビリティ・スタディ終了後のステップ等が合意されることが多い。以下では，フィージビリティ・スタディ契約のサンプル（巻末資料〔書式２〕）の契約条項例を挙げながら，フィージビリティ・スタディ契約において定めるべき内容について説明する。

(1)　フィージビリティ・スタディの目的，対象

> 第１条（目的）
> 　Ａ社及びＢ社は，Ａ社が製造技術を有するＸ物質を採用したＢ社のＹ製品（以下「本製品」という。）の事業化のため，各々が保有する技術情報等を相互に補完する可能性とその具体的スキームを調査・検討するためのフィージビリティ・スタディ（以下「本調査」という。）を共同して行う。

フィージビリティ・スタディ契約においては，まず，評価の対象となる技術，製品等を特定し，フィージビリティ・スタディが何を目的に実施されるものであるのかを明確にするための条項を定めておく必要がある。上記条項例では，「Ａ社が製造技術を有するＸ物質を採用したＢ社のＹ製品」を評価対象とし，「各々が保有する技術情報等を相互に補完する可能性とその具体的スキームを調査・検討する」ことを目的にフィージビリティ・スタディを実施することを明記している。

(2)　フィージビリティ・スタディのための情報交換

> 第２条（情報交換）

> 1　A社及びB社は自己が保有する以下の技術情報であって，本調査のために必要な範囲のもの（以下「本技術情報」という。）を相互に開示する。
> 　A社の技術情報：X物質に関する技術情報
> 　B社の技術情報：Y製品に関する技術情報
> 2　A社及びB社は相手方が開示する本技術情報について，A社及びB社が締結した■年■月■日付「秘密保持契約書」において規定する秘密情報として取扱う。

フィージビリティ・スタディを実施するために必要な技術情報を相互に開示し合うことを定めた条項である。フィージビリティ・スタディを実施するにあたっては，両当事者で秘密性の高い情報のやり取りがなされるのが通常である。

第1節で解説した秘密保持契約を締結したうえでフィージビリティ・スタディ契約を別途し，秘密情報の取扱いについては，秘密保持契約に従うとするケース，秘密保持契約を別途締結せずにフィージビリティ・スタディ契約において秘密情報の取扱いについて規定するケース等が考えられるが，特に決まった形式があるわけではない。上記条項例では，第2項において当事者間で別途締結された秘密保持契約書における秘密情報として扱われることを明記している。

⑶　フィージビリティ・スタディにおける各当事者の役割分担

> 第3条（役割分担）
> 　本調査におけるA社及びB社の各役割分担は，以下に定めるとおりとする。
> ①　A社の役割分担
> 　B社から開示を受けた本技術情報に基づく◆◆◆の評価・検討
> ②　B社の役割分担
> 　A社から開示を受けた本技術情報に基づく◇◇◇の評価・検討

上記条項例のように，フィージビリティ・スタディにおいて，各当事者がいかなる活動を行うのか，具体的にいかなる項目の検証を行うのかなどを定め，各当事者の役割分担を明確にしておく必要がある。なお，「モデル契約書ver2.0」の中の「PoC（技術検証）契約書ver2.0（新素材編）」「PoC（技術検証）契約書ver2.0（AI編）」では，一方当事者（スタートアップ）が他方当事者（事業会社）から技術検証の依頼を受け，その技術検証に関する報告書を作成することを業務とする業務委託契約（準委任契約）の形式が採用されている[6]。

(4)　フィージビリティ・スタディのスケジュール，期間

第４条（スケジュール） １　Ａ社及びＢ社は，前条にて定めた自己の役割分担を本契約別紙に定めたスケジュール（以下「本スケジュール」という。）に従って遂行し，遅くとも■年■月■日までに本調査を完了させることに合意する。 ２　Ａ社又はＢ社は，本スケジュール又は本調査の完了時期を変更する必要が生じた場合，相手方に直ちに通知し，本スケジュールの変更の可否及び変更内容等について相手方と誠実に協議する。

前記第３条において取り決めた役割分担に基づき，各当事者が担当する各作業を実行すべき具体的なスケジュールを決め，フィージビリティ・スタディ全体をいつまでに完了させるかを定めた条項である。フィージビリティ・スタディを進めていく中で，スケジュールの変更を要することも往々にしてあることから，第２項でスケジュール変更を要する場合にいかに対応するかについて規定している。

(5)　フィージビリティ・スタディに要する費用負担

第５条（費用分担） 　Ａ社及びＢ社は，第３条にて定めた自己の役割分担を遂行するための費用を各々負担する。但し，いずれの役割分担及び費用負担であるかが明らかでない役割及び費用が発生する見込みが生じた場合には，Ａ社及びＢ社が誠実に協議の上，その役割及び負担の別及び割合を決定する。

6　「PoC契約書ver2.0（新素材編）」の逐条解説７頁，「PoC契約書ver2.0（AI編）」の逐条解説８頁。

フィージビリティ・スタディの実施にあたって要する費用の負担を定める条項である。上記条項例では，前記第３条の役割分担に従って各当事者が費用負担すべきことを原則としつつ，役割分担や費用負担が不明なものが生じた場合には，協議により役割分担や費用負担を決定する旨を定めている。

(6)　進捗状況の報告

> 第６条（連絡・報告）
> 　Ａ社及びＢ社は，本調査に関して相互に緊密な連絡を取り合うものとし，随時相手方に本調査の進捗状況の報告を求めることができる。

フィージビリティ・スタディにおいては，相互にコミュニケーションをとり，お互いに生じている問題点などを共有し，議論の上，解決していくことも必要となる。そこで，上記条項例のように，相互の連絡・報告についての条項を置いておくことが望ましい。

(7)　フィージビリティ・スタディの結果得られた成果の帰属，取扱い

> 第７条（技術的成果）
> 1　Ａ社及びＢ社は，本調査の遂行の結果何らかの技術的成果（以下「本成果」という。）を得た場合には，速やかに相手方に通知する。
> 2　Ａ社及びＢ社は，本成果は原則としてＡ社Ｂ社の共有とすることに合意する。但し，Ａ社又はＢ社が，相手方から開示を受けた本技術情報によることなく，自ら単独で本成果を得た場合には，当該本成果は単独で本成果を得た当事者に帰属するものとする。

フィージビリティ・スタディを実施することにより，新たな発明，ノウハウ等の技術的成果が得られることも想定される。そこで，フィージビリティ・スタディの結果得られた成果がいずれの当事者に帰属するのかまたは共有となるのか，共有となる場合の持分割合の決定方法等が定められる。また，必要に応じて，将来，各当事者が当該成果を利用する場合の条件，当該成果の特許出願等の権利化をどのように行うか，当該成果の公表の可否・条件等，成果の取扱

いなどを定めることも可能である。

なお,「モデル契約書ver2.0」の中の「PoC（技術検証）契約（新素材編)」「PoC（技術検証）契約（AI編)」では，技術検証に係る作業を一方当事者（スタートアップ）が行うことを前提として，知的財産権はすべて当該作業を行った当事者（スタートアップ）に帰属するというモデル条項が紹介されている[7]。

(8)　フィージビリティ・スタディ終了後のステップ

> 第８条（本調査終了後の措置）
> 1　Ａ社及びＢ社は，本調査の結果，本製品の事業化が実行可能と判断した場合は，別途，共同研究開発契約等必要な契約（以下「正式契約」という。）の締結に向けて，誠実に協議，交渉する。但し，Ａ社及びＢ社は，本契約の締結が正式契約の締結を確約又は保証するものではないことを相互に確認する。
> 2　本調査の結果如何を問わず，Ａ社及びＢ社が正式契約の締結に至らなかった場合，Ａ社及びＢ社は，自己単独で又は第三者と共同して，本製品と同一又は類似する製品の事業化を検討，実施することを妨げられない。

フィージビリティ・スタディの結果を踏まえた次のステップを定める。たとえば，フィージビリティ・スタディの結果，事業化の見込みがあることが判明した場合には，次のステップとして，フィージビリティ・スタディの完了後の一定期間，共同研究開発契約等の締結に向けて両当事者が誠実に交渉する旨，両当事者がそのような交渉を行うことを義務付けられるのか否かなどの事項が定められる。もっとも，フィージビリティ・スタディ契約締結の段階では，仮に，フィージビリティ・スタディにおいて好ましい結果が得られた場合であっても，共同研究開発契約等を締結できるか否かはその後の交渉次第であり，次のステップに進むことを確約することはできないのが通常である。そこで，第１項では，本文において，フィージビリティ・スタディの結果，事業化が可能であると判断された場合には，次のステップの契約締結に向けて両当事者が誠

7　「PoC契約書ver2.0（新素材編)」の逐条解説15～16頁，「PoC契約書ver2.0（AI編)」の逐条解説20～21頁。

実に協議，交渉する旨を定めるとともに，但書において，フィージビリティ・スタディ契約の締結がその後の共同研究開発契約等の締結を確約または保証するものではない旨を明確にしている。

また，フィージビリティ・スタディの結果を踏まえて，共同研究開発に入らないという判断に至った場合を想定して，第2項のように，各当事者が単独で研究開発を進めることや別の第三者と同種のテーマについて共同研究開発を行うことにつき何らかの制約を設けるか否かを明確にしておくことが望ましいであろう。

(9)　有効期間・解除条項

第9条（有効期間）

1　本契約の有効期間は，■■年■月■日から■■年■月■日までとする。但し，有効期間満了日前であっても，下記各号のいずれかの手続がとられた場合，本契約は当該手続の完了日に終了する。

①　A社及びB社が，本製品の事業化が実行可能であることに合意したとき

②　A社及びB社が，本製品の事業化が実行不能であることに合意したとき

2　A社及びB社は，本契約の有効期間満了日の1か月前までに書面により合意することにより，6か月を超えない期間において本契約の有効期間を延長することができる。

第10条（解約）

1　A社又はB社は，不測の事態の発生により，やむを得ず本調査を中止又は大幅に遅延せざるを得なくなった場合には，相手方にその事情，理由を説明し，相手方の同意を得ることによって，本契約を解約することができる。

2　A社又はB社は，相手方が以下の各号のいずれかに該当するときは，本契約を解除することができる。

①　本契約に違反し，相当期間を定めた違反是正の催告を受けた後も，当該相当期間内に違反を是正しないとき

②　監督官庁から営業停止又は営業取消の処分を受けたとき

③　差押，仮差押，仮処分，強制執行，担保権の実行としての競売，租税滞納処分その他これに準じる手続が開始されたとき

④　破産手続開始又は民事再生手続，会社更生手続開始の申立ての事実が生じたとき

⑤　手形交換所から手形不渡り処分を受け，金融機関から取引停止処分を受け，又は支払停止状態に陥ったとき

⑥　解散の決議又は他の会社との合併を行ったとき

フィージビリティ・スタディ契約においても，契約の有効期間や解除条項を設けるべきことは一般的な契約と同様である。契約の有効期間については，フィージビリティ・スタディのスケジュールに鑑みて適切な期間を設定する必要がある。ただし，上記条項例９条第１項但書のように，フィージビリティ・スタディ契約の有効期間満了前に事業化の見込みの有無が判明し，事業化の実行可能性について両当事者が合意に至ったときには，その時点でフィージビリティ・スタディ契約が終了する旨を規定することも考えられる。また，フィージビリティ・スタディがスケジュールどおりに進まず，フィージビリティ・スタディ契約の有効期間を延長する必要がある場合も想定されることから，上記条項例９条第２項では，フィージビリティ・スタディ契約の有効期間の延長について定めている。

フィージビリティ・スタディにおいて不測の事態が生じた場合などは，フィージビリティ・スタディを中止し，契約を終了させることも考えられる。両当事者の合意により契約を終了させることができることはフィージビリティ・スタディ契約においても変わりはないが，上記条項例10条第１項においては，不測の事態が生じた場合には，相手方への事情・理由の説明，および，相手方の同意を得ることにより契約を解約できることを確認的に規定している。

第３節　レター・オブ・インテント

１　レター・オブ・インテントとは

共同研究開発契約の締結に向けた交渉を進める中で，レター・オブ・インテント（Letter of Intent：LOI）[8]という書面が作成されることがある。レター・オブ・インテントは，共同研究開発契約の締結前に，両当事者が共同研究開発契

8　日本語訳では，基本合意書，意向表明書，関心表明書などと表記されることが多い。

約の締結に向けて交渉する意図を有していること，両当事者間で共同研究開発契約の基本的事項について暫定的に合意に至ったことなどを書面化するもので，特に外国企業との契約交渉においてよく用いられる。

2　レター・オブ・インテントの目的・内容・形式

レター・オブ・インテントが作成される場面としては，たとえば，①当事者間において共同研究開発契約の締結に向けた交渉を開始する段階で，両当事者が交渉を誠実に進める意図があることを表明するために締結される場合や，②ある程度交渉を進め，共同研究開発契約の方向性がある程度定まった段階で，中間的な合意内容を確認するために締結される場合など多種多様である。したがって，レター・オブ・インテントを作成する目的に応じて内容を工夫する必要がある。

たとえば，上記①の目的でレター・オブ・インテントを作成する場合には，共同研究開発契約の締結に向けて誠実に交渉を行うこと，共同研究開発契約において規定されるべき基本的な条項の内容，当該テーマに係る共同研究開発契約の交渉を独占的に行うことなどが記載される。

また，レター・オブ・インテントの形式も，契約書の条項に近い文章の形式で記載される例，必要な事項を箇条書きで記載する例など多様である。表題も「レター・オブ・インテント（Letter of Intent）」のほかに，「覚書（Memorandum of Understanding）」などもよく使用される。また，必ずしも両当事者が署名する形式ではなく，一方当事者が他方当事者に対して差し入れるという形式も存在する。

3　レター・オブ・インテントの法的拘束力

レター・オブ・インテントは，共同研究開発契約の締結に向けた交渉段階で作成される書面であり，その記載内容が両当事者を法的に拘束しないことを意図して作成されることが多い。レター・オブ・インテントに法的拘束力を持たせたくない場合には，レター・オブ・インテント中にその旨を明記するのが通例である。

レター・オブ・インテントが法的拘束力を持たない場合，最終的に共同研究開発契約の合意に至らなかったとしても，当事者は相手方に対し，レター・オブ・インテント記載の内容について何らかの法的責任を負うわけではないと解される。もっとも，法的拘束力を持たないレター・オブ・インテントであっても，レター・オブ・インテントに記載された内容が以後の交渉方針，交渉内容等を事実上拘束するものとなり，いったんレター・オブ・インテントにおいて確認された内容を全く異なるものに変更することは通常は容易ではない。また，レター・オブ・インテントに法的拘束力がない場合であっても，レター・オブ・インテントを交わすような準備段階に入った場合には，交渉の継続や既合意内容の尊重等の一定の誠実交渉義務が認められる場合も多いと考えられるとの指摘もある[9]。したがって，レター・オブ・インテントに法的拘束力を持たせない場合であっても，その内容については，十分に精査する必要がある。

他方，レター・オブ・インテントに法的拘束力を持たせたい場合も存在する。たとえば，当該テーマに係る共同研究開発契約の交渉を独占的に行うこと，交渉内容については守秘すべきことなどをレター・オブ・インテント中に記載する場合には，当該事項については両当事者を法的に拘束することを意図しているのが通常であると思われる。レター・オブ・インテント全体またはその一部の内容に法的拘束力を持たせる場合は，レター・オブ・インテント中にその旨を明記すべきである。

共同研究開発の初期段階においては，正式な共同研究開発契約が締結される前に，プロジェクトが先行して進められることも少なくないが，結果として契約が成立しなかった場合に自己が費やした費用等が損失となってしまう事案は多数存在する。第８章で紹介する「ドライビングシミュレータ事件」（裁判例１），「カジノゲーム機事件」（裁判例２），「新基幹システム事件」（裁判例４）のように，共同研究開発契約締結前の段階で，当事者が自己の役割に従って一

9　オープン・イノベーション・ロー・ネットワーク編・前掲注１・56頁。

定の研究開発を行いその費用を負担したにもかかわらず，結局，共同研究開発契約の締結に至らずにプロジェクトが中止となった場合，いわゆる「契約締結上の過失論」によって，一方当事者が被った損失につき相手方当事者に損害賠償請求をすることができる可能性はある。もっとも，契約締結上の過失論は，そのような損失を回避するために盤石な法理論とは言い難い。したがって，共同研究開発契約締結前の段階で，何らかの研究開発行為が必要となり，多額の費用負担が想定される場合などは，法的拘束力のあるレター・オブ・インテントにおいて，共同研究開発の対象や共同研究開発を行う意思を確認するとともに，共同研究開発契約締結前の段階の各当事者の活動に関する役割分担や費用負担等を定め，相手方当事者に対して，レター・オブ・インテントに基づく費用負担を求めることや債務不履行責任に基づく損賠賠償請求等を行うことができる余地を確保しておくべき場合も存する。

4　レター・オブ・インテントの例

レター・オブ・インテントのサンプル（巻末資料〔書式３〕）は，外国企業との締結を想定したものである。以下では，同サンプルの条項を挙げながら，レター・オブ・インテントの具体的内容について説明する。

(1)　レター・オブ・インテントの目的

Article 1. Purpose of this LOI
This LOI summarizes, as shown in the Exhibit hereto, the preliminary and tentative understanding and agreement of the parties with respect to the collaborative research and development of the Products. Upon the execution of this LOI by both of the parties, it is anticipated that representatives of A and B will promptly negotiate a definitive agreement (the "Definitive Agreement") in good faith, embodying the terms and conditions of the collaborative research and development contained in this LOI.
(訳)
第１条　本レター・オブ・インテントの目的

本LOIは，別紙に示すとおり，本製品の共同研究開発に関する両当事者の予備的な理解及び合意事項を要約するものである。両当事者が本LOIを受諾することで，Ａ社及びＢ社の代表者が共同研究開発に関する契約条件を具体化する最終合意について誠実に協議を実施することが期待されている。

上記条項例は，レター・オブ・インテントの目的を示した条項である。レター・オブ・インテントの締結までに両当事者が協議し，暫定的に合意した事項を別紙に添付する形式で要約するとともに，レター・オブ・インテント締結後，最終合意に向けて誠実に協議を行うべきことを記載している。

(2)　法的拘束力

Article 2. Non-Binding

The parties acknowledge and agree that, except Article 3 (Exclusivity) and Article 4 (Term) of this LOI, this LOI merely constitutes an expression of the current intent of the parties, but under no circumstances is it to be construed as creating any legal obligations for either party until such time as the Definitive Agreement, based on the intentions contained in this LOI, has been executed by the parties.

(訳)

第２条　法的拘束力の否定

両当事者は，本LOI第３条（独占性）及び第４条（有効期間）を除き，本LOIは単に両当事者の現時点における意図を表明するものであり，いかなる場合においても，本LOIに含まれる意図に基づいた最終合意に係る契約が両当事者間で締結されるに至るまで，いずれの当事者にもいかなる法的義務を生じさせると解釈されるべきものではないことを認識し，合意する。

レター・オブ・インテントの法的拘束力について定めた条項である。レター・オブ・インテントの法的拘束力を否定しつつも，例外的に法的拘束力を有する条項を特定する形をとっている。

⑶　独占性

Article 3. Exclusivity
Until the termination of this LOI, the parties shall not enter into discussions with any third party regarding the subject matter identical or similar to this LOI.
(訳)
第3条　独占性
　本LOIが終了するまで，両当事者は，本LOIと同一又は類似する主題に関して，いかなる第三者とも協議を開始してはならない。

両当事者間で交渉中の共同研究開発テーマについては，独占的交渉を可能とすべく，同一または類似するテーマに関しては，第三者と協議してはならないことを定めた条項である。この条項の実効性を担保すべく，第２条の法的拘束力に関する条項においては，法的拘束力を否定する対象から除外している。

⑷　有効期間

Article 4. Term
This LOI shall enter into force on the Effective Date, and shall terminate on the earlier of: (i) the date of execution of the Definitive Agreement, and (ii) MM DD, YYYY. The parties shall have no claim against each other as a result of the termination of this LOI for any reason.
(訳)
第4条　有効期間
　本LOIは，効力発生日に効力を生じ，(i)最終合意に係る契約の締結日，又は，(ii)YYYY年MM月DD日のいずれか早い日に終了する。両当事者は，いかなる理由であれ，本LOIの終了の結果を受けて，他方当事者に対して何ら主張を行うことはできない。

上記条項例では，レター・オブ・インテントの有効期間を定め，第３条所定の両当事者間で独占的に交渉を行うべき期間を明確にしている。また，特に最終合意に至らなかった場合を想定して，レター・オブ・インテントの終了の結果を受けて，相手方に対して何らの請求等もできないことを第２文において明記している。この条項についても，例外的に法的拘束力を有することとしている（第2条）。

第4節　独占禁止法上の問題点

共同研究開発を行うに当たっては，独占禁止法上の問題がないかも確認しておく必要がある。なぜなら共同研究開発により参加者間で研究開発活動が制限され，一定の取引分野における競争が実質的に制限されるおそれがある場合には，共同研究開発を行うこと自体が独占禁止法上の問題となりうるからである。

なお，共同研究開発の実施に伴う取決めや成果に関する取決めについても，独占禁止法上の問題が生じることがあるが，この点は第4章第3節で説明する。また，スタートアップとの共同研究開発において特に留意すべき点については第5章第3節で説明する。

共同研究開発自体により問題が生じるのは，主として参加者の中に競争関係にある事業者が複数含まれる場合である[10]。ここでいう競争関係には潜在的な競争関係も含まれる。たとえば，ある製品を製造販売している事業者と，現在は当該製品を製造販売していないものの，容易に製造販売できる状態にある事業者も，競争関係にあると言える。

また，ある共同研究開発において，他の事業者の共同研究開発への参加を制限する場合には，当該他の事業者が一定の取引分野から排除される可能性があり，例外的に独占禁止法上の問題が生じることがある[11]。

共同研究開発に関する独占禁止法上の一般的な考え方について，公正取引委員会が，「共同研究開発に関する独占禁止法上の指針」（共同研究開発ガイドライン）を公表している。また，共同研究開発は業務提携の1類型であるところ，

10　競争関係にない事業者間で研究開発を共同化する場合には，通常は，独占禁止法上問題となることは少ない（共同研究開発ガイドライン第1の1）。

11　参加者の排除の問題は，競争関係にある事業者間の共同研究開発だけではなく，メーカーとユーザーといった間での共同研究開発についても生じうる（平林英勝編著『共同研究開発に関する独占禁止法ガイドライン』（商事法務研究会，1993年）52頁）。

公正取引委員会競争政策研究センターが，令和元年7月に「業務提携に関する検討会報告書」を公表している。共同研究開発に関連する独占禁止法上の問題を検討するに当たっては，これらを適宜参照することが有用である。

1　検討すべき市場

独占禁止法上は，ある市場における競争に影響を及ぼす場合に問題が生じうる。それでは，検討すべき市場とは何か。

まず，研究開発の成果である技術は，ライセンスや譲渡の対象となることがある。たとえば，AとBが別々に同じような技術を研究開発した場合に，当該技術を利用したい事業者XはAからライセンスを受けるか，Bからライセンスを受けるかを選択することが可能となる（逆の見方をすると，AとBは技術の取引において品質・価格等で競争することになる）。ところが，AとBが共同で研究開発を行うと，Xは選択肢を一つ失うことになる。したがって，研究開発の共同化は，その成果である技術が取引される市場（技術市場）における競争に影響を与える可能性がある。

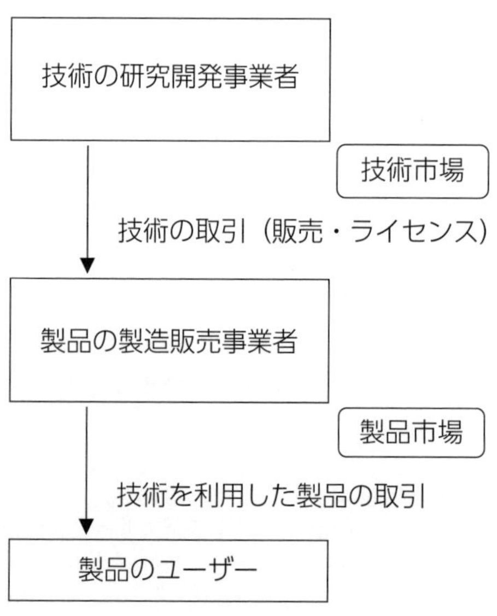

それだけでなく，研究開発を行う者は，その成果である技術を利用して製品を生産し，販売することもある。たとえば，CとDが別々に技術を研究開発し，各技術を利用して，同じような製品を生産販売した場合に，当該製品の顧客YはCから購入するか，Dから購入するかを選択することが可能となる（逆の見方をすると，CとDは製品の販売取引において品質・価格等で競争することになる）。ところが，CとDが共同で研究開発を行い，その成果である技術を利用して同様の製品を生産販売することになると，Yは選択肢を一つ失うことになる。したがって，研究開発の共同化は，その成果である技術を利用した製品が取引される市場（製品市場）における競争にも影響を与える可能性がある。

このように，一般的に，研究開発の共同化に関して検討すべき市場は，共同研究開発の成果である技術が取引される技術市場と，その技術を利用した製品が取引される製品市場となる。

さらに，共同研究開発は，参加者や他の事業者のイノベーションを阻害する場合（たとえば，参加者間で共同研究開発のテーマ以外のテーマの研究開発を合理的理由なく制限する場合）もありうる。この点，公正取引委員会競争政策研究センター「業務提携に関する検討会報告書」（令和元年7月）は，共同研究開発によりイノベーションが阻害され，それにより悪影響が生じる将来の技術・製品を相当程度具体的に予見できる場合には，当該市場における競争が制限されると評価可能であり，また，具体的に予見できるとまではいえない場合であっても，研究開発の意欲を減退させ，イノベーションに悪影響を与えるようなものである場合には，独占禁止法上問題にすべきとも考えられると述べている（21～25頁）。

2　共同研究開発自体による独占禁止法上の問題

共同研究開発は，①研究開発のコスト削減，リスク分散または期間短縮，②異分野の事業者間での技術等の相互補完等により研究開発活動を活発で効率的なものとし，技術革新を促進するものであって，多くの場合競争促進的な効果をもたらすと考えられる[12]。たとえば，同種の商品を製造販売する事業者らにとって，ある環境対策の基礎的な研究開発を単独で行うには人材や能力が不足し，また費用もかかりすぎるため，断念せざるを得ないが，複数社で役割と費用を分担すれば実行可能であるという場合に，複数社が共同で研究開発を行うことは，効率的な技術革新につながり，社会にとっても望ましいことがある。

しかし，研究開発の共同化により，技術市場または製品市場において，参加当事者が一体化して行動したり，市場における協調的な行動の可能性が高まったりして，競争が実質的に制限されることがあり，その場合には，独占禁止法３条後段の不当な取引制限に該当することとなる[13]。

したがって，共同研究開発自体の問題については，競争促進的な効果を考慮しつつ，技術市場または製品市場における競争が実質的に制限されるか否か[14]を検討する必要がある。

この点，共同研究開発ガイドラインにおいて，製品市場において競争関係にある事業者間で行う当該製品の改良または代替品の開発のための共同研究開発については，セーフハーバー基準が示されている。すなわち，参加者の当該製品の市場シェアの合計が20パーセント以下である場合には，通常は，独占禁止法上問題とならないとされる[15]。

これに該当しない場合[16]には，以下のとおり，①参加者の数，市場シェア等，②研究の性格，③共同化の必要性，④対象範囲，期間等を総合的に勘案して，競争が実質的に制限されるか否かを検討することとなる[17]。

12　共同研究開発ガイドライン「はじめに」１。

13　共同研究開発が事業者団体で行われる場合には独占禁止法８条の，また，共同出資会社が設立される場合には独占禁止法10条の問題となることがある（共同研究開発ガイドライン第１の１）。

14　競争の実質的制限とは，技術市場または製品市場において，価格，品質，数量その他各般の条件をある程度自由に左右することができる状態をいう。

15　共同研究開発ガイドライン第１の２⑴［1］。なお，市場シェアの合計が20パーセントを超える場合も，これをもって直ちに問題となるわけではない。

16　技術市場において競争関係にある事業者間で共同研究開発を行う場合や，製品市場のシェア合計が20パーセントを超える場合など。

17　公正取引委員会競争政策研究センター「業務提携に関する検討会報告書」（令和元年７月）別紙５－５も参照。

【４つの考慮事項】

①参加者の数，市場シェア等
②研究の性格
③共同化の必要性
④対象範囲，期間等

①　参加者の数，市場シェア等

一般的に，技術開発力等の事業能力の優れた参加者が多く，参加者の市場シェアが高いほど，競争が実質的に制限される可能性は高くなる。逆に，参加者が少なく，参加者の市場シェアが低ければ，競争が実質的に制限される可能性は低い。

製品市場についてのセーフハーバー基準は上記のとおりである。

技術市場については，技術はその移転コストが低く，国際的な取引の対象となっていることも考慮して競争の実質的制限があるかを判断する必要がある。外国事業者も考慮すると，通常は，相当数の研究開発主体が存在することが多く，そのような場合には，独占禁止法上問題となる可能性は低い[18]。

②　研究の性格

研究開発は，段階的に基礎研究，応用研究，開発研究に類型化することができる。

特定の製品開発を対象としない基礎研究については，通常，製品市場における競争に与える影響は小さく，競争が実質的に制限される可能性は低い。特に基礎研究でその成果も論文等で公表されるのであれば，社会的にもメリットが大きい[19]。

他方，開発研究については，その成果がより直接的に製品市場に影響を及ぼ

18　共同研究開発ガイドライン第１の２(1)［1］。
19　小田切宏之『イノベーション時代の競争政策―研究・特許・プラットフォームの法と経済』（有斐閣，2016年）49頁。

すため，競争が実質的に制限される可能性は高くなる。

技術市場に与える影響については，それぞれの段階について，技術が取引される市場の状況を勘案する必要がある。

③　共同化の必要性

単独では行い得ない研究開発を，共同化によって初めて実現し，これにより新技術，新製品が生み出されるという場合がある。共同研究開発がなければ生み出されなかったであろう新技術，新製品が市場に参入する結果をもたらすのであるから，当該共同研究開発は競争を促進する効果を有している。

このように，研究開発の共同化の必要性が高い場合には，共同研究開発は競争促進的効果を有するものであり，独占禁止法上問題となる可能性は低い。

具体的には，研究にかかるリスクやコストが膨大であり単独で負担することが困難な場合[20]，事業者間での技術等の相互補完がなければ単独では研究開発が困難である場合などが挙げられる。

④　対象範囲，期間等

共同研究開発の対象範囲が不明確であったり，期間が非常に長かったりする場合には，参加者独自の研究開発活動を妨げ，市場における競争に悪影響を与える可能性がある。よって，対象範囲，期間等が明確に定められている場合には，それらが必要以上に広汎に定められている場合と比べて，市場における競争に与える影響は小さいと言える。

3　他の事業者の参加の制限

共同研究開発を誰と行うかは，基本的には事業者の自由である。よって，他の事業者が共同研究開発に参加することを希望した場合に，これを拒絶することは，通常，独占禁止法上問題とならない。

20　環境対策，安全対策等を目的として行われる共同研究開発は，研究にかかるリスクやコスト等の面で単独で行うことが困難な場合が少なくない。

しかし，共同研究開発の参加者の市場シェアの合計が相当程度高く，規格の統一または標準化につながる等の事業に不可欠な技術の開発を目的とする共同研究開発の場合に，他の事業者が共同研究開発への参加を制限されると，当該他の事業者の事業活動が困難となることがありうる。このようにして，他の事業者が市場から排除されるおそれがある場合には，独占禁止法上の問題（共同の取引拒絶，その他の取引拒絶，私的独占等）が生じることがある[21, 22]。独占禁止法上の問題が生じるかの検討の際には，以下のとおり，①参加者の市場シェア，②共同研究開発の目的となる技術の内容，③参加を制限された事業者への影響が総合的に勘案されることになる。

① 参加者の市場シェア

参加者の市場シェアの合計が相当程度高い場合には，問題となりうる。逆に，共同研究開発の参加者の市場シェアが低い場合には，共同研究開発が規格の統一や標準化につながることは考えにくく，通常，問題とならない。

② 共同研究開発の目的となる技術の内容

規格の統一や標準化を目的とする共同研究開発の場合には，問題となりうる。また，そうでなかったとしても，ある事業分野の有力な事業者が多数参加し，開発される技術が事実上の業界標準となるような場合も，問題となりうる。

③ 参加を制限された事業者への影響

共同研究開発によって規格の統一や標準化が図られたり，事実上の業界標準となる技術が開発されたりする場合に，参加を制限された事業者が当該技術を利用できないとすると，競争上著しく不利となり，市場から排除されたり，新

21　共同研究開発ガイドライン第１の２⑵。

22　このような特別の場合には，後記第４章第３節の６のとおり，共同研究開発の成果である技術を第三者に対して実施許諾する場合には参加者全員の合意を必要とする（または第三者へ実施許諾しない）旨定めることも問題となりうる。

規に市場に参入できなかったりするおそれがある。このようにして，参加を制限された事業者が市場から排除されるおそれがある場合には，独占禁止法上問題となりうる。

これに対し，参加を制限された事業者が，独力でまたは他の事業者と共同して同等の技術を開発することが可能である場合や，参加を制限された事業者に，共同研究開発の成果に関するアクセスが保証される場合で，その事業活動が困難となるおそれがなければ，独占禁止法上問題とならない。なお，ここでいう「アクセス」とは，合理的な条件による成果の利用，成果に関する情報の取得等をいう。

4　ケーススタディ

(1)　セーフハーバーに該当する場合

> Ａ社とＢ社は日本で建設機械Ｐを製造販売している。日本の同製造販売分野における地位・シェアは，Ａ社は第３位・約10パーセント，Ｂ社は第５位・約５パーセントであり，合算後の両社の地位・シェアは第３位・約15パーセントとなる。また，当該市場には他に複数の有力な競争業者が存在する。
>
> 建設機械Ｐに対する規制が変更され，建設機械Ｐの仕様も大幅な変更が必要となるところ，Ａ社及びＢ社は，規制に合致した次世代建設機械Ｐの開発には多くの人員と資金が必要であり，単独で開発を行うのは困難であることから，開発費分担による開発コスト削減を目的とし，２社で，２年間，共同研究開発を行うこととした。
>
> なお，研究開発の成果を利用した次世代建設機械Ｐの営業活動及び販売価格の決定は，各社独自に行う予定である。

前記２のとおり，共同研究開発ガイドラインにおいて，製品市場において競争関係にある事業者間で行う当該製品の改良または代替品の開発のための共同研究開発については，参加者の当該製品の市場シェアの合計が20パーセント以下である場合には，通常は，独占禁止法上問題とならないというセーフハーバー基準が示されている[23]。

23　共同研究開発ガイドライン第１の２(1)［1］。

本件は，建設機械Ｐの改良のための共同研究開発であり，Ａ社およびＢ社の合算後の地位・シェアが第３位・約15パーセントであること，また，成果を利用した製品の販売について，特段の制限を設けるものではないことからすると，日本の建設機械Ｐの製造販売分野における競争を実質的に制限するものではない。また，技術市場についても，建設機械Ｐの製造販売市場には複数の有力な競争業者が存在することから，本共同研究開発が技術市場における競争に及ぼす影響は小さいと考えられる。

よって，本共同研究開発は，独占禁止法上問題とはならない[24]。

⑵　セーフハーバーには該当しない場合

> ８社は日本で建設機械Ｐを製造販売している。日本の同製造販売分野における８社のシェアは合算で約90パーセントである。これまで８社は，各社において，建設機械Ｐに搭載する部品Ｑの開発及び製造を行っている。
>
> 今般部品Ｑに用いられる原材料αが環境に悪影響を与える可能性があることが指摘されるようになってきたため，代替の原材料についての基礎研究が必要となっている。この基礎研究には，多くの人員と資金が必要となる。
>
> このような状況において，８社は，共同して，３年間，αの代替の原材料についての基礎研究を大学に委託し，研究成果を共有することを検討している。
>
> なお，研究成果を利用した製品の開発及び製造については，８社が独自かつ自由に行う予定である。また，８社は，共同研究に参加しない者に対しては，研究成果の利用を合理的な対価で認める予定である。また，他の研究機関は用途の限定なくαの代替の物質についての基礎研究を行っている。

建設機械Ｐの製造販売分野における合算シェアが約90パーセントとなる８社による共同研究であり，セーフハーバーには該当しない。

この場合，共同研究開発の競争促進的な効果を考慮しつつ，①参加者の数，市場シェア等，②研究の性格，③共同化の必要性，④対象範囲，期間等を総合的に勘案して，技術市場または製品市場における競争が実質的に制限されるか

24　以上につき，公正取引委員会「独占禁止法に関する相談事例集（平成14・15年度）」事例５参照。

否かを検討する必要がある。

本件では，

① 上記のとおり，本共同研究は，建設機械Ｐの製造販売分野における合算シェアが約90パーセントとなる８社による共同研究である。もっとも，本共同研究の成果について，本共同研究の非参加者に対しても合理的な対価で提供し利用を制限しないとしている。また，他の研究機関がαの代替の物質についての基礎研究を行っている。よって，建設機械Ｐの製品販売市場および部品Ｑに関する技術の取引市場における競争に与える影響は大きくないと考えられる。

② 本共同研究の対象は，環境対策の基礎研究に限られる。よって，そもそも建設機械Ｐの製品販売市場における競争に与える影響は小さい。

③ 本共同研究は，実施に当たり多くの人員と資金が必要となる一方，その成果が確実に得られるとは限らないため，個別各社では行いにくい。このように，共同化について合理的な必要性が認められる。

④ ８社が行う研究成果を利用した製品の開発および製造について，特段の制限を設けるものではない。また，本共同研究の期間は３年間にとどまる。よって，建設機械Ｐの製品販売市場および部品Ｑに関する技術の取引市場における競争に与える影響は小さい。

といった点を総合的に勘案すると，日本の建設機械Ｐの製造販売分野および部品Ｑに関する技術の取引分野における競争を実質的に制限するものではない。

よって，独占禁止法上問題とはならない[25]。

---

25 以上につき，公正取引委員会「独占禁止法に関する相談事例集（平成28年度）」事例２参照。

第4章 共同研究開発契約の締結段階

共同研究開発の締結段階では，共同研究開発契約書案を作成し，交渉することになる。そこで，本章では，第１節において，共同研究開発契約書にてどのような事項を取り決めることになるのか（契約書に盛り込むべき条項）を紹介する。そのうえで，各事項についてどのような具体的な条件を定めるべきかについて，契約当事者の立場を勘案しつつ解説することにする。また，ここでは，共同研究開発契約書のひな型を示しつつ，各条項の解説を行う。第２節では，共同研究開発契約の条項のうち，極めて重要な取決めである成果の取扱いについて，関連する法律のルールや実務上の対応策を含め，解説を行う。第３節では，独占禁止法の観点から，共同研究開発の実施に伴う取決めや成果に関する取決めを行うに際し，留意すべき事項や対応策について解説する。

第１節　共同研究開発契約

1　目的と必要性

共同研究開発契約とは，製品や技術を研究開発するにあたり，複数の当事者が共同して研究開発を行うために締結する契約をいう。共同研究開発を締結する目的と必要性については，第１章で解説したとおり，①自社が保有していない技術や知見を利用する，②製品や技術の開発のスピードアップを図る，③第三者の資金や製品事業化に関する豊富な知識・経験を利用する，④業界の垣根を越えて新製品・技術の開発を行うといった点が挙げられる。このような場合に，パートナーとなる相手方との間で特定のテーマについて共同研究開発を行うことが有意義である。

2　共同研究開発契約のポイント

共同研究開発契約を作成・交渉・締結する際に特に留意すべき重要なポイントを以下に示しておく。

第１に，共同研究開発契約は，共同研究開発テーマに関して各当事者がそれぞれ担う役割を明確に定めておくことが重要である。各当事者が担う役割を適切に実行するか否かによって共同研究開発の目的達成が大きく左右されることになるため，役割を明確に定めることの重要性を忘れてはならない。

第２に，共同研究開発は，新たな製品や技術の開発を目的とするものであるところ，共同研究開発遂行の結果として新たな技術的成果が得られることが想定される。この技術的成果について，後々に紛争となることのないよう，成果の帰属・利用に関して明確に取り決めておくことが重要である。

第３に，共同研究開発は，未開発の製品や技術を開発するという性質を有していることから，当初の想定を超えて技術開発スケジュールが遅延し，技術開発費用を要するといった事態が発生しうる。このような事態が発生した場合に，どのように対処すべきかを明確に定めていなければ，当事者間にて協議が調わず，共同研究開発が進捗しない事態が生じる。このように当初の想定を超える事態が発生した場合の善処の手順・内容等について予め協議して定めておくことが重要である。

第４に，共同研究開発は，その目的を達成するに至らぬまま終了を余儀なくされることも少なくない。ここで，共同研究開発の終了の可否・判断基準のほか，終了時における成果の帰属・利用条件等を明確に取り決めておくことが，その後の各当事者の事業活動の安定性を図るにあたって重要である。

以下，第３項では上記の各事項以外にも共同研究開発契約書に盛り込むべき条項の解説を行うが，上記各事項の重要性については改めて留意されたい。

3　共同研究開発契約書の条項解説

ここでは，共同研究開発契約書のひな型を紹介するとともに，ひな型契約書における主要条項の意義・趣旨・さまざまな条項例について解説する。あわせて，条項作成時に検討すべき実務上の留意点についても解説する。

共同研究開発契約書のひな型は巻末資料〔書式4〕に示しているので，適宜参照されたい。以下では，ひな型の条項のうち，主要な条項を挙げてその目的・意義・ドラフティングにおける留意点等を解説する。

(1)　目的条項

【条項例】

> 第2条（本共同研究開発の遂行）
> 　A社とB社は，共同して下記の研究開発（以下「本共同研究開発」という。）を行うものとする。
>
> 記
>
> ①　共同研究開発テーマ：■■■■
> ②　本目的：■■■■
> ③　本製品：■■■■

共同研究開発契約書においては，「目的」のほか，「共同研究開発」の名称・対象を定めることが一般的である。

第1に，「目的」「共同研究開発」を明確に定めることは，当事者が行うべき共同研究開発およびその目的についての認識を一にするために重要である。

第2に，「目的」「共同研究開発」は，両当事者の秘密保持義務や第三者との共同研究開発の制限の内容・範囲を画するものとしても重要である。第3章第1節にて解説したとおり，秘密保持義務条項では，両当事者は「共同研究開発」の「目的」以外の目的で秘密情報を使用してはならないとの条件が設けられることが一般的である。また，第三者との共同研究開発制限条項では，両当事者は「共同研究開発」およびその目的と同一または類似する研究開発を行うことが制限されることが少なくない。このような秘密保持義務や第三者との共同研究開発制限の内容・範囲を確定する際に，「目的」「共同研究開発」について定めた条項が参酌されることになる。

「目的」「共同研究開発」の定め方であるが，上述したとおり，両当事者の認識を一にする観点からできる限り具体的に記載することが好ましいが，他方で，あまりに具体化しすぎると共同研究開発の範囲が狭くなってしまい，かえって両当事者の契約目的を達成することができなくなるおそれがあるほか，秘密保持義務や第三者との共同研究開発制限の範囲も狭くなるという弊害が生じる。

「目的」「共同研究開発」を定めるにあたっては，これらの事情を勘案しつつ，個別のケースに応じて適切にその内容を画定していくことが重要である。

⑵　役割分担条項

【条項例】

第3条（役割分担）

1　本共同研究開発におけるA社及びB社の各役割分担は，以下に定めるとおりとする。A社及びB社は，本共同研究開発において各自の役割を誠実に遂行するものとする。

⑴　A社の役割

①　本製品の仕様の検討・設計・提案・修正・完成

②　本製品の試作品の製作・提供・修正・完成

③　本製品の最終設計図面の製作・提供・修正・完成

④　本製品の製造

⑵　B社の役割

①　本製品の仕様の評価

②　本製品の試作品の試験・評価

③　本製品の最終設計図面の評価

④　本製品の試験・評価

2　A社及びB社は，本共同研究開発に関して，前項に定める役割以外の業務を行う必要が生じた場合には，当該業務の内容，役割及び遂行条件を協議して定めるものとする。

3　A社及びB社は，本条第1項に定める自己の役割分担の全部又は一部を第三者に委託しようとする場合には，相手方の書面による事前承諾を得なければならない。

4　A社及びB社は，前項に基づく相手方の承諾を得て第三者に再委託を行う場合には，自らが本契約において負担する義務と同一の義務を当該第三者に課すとともに，当該第三者による義務違反に基づく責任について，当該第三者と連帯して責任を負うものとする。

共同研究開発は，両当事者の研究開発活動によって目的を達成するプロジェクトであるため，各当事者の役割分担を明確にしておくことが重要である。役割分担条項では，共同研究開発を完遂するために必要となる作業を洗い出し，各作業を段階に分けて書き出したうえで，各作業に係る役割をいずれの当事者が担当すべきかを定めるのが一般的である。上記条項例では，本製品の仕様の検討から本製品の製造・試験・評価に至るまでの各作業を段階化したうえで，A社が仕様検討・設計・試作品の製作等を行い，B社が仕様・試作品の評価等を行うという役割分担で共同研究開発を進める仕組みが採用されている。ここで，本製品の仕様として備えるべき品質・特性がある場合には，役割を明確化する観点から，当該仕様の内容を具体的に記載しておくことが望ましい。第8章で述べる「電算システム事件」（裁判例9）でも，共同研究開発案件において相手方の契約違反に基づく責任追及を行うに際しては，前提として自らが果たすべき義務を履行しておく必要があると判断されており，各当事者の役割を具体的に特定することによって役割遂行の義務を明確化することの重要性が示されている。「ソーシャルアプリ共同開発事件」（裁判例11）では，開発を行う当事者の開発対象物・業務内容・開発期間等が具体的に定められていたことから，当事者の義務違反の主張立証が比較的容易にできたものと思われる。「病院情報管理システム事件」（裁判例13）や「レセプト点検システム事件」（裁判例14）では，契約書において定めた相手方の役割を超えて過度な役割遂行を要求することは契約における協力義務違反と判断されており，留意が必要である。

また，事案ごとの検討が必要であるが，役割分担条項として，当事者が担う役割を仕事完成型の業務（義務）として規定するか，あるいは，必ずしも仕事の完成にはとらわれずに開発目的達成に向けた業務として規定するかについても区別したうえで，いずれのタイプの業務として規定すべきかを検討することが好ましい。「欠陥パネル検査装置事件」（裁判例8）では，この義務の性質付けについて原審と控訴審の判断が分かれた事例として注目される。「医学研究委託事件」（裁判例10）においても，相手方に対する債務不履行責任を追及するためには，相手方の役割（行うべき業務）を具体的に特定する方策や，仕事完成型の役割とすべき方策が重要であることを示しているといえる。「証券業務システム事件」（裁判例15）では，開発委託者が仕事完成義務や仕事完成期限を契約書において明確に定めていなかったことから，開発受託者の債務不履行が認められなかった点が参考になる。

さらに，共同研究開発は，その性質上，研究開発遂行の過程で当初予期し得なかった業務が生じることも少なくない。かような場合に，共同研究開発遂行に支障を生じさせることのないよう，両当事者が誠実に協議して当該業務の役割を定める条項を置くことが得策である。

また，共同研究開発は，各当事者が相手方の技術力等に着目していわば属人的に相手方との間で契約関係に入ることが念頭に置かれている。よって，各当事者は，定められた役割を自ら行うことが本来的に要請されている。かような観点から，各当事者が自ら行うべき役割に係る業務を第三者に委託することには制限を課すことが一般的である。上記条項例第３条第３項および第４項では，第三者への委託については相手方当事者の書面による承諾が必要であるとの条件に加えて，承諾を得て委託した場合であっても委託者は自らの役割分担遂行義務を免れないとの条件が定められている。

⑶　第三者との共同研究開発の制限

【条項例】

第４条（第三者との共同研究開発の制限）
　Ａ社及びＢ社は，本共同研究開発期間中，相手方の書面による事前承諾を得ることなく，本共同研究開発と同一又は類似する研究又は開発を第三者と共同で行ってはならない。

共同研究開発案件では，共同研究開発期間中に当事者が第三者との間で同一または類似の研究開発を行うことを制限する取決めを行うことが少なくない。

第３節で詳しく解説するが，公正取引委員会が公表している共同研究開発ガイドラインでは，共同研究開発と同一のテーマの独自のまたは第三者との研究開発を共同研究開発実施期間中について制限することは，原則として不公正な取引方法に該当しないとしている。また，同ガイドラインは，共同研究開発終了後の合理的期間についても，成果について争いが生じることを防止するため，または，参加者を共同研究開発に専念させるために必要と認められる場合に，原則として不公正な取引方法に該当しないとしている。同ガイドラインは，①共同研究開発終了後の研究開発の制限は，基本的に必要とは認められず，参加者の研究開発活動を不当に拘束するものであるので，公正競争阻害性が強いものと考えられる，②ただし，共同研究開発終了後の合理的期間に限って，同一または極めて密接に関連するテーマの第三者との研究開発を制限することは，背信行為の防止または権利の帰属の確定のために必要と認められる場合には，原則として公正競争阻害性がないものと考えられるとしている。

⑷　情報・資材等の提供

【条項例】

第５条（情報・資材等の提供）

1　A社及びB社は，自己が保有する秘密情報のうち，本共同研究開発を遂行するために必要なものについて，相手方に対して無償で開示するものとする。但し，自らが第三者との契約又は法規則によって秘密保持義務を負っている秘密情報についてはこの限りでない。

2　A社及びB社は，本共同研究開発を遂行するために必要な資材・原材料・設備等について，相手方に対して提供するものとする。

3　A社及びB社は，本条１項に基づいて相手方から開示を受けた秘密情報並びに本条２項に基づいて相手方より提供を受けた資材，原材料及び設備等を，相手方の書面による事前承諾を得ることなく本共同研究開発を遂行する目的以外の目的で使用してはならない。

4　A社及びB社は，本共同研究開発が終了又は中止した場合には，相手方から開示又は提供を受けた秘密情報（複製物を含む）並びに未使用の資材・原材料及び設備について，開示者の指示により速やかに返還又は破棄する。また，破棄を行った場合には，当該廃棄を証する書面を，当該廃棄をした後，速やかに開示者に対して交付するものとする。

共同研究開発を遂行するに際しては，当事者が共同研究開発に必要ないし有用な情報，資材，原材料および設備等を互いに円滑に開示・提供されることが望ましい。かような観点から，共同研究開発契約書には，上記条項例に示すような情報および資材等の開示・提供に関する条項を置くことが一般的である。

情報および資材等の開示・提供を当事者の義務とするか，あるいは，当事者の裁量とするかは，事案に応じてケース・バイ・ケースで検討・決定することになる。上記条項例では，必要な情報を相手方当事者に対して無償で開示する義務を負う条件を採用している。他方で，情報開示・提供を当事者の義務とはせずに，裁量において有用な情報を開示するという条件を採用する場合には，「Ａ社及びＢ社は，本共同研究開発に関連して必要又は有用となる情報並びに資材，原材料及び設備等を，本件共同研究の目的の範囲で，相手方に対して開示又は提供することができる。」といったような条項を置くことになろう。

⑸　秘密保持

【条項例】

第６条（秘密保持）

1　Ａ社及びＢ社は，本契約の内容並びに本共同研究開発に関連して相手方より提供又は開示を受けた情報であって提供又は開示の際に相手方より秘密である旨の表示がされ，又は口頭で開示された場合には開示後■日以内に書面で相手方に対して秘密である旨が通知されたもの（以下「秘密情報」という。）について，相手方の事前の書面による承諾を得ることなく，第三者に対して開示若しくは提供せず，又は本共同研究開発を遂行する目的以外の目的で使用してはならない。但し，以下の各号のいずれかに該当する情報については，この限りではない。

① 提供又は開示を受けた際，既に自己が保有していた情報
② 提供又は開示を受けた際，既に公知となっている情報
③ 提供又は開示を受けた後，自己の責めによらずに公知となった情報
④ 正当な権限を有する第三者から秘密保持義務を負わずに適法に取得した情報
⑤ 秘密情報によることなく独自に開発・取得した情報
⑥ 書面により事前に相手方の同意を得た情報

2　Ａ社又はＢ社は，前項の定めによって相手方の事前の書面による承諾を得て秘密情

報を第三者に開示又は提供する場合には，当該第三者に対して本契約により自らが負うのと同等の義務を課すものとし，当該第三者による秘密保持義務違反に基づく責任について当該第三者と連帯して責任を負うものとする。

3　A社及びB社は，本共同研究開発を遂行する目的の下で本共同研究開発を遂行するために当該秘密情報を知る必要のある自らの役員及び従業員に対し，秘密情報を開示して利用させることができる。但し，A社及びB社は，当該役員及び従業員に対して秘密情報の秘密保持を誓約させるとともに，当該役員及び従業員による秘密保持義務違反に基づく責任について当該役員及び従業員と連帯して責任を負うものとする。

4　本契約における他の定めにもかかわらず，A社及びB社は，裁判所，行政機関等から法規則に基づいて秘密情報の開示を要請された場合には，速やかに相手方に通知するとともに，適切な秘密保持措置を講じたうえで当該秘密情報を必要な範囲で開示することができる。

5　A社及びB社は，本共同研究開発に先立って締結した■■年■■月■■日付け秘密保持契約書（以下「本件秘密保持契約」という。）について，特段の定めのない限り，本件秘密保持契約が本契約に優先して適用されることに合意する。

秘密保持条項については既に第3章第1節で解説したとおりであるため，そちらを参照されたい。ここでは，共同研究開発プロジェクトに入った段階で，従前の秘密保持契約と共同研究開発契約との優先関係をどのように整理するかという点について解説する。

第1に，共同研究開発契約書において，従前の秘密保持契約書の定めによるとの条項を置くことによって，従前の契約条件を引き続き適用する取決めを行うことが考えられる。第5項は，従前の契約条件を優先的に適用する際の例である。

第2に，共同研究開発契約締結段階に至って，新たに取り決めておくべき事項（例として，秘密情報の定義の対象となる情報の項目，秘密情報の利用の方法等を加除修正する場合や，共同研究開発期間を伸長する場合等）が存する場合には，新たに共同研究開発契約書自体において秘密保持条項を置くことが契約管理という観点から好ましい場合がある。この場合の進め方としては，①従前の秘密保持契約を終了させるとともに，共同研究開発契約書に一から秘密保持条項を置く方法のほか，②従前の秘密保持契約の効力は存続させつつ，新たに取り決めておくべき事項を条項化するとともに，当該事項に関しては従前の秘密保持契約に置き換えるとの条項を置くことが考えられる。この②のケースを採用する場合の条項例としては，以下の条項が考えられる。

【条項例】

> Ａ社及びＢ社は，両者が締結した●年●月●日付け秘密保持契約（「本件秘密保持契約」）に関し，以下の条項を付け加えることに合意する。
> １　本件秘密保持契約第●条の秘密情報に，…の情報を追加する。
> ２　本件秘密保持契約第●条の秘密情報の利用方法に関し，「Ａ社及びＢ社は，相手方当事者から開示又は提供を受けた秘密情報が記載された媒体又は資料を複製してはならない。」との条項を第●条第●項として新設する。
> Ａ社及びＢ社は，本契約の本条に定める条件は，本件秘密保持契約に優先して適用されることに合意する。

⑹　研究費用

【条項例】

> 第７条（研究費用の負担）
> Ａ社及びＢ社は，本契約第３条にて定めた自己の役割分担を遂行するための費用を各々負担するものとする。但し，いずれの役割分担及び費用負担であるかが明らかでない役割及び費用が生じる見込みが生じた場合には，Ａ社及びＢ社が誠実に協議の上，その役割及び負担の別及び割合を決定する。

共同研究開発案件では，研究開発を進めるにあたり，設備・機器・原材料等を手配し，仕様の設計や評価を行うこと等に際して種々の費用が発生することになる。円滑に共同研究開発を進めるためには，発生するであろう費用負担の仕組みについて予め合意しておくことが望ましい。上記条項例は，共同研究開発遂行にあたって当事者が担う役割に関する費用を各々が負担するとの仕組みを採用した例である。このように自らが担う役割に関する費用を負担する仕組みは自然かつ公平なものといえ，企業間の共同研究開発案件では比較的多く採用されている。他方で，企業と大学との共同研究開発案件においては，企業が共同研究開発を行うに際して必要となる経費を負担することが少なくない（この点については，第5章で後述する）。

なお，自らが担う役割に関する費用を負担するとの仕組みを採用していても，あるプロジェクトにおいて双方の役割が重なるなど，いずれの役割に関する費用であるかが必ずしも明らかでない場合も生じうる（たとえば，サンプルの試作と評価を同日に行うプロジェクトにおいて，試作者と評価者がそれぞれの役割を負っており，かようなプロジェクトに関する費用負担の別が明らかでない場合）。このような場合が生じうることを勘案しつつ，上記条項例では，かような費用は当事者が協議のうえで負担割合を決定するとしている。

次に，共同研究開発案件では，研究開発を進める過程で，契約締結当初には想定されていなかった費用追加支出を余儀なくされる事態が発生する場合がある。このような場合に，追加費用の負担をめぐって当事者間に紛争が発生しないような取決めをしておくことも重要である。取決めの仕方としては，①追加費用についても，当事者が自ら担う役割に関する費用は当該当事者が負担する仕組み，②追加費用については当事者が折半して負担する仕組み，③（取決め内容の明確性にはもとるが）当事者が協議のうえで負担割合を決定する仕組み等が考えられる。

⑺　進捗状況の報告

【条項例】

第8条（進捗状況の報告）

1　A社及びB社は，本契約に基づく共同研究開発期間中，毎月末日までに当月における本共同研究開発の進捗状況を互いに書面で報告するものとする。

2　A社及びB社は，前項に定める月次報告のほか，相手方より本共同研究開発の進捗状況に関する照会を受けたときは，速やかに当該照会に対して回答するものとする。

3　A社及びB社は，前2項の報告を受けた場合において，本共同研究開発の目的を達成するために必要と認めるときは，相手方に対して研究開発活動の改善又は改良を含めた適切な措置を講じるよう要請することができる。この場合，A社及びB社は，講

じるべき措置の内容を含め，誠実に協議して決定するものとする。

共同研究開発案件では，当事者がそれぞれの役割を遂行して研究開発を進めていくことになるが，開発ターゲットに向けて適切かつ効率的に研究開発を進める観点から，進捗状況について報告・連絡・相談（いわゆるホウレンソウ）を行うことが重要である。そのため，共同研究開発契約書には，進捗状況の報告に関する条項を置くことが好ましい。

上記条項例では，第1項に，定期的に共同研究開発の進捗状況を互いに報告する取決めを置くとともに，第2項に，定期的な報告以外にも相手方より進捗状況の問い合わせを受けた場合には適切に対応する取決めを置いている。第3項に，進捗状況の報告を受けて共同研究開発の目的達成のために必要かつ適切な措置を行うべきときには，当該措置を取ることを要請でき，相手方はこれに応じる義務を定めている。

第1項の定期的な報告に関しては，より踏み込んだ条件として報告会を開催すること，および，報告会の開催時期および頻度を具体的に記載しておくケースもある。

次に，より綿密に共同研究開発案件の進捗を管理したいと当事者が希望する場合には，いわゆるJoint Steering Committee（共同運営委員会）等の組織体を形成して共同研究開発の遂行を管理する取決めを行う場合もある。

この場合には，①委員会の組織（議長・副議長・委員等の構成員および員数），②委員会の開催要領（開催時期・頻度・場所・定足数），③委員会における報告・決議事項，④委員会における決議方法（デッドロックの場合の解決方法を含む）等の各事項を契約条項に定めることが考えられる。

以下，Joint Steering Committeeを設置する場合の条項例を紹介する。

【条項例】

第●条　Joint Steering Committee の設置・運営

1　Ａ社及びＢ社は，本共同研究開発の円滑な進捗を図るため，Joint Steering Committee（以下「JSC」という。）を設置し，Ａ社及びＢ社協議の上で運営することに合意する。
2　Ａ社及びＢ社は，本契約締結後●日以内に，それぞれ，JSCに参加する委員を少なくとも３名選任し，相手方に通知するものとする。Ａ社及びＢ社は，JSCに参加する委員を変更するときは，あらかじめ相手方に通知するものとする。
3　JSCは，以下の各号に定める事項を協議し，決定するものとする。
　①　本共同研究開発の進捗状況の確認
　②　本共同研究開発の方針決定
　③　本共同研究開発の内容の変更の要否の決定
　④　本共同研究開発に基づく成果の報告及び確認
　⑤　本共同研究開発の中止及び終了の是非
　⑥　その他，本共同研究開発遂行に伴って生じる問題の解決
4　JSCは，定例会を年に４回（４月，７月，10月，１月）に開催するものとする。Ａ社及びＢ社は，臨時会の開催を希望するときは，相手方に通知し，開催の要否及び時期について協議して決定する。
5　JSCは，Ａ社及びＢ社がそれぞれ選任した委員が各々２名以上出席した場合に成立する。JSCの議長は隔年ごとにＡ社及びＢ社の委員が務めるものとする（本契約締結日が属する年の議長はＡ社の委員とする。)。JSCの決議は，Ａ社及びＢ社の委員数によることなく，Ａ社及びＢ社が１票ずつを有し，両者合意により行うことを原則とするが，合意が整わない場合には，●●に関する事項はＡ社が最終決定権を有し，●●に関する事項はＢ社が最終決定権を有するものとする。

以上のとおり，進捗状況の管理は共同研究開発の目的達成のための重要な手段であることから，案件の実情に即しつつ，管理に関する取決めを検討・条項化すべきである。

⑻　共同研究開発の変更または中止

【条項例】

第９条（本共同研究開発の変更・中止）
1　Ａ社及びＢ社は，本共同研究開発の進捗状況を考慮したうえで必要かつ相当であると判断した場合，相手方に対して本共同研究開発の内容変更又は中止を要請すること

ができ，以後，両者は誠実に協議して本共同研究開発の内容変更又は中止の可否等を決定する。
2　前項に定める本共同研究開発の内容の変更によって本共同研究開発に関する追加費用が生じた場合，A社及びB社は協議してその取扱いを決定するものとする。

共同研究開発案件は，事柄の性質上，研究開発を進めていくに際して種々の技術的問題点が生じ，試行錯誤を重ねなければならない可能性を内包している。生じた技術的問題点を速やかに解決することが難しい場合には，当初に予定していた研究開発の内容を変更し，研究開発の軌道修正をする必要が生じる場合がある。あるいは，研究内容の変更を超えて，共同研究開発自体の中止を余儀なくされる場合がある。そこで，共同研究開発契約書においては，共同研究開発の内容を変更し，または，中止する必要が生じた場合の取決めを行っておくことが考えられる。

上記条項例は，共同研究開発の進捗状況を考慮したうえで[1]，共同研究開発の内容変更または中止が必要かつ相当であると判断した場合に，当事者が内容変更または中止を要請し，以後，両者が協議をして内容変更または中止の可否等を決定するとの定めを置いている。この論点に関し，内容変更または中止の必要性を誰がいかなる基準で判断するのかという論点が存在する。上記条項例は双方当事者が進捗状況を考慮して内容変更または中止を要請することとし，両者が協議のうえで判断することを念頭に置いているが，他の仕組みとしては，役割を担う当事者が自己の役割に関して研究開発内容を変更し，または中止する必要があることについて合理的根拠を以て説明したときは，内容変更または中止が可能であるとの取決めを行うことも考えられる。

次に，共同研究開発の内容を変更する場合には，内容変更に伴って追加費用が発生することがある。内容変更を円滑に進める観点からは，内容変更に伴って生じうる追加費用の負担を含めた取扱方法を予め契約書で定めておくことが好ましい。取決めの仕方としては，①当事者が自ら担う役割に関する費用は当

1　進捗状況を当事者が報告する取決めについては，p.65で解説したとおりである。

該当事者が負担する仕組み，②当事者が折半して負担する仕組み，③（取決め内容の明確性にはもとるが）当事者が協議のうえで負担割合を決定する仕組み等が考えられる。

(9)　研究成果の帰属

【条項例】

第10条（研究成果の帰属）

1　Ａ社及びＢ社は，自己に所属する本共同研究開発責任者・担当者等が本共同研究開発に関して研究成果を得た場合には，速やかに相手方に通知するものとする。

2　Ａ社及びＢ社は，研究成果は原則としてＡ社Ｂ社の共有とすることに合意する。但し，Ａ社又はＢ社が，相手方から開示を受けた秘密情報並びに相手方から提供された資材，原材料及び設備等によることなく，自ら単独で研究成果を得た場合には，当該研究成果は単独で研究成果を得た当事者に帰属するものとする。

3　Ａ社及びＢ社は，前項本文に定める共有の研究成果にかかる自己の持分について，協議の上，決定するものとする。但し，協議がなされない場合又は協議が調わない場合にはＡ社とＢ社の持分は均等とする。

4　Ａ社及びＢ社は，本条第２項但し書きに定める単独の研究成果について相手方から実施許諾の希望を受けた場合には，これに応じるものとし，その条件等については両者が別途協議して決定するものとする。

研究成果に関する取扱いは，契約当事者にとって最も重要な契約条件といっても過言でない。

成果の取扱いに関しては，以下の各事項について取り決めておくことが重要である。

1　成果帰属
- 単独帰属又は共有のいずれにすべきか
- 共有とする場合に，共有持分をどのように決定すべきか

2　成果の実施に関する取決め
- 契約当事者による自己実施，製造委託（外注）の可否・条件
- 相手方当事者に対する実施許諾の可否・条件
- 第三者に対する実施許諾

3　成果に関する知的財産権の出願に関する取決め
4　成果の公表に関する取決め

ここでは，主として1に関して解説を行う。2については⑿にて，3については⑽にて，4については⑾にて解説を行う。

共同研究開発案件では当事者が共同して研究開発を行うことから，成果が両者の共同活動によって得られることが想定される。この場合，法律上は成果を両者が共有することになるが，共有に伴うデフォルトルールについては，第2節1にて詳細に説明する。

共同研究開発契約書では，上記条項例のように，共同研究開発案件において成果が生じたときは，速やかに相手方に通知するものとしたうえで，成果は原則として両者が共有することとし，但し書きとして，一方当事者が単独かつ独自でなした成果については当該当事者に属するとの条件を採用するケースが少なくない。成果を共有とする場合には，共有持分をどのように取り決めるかが問題となる。特段の取決めをしない場合には，持分は均等であるとみなされると解されているが，成果創出に向けた当事者間の貢献割合を勘案して持分割合を決定することも可能である。

共有とするのではなく，一方当事者に単独で成果が帰属する場合でも，共同研究開発案件では，その後の製品化等に際して，相手方当事者が当該成果を実施する必要が生じる場合が想定される。このような場合に，相手方当事者が成果を実施できなければ，製品化に支障が生じることから，単独に帰属する成果について，相手方当事者が実施許諾を得るとの条件を確保しておくことが重要である。上記条項例では，かような観点から，実施許諾に関する条項を置いている。

Q 成果の帰属に関する取決め

共同研究開発契約では，得られた成果の帰属のあり方（単独・共有（持分））をどのように定めるのか悩むことが多いです。相手方からは，自社技術を使って得た成果については単独帰属としたいとの要望を受けることが少なくありませんが，共同研究開発案件では相手方が自社技術単独で成果を得ることは想定されない（必ず，一部は当方の技術が関与する）のではないかと思っていますが，どのように対処すべきでしょうか。

A　共同研究開発の性質上，両者が研究開発テーマについて，技術的知見を情報交換しつつ，新たな技術開発を行うことが想定されますので，そのような共同研究開発によって得られた成果が両者の共同成果となる場合が少なくありません。したがって，質問に指摘されるとおり，共同研究開発案件において一方当事者のみが単独で成果を得ることが必ずしも想定されないということはいえるかと思われます。

もっとも，頻度は措くとして，共同研究開発案件において，一方当事者が単独で成果を得るケースもないわけではありません。すなわち，共同研究開発案件においても，相手方当事者との間で共同して検討する前提として，一方当事者が単独で社内検討を行った結果として，ある技術的成果を得ることがありえます。このような場合には，共同研究開発案件であるとしても，一方当事者が単独で成果を得る事象が発生することになります。

共同研究開発案件においては，上述したように，成果を得る事象にバリエーションがありえますので，このようなバリエーションが発生しうることを想定したうえで，契約書において成果帰属の仕組みづくりをしておくことが肝要です。共同研究開発契約書の仕組みづくりとして比較的一般的に採用されるのは，成果を一方当事者の単独帰属とする条件については，当該成果を得た者が独自・単独でなしたことの立証責任を課す仕組みが考えられます。すなわち，成果の帰属に関する条項として，①原則として，共同研究開発テーマに関して得られた成果は両者の共有とする，②ただし，成果について一方当事者が単独で得たことを証明することができた場合には，当該成果を得た一方当事者が単独で権利を有するという条項を定めることが考えられますのでご参考下さい。

Q 成果を得た当事者の確定

共同研究開発契約において成果をいずれの当事者が得たのか（あるいは共同成果であるのか）について，どのような資料から，どのように判断すべきでしょうか。

A 共同研究開発案件では，研究開発の過程で成果が得られることが想定されますが，この成果をいずれの当事者が得たのか（あるいは共同成果であるのか）が問題となることがあります。この点は，成果帰属の条項において，いずれかの当事者が単独で成果を得た場合には当該当事者に成果が単独帰属するとの条件を定めた場合に，果たして単独で成果が得られたといえるか否かという点を巡って問題となります。この問題は，事実の問題であることから，共同研究開発契約書に予め単独成果であるか否かの判断基準や判断手法を定めても，一律かつ明確に判断することは難しいです。

成果は多くの場合，発明として把握されることになりますが，発明者性の認定については，裁判例上，発明に関する技術的思想を着想した者や，当該着想を現実化した者が発明者であると判断されています（東京地判平成14年８月27日等）。この点に関し，技術的思想を着想した者や着想を現実化した者が誰であるかという問題については，研究開発過程に作成される実験ノートや打ち合わせ議事録等を基礎資料として，いつの時点で誰によってどのような状況の下で技術的思想が着想され，着想が現実化したのかを検討し，事実認定・評価をしたうえで判断することになります。発明者性の認定に関しては，上述した裁判例の他，第８章で述べる「高知大学共同研究事件」（裁判例16），「モノクローナル抗体共同研究開発事件」（裁判例17），「ポカラ事件」（裁判例20）などが参考になります。

⑽　知的財産権の取扱い

【条項例】

> 第11条（知的財産権の取扱い）
> 1　A社及びB社は，本共同研究開発の遂行に関して研究成果に係る発明等が生じた場合には，遅滞なく相手方に対して通知し，その取扱いについて決定するものとする。
> 2　A社及びB社は，両者が共有する研究成果に係る発明等について，知的財産権（ノウハウを除く）の登録出願及び権利化を行う場合には，両者協議のうえで別途に共同出願契約書を締結し，当該契約において登録出願及び権利化の条件を決定するものとする。
> 3　A社及びB社は，研究成果に基づく改良，改善等がなされた場合でも，前2項の定めを適用して当該改良，改善等に係る成果を取り扱うものとする。

成果の帰属については，p.69で解説したとおりであるが，それとは別に，成果に関する「発明等」について，知的財産権の登録出願および権利化を行う際の取扱いについて定めを置くことも重要である。

実際にどのような新規成果が得られ，どのような知的財産権の登録出願を行うのかが共同研究開発契約書締結当初は必ずしも明らかではないため，契約条項としては，別途，共同出願契約書を締結するとの取決めを行うことが少なくない。上記条項は，かような取決めの例である。

出願を行う場合には，日本国出願のみならず，外国出願を行う場合も想定され，かつ，外国出願を行う場合には翻訳費用が少なからず発生することから，外国出願に関しても取り決めておくことが望ましい。

また，成果帰属を得た当事者が自らの費用とその責任でもって出願を行う権限を有するものとし，出願後に権利化を断念しようとするときは事前に相手方に通知して相手方が特許を受ける権利の承継を希望した場合には承継するという取決めを行う例もある。

参考までに，共同出願契約書ひな型を，巻末資料〔書式６〕にて紹介しておく。

なお，共同研究開発成果に関しては，共同研究開発期間中または終了後を問わず，成果を利用または改良して，さらなる成果（改良成果）が生じることが考えられる。このような改良成果の取扱いについても，共同研究開発契約書における知的財産権の取扱いと同様に取り決めておくことが考えられる。

なお，かような改良成果の取扱いに関する独占禁止法上の考え方については，p.104を参照されたい。

Q　ライセンス導入技術を利用する際の留意点

共同研究開発案件を進めるにあたって，相手方が利用しようとする技術が第三者からのライセンス導入技術である場合に，支障なく共同研究開発を進める前提として，どのような手当てをしておく必要があるでしょうか。

A　共同研究開発案件においては，各当事者が開発テーマに関する技術を相互に提供することが想定されます。ここで，共同研究開発過程において，相手方当事者が第三者からライセンス契約によって導入した技術（「導入技術」）を開発テーマに利用・提供することがあります。この局面では，導入技術の利用が将来に制限されることのないように，事前に適切に技術・契約・法律をチェックする必要があります。なぜならば，相手方当事者がライセンス契約に違反するなどして導入技術の利用ができなくなってしまった場合には，導入技術の継続的な利用の差止め請求を受けることになり，導入技術をベースにした共同研究開発を継続することができなくなるといった重大な事態が生じうるからです。

そこで，共同研究開発を進めるに際しては，可能な限り，デューデリジェンスを実施して，技術の法的クリアランスを行うことが重要です。具体的には，相手方当事者に対して，共同研究テーマ遂行に際して第三者から導入した技術を使用する予定があるか否かを事前に確認するとともに，導入技術を使用する意思がない相手方当事者に対しては，共同研究開発契約書において，相手方当事者が第三者保有の技術を利用しないことについて表明保証をさせる等の方策を講じることが考えられます。また，相手方当事者が導入技術を利用する意思を示した場合には，導入技術の利用が第三者（技術保有者）との関係で契約・法律違反とならないか否かについて入念にチェックするとともに，契約書においても，契約・法律違反を構成しないことについて表明保証をさせる等の方策を講じることが考えられます。このようにして可能な限り，事業遂行の自由（いわゆるFreedom to Operate）を確保することが重要です。

⑾　研究成果の公表

【条項例】

> 第12条（研究成果の公表）
> 1　Ａ社及びＢ社は，両者共有に係る研究成果を公表しようとするときは，研究成果の公表を行おうとする日の■日前までにその公表内容を書面にて相手方に通知するものとする。
> 2　前項に基づいて通知を受けた相手方は，当該通知を受けた日から■日以内に公表内容の公表の可否・内容等に関する意見を書面にて公表希望当事者に通知するものとし，以後，Ａ社及びＢ社は，誠実に協議して公表の内容を定めるとともに，必要に応じて知的財産権の出願等の条件についても定めるものとする。

新規の成果については，論文や学会発表等によって公表することがある。特に，大学との共同研究開発案件においては，大学および大学所属研究者は，立場上，成果を知見として広く公表することを希望することが少なくない。

しかしながら，特許等の出願を行う前に新規の成果が公表されてしまうと，当該成果は公知となってしまい，その後に特許出願をしたとしても新規性喪失によって特許を取得することができない。

なおこの新規性喪失の例外としては，特許法30条の定めが存在する。

【特許法30条　新規性喪失の例外（いわゆるグレースピリオド）】

> 2　特許を受ける権利を有する者の行為に起因して第29条第１項各号のいずれかに該当するに至った発明（発明，実用新案，意匠又は商標に関する公報に掲載されたことにより同項各号のいずれかに該当するに至ったものを除く。）も，その該当するに至った日から１年以内にその者がした特許出願に係る発明についての同項及び同条第２項の規定の適用については，前項と同様とする。

以上に述べた内容をも勘案のうえで，共同研究開発契約書においては，新規成果の公表について，予め，その内容，時期および方法等について定めておくことが望ましい。

上記条項例では，公表しようとするときは，事前に公表の内容，時期および方法等について当事者が協議すべきとの取決めをしている。

なお上記条項例と同種の取決め例としては「Ａ社又はＢ社は，研究成果の公表希望時期の〇か月前に，相手方当事者に公表を希望する意思及び公表内容（例：論文の原稿等）を通知する。相手方当事者は，当該通知を受けたときは，当該通知を受けた日から〇日以内に公表の可否，内容及び条件について書面にて回答を行い，以降，Ａ社及びＢ社において公表条件を協議して決定するものとする。また，公表前に相手方当事者が特許出願を希望するときは，公表条件の決定とともに，特許出願を行う等の具体的な要領・手続を協議して決定する。」が考えられる。

⑿　研究成果の実施

【条項例】

> 第13条（研究成果の実施）

Ａ社及びＢ社は，両者の共有の研究成果が得られたときは，当該研究成果が得られた後速やかにその実施条件について協議して決定するほか，必要に応じて別途研究成果実施契約書を締結するものとする。

共同研究開発契約書においては，成果を当事者がどのように実施するかという点について取り決めておくことが重要である。契約当事者の立場によって，成果の実施態様が異なりうるが，当事者の利害状況を踏まえてしかるべき条件を策定しておくべきである。

成果の実施態様としては，当事者による自己実施が挙げられるが，自己実施には，当事者自らが実施するほか，当事者が第三者に対して委託して実施する態様も考えられる。典型的には，製造委託や外注による実施態様が考えられる。実施の取決めにおいては，自己実施態様の中に，かような第三者をしての実施も含めておくことが考えられる。

【条項例】

研究成果の実施には，当事者が自ら研究成果を実施して製品を製造する行為のほか，当事者が第三者に製造委託して研究成果を実施した製品を製造する行為をも含むものとする。

次に，事業分野を異にする企業間の共同研究開発案件においては，成果を実施する製品・事業分野を区分けする取決めを行うこともある。

【条項例】

Ａ社は，●●分野向けの製品 を製造，販売，輸出，輸入，販売の申出及び使用を目的として本発明を実施するものとし，当該目的の範囲外で本発明を実施してはならない。

Ｂ社は，●●分野向けの製品以外の製品を製造，販売，輸出，輸入，販売の申出及び使用を目的として本発明を実施するものとし，当該目的の範囲外で本発明を実施してはならない。

【条項例】

●●に関する分野においては，Ａ社が独占的に研究成果を実施する権利を有し，Ｂ社は，当該分野において研究成果を実施し，又は，第三者に実施許諾してはならない。
◆◆に関する分野においては，Ｂ社が独占的に研究成果を実施する権利を有し，Ａ社は，当該分野において研究成果を実施し，又は，第三者に実施許諾してはならない。

完成品メーカーと部品・原料メーカーとの共同研究開発案件では，新規開発対象の完成品および当該製品に使用される部品・原料の研究開発を行い，これによって部品・原料・完成品に新規成果が生じることがある。このような場合に，部品・原料メーカーとしては，完成品メーカーが新規成果を自己実施（第三者に対する製造委託を含む）して完成品を製造販売することを認めると，資本を投下して共同研究開発に取り組む事業メリットが損なわれることから，少なくとも一定期間は完成品メーカーに対する独占的供給を行う権利を確保しておきたいと考えることが通常であり，実際にもかような取決めを行うことが少なくない。

【条項例】

Ａ社（完成品メーカー）は，新規開発製品の開発が完了した日から●年間において，当該開発製品をＢ社（部品・原料メーカー）から購入するものとする。Ａ社は，本項前文の期間において，Ｂ社以外の第三者から当該開発製品を購入し，または，Ｂ社以外の第三者に対して当該開発製品の製造委託をしてはならないものとする。

このような取決めを行えば，部品・原料メーカーは開発完了から一定期間は独占的な供給を行うことによって得られる利益から投下資本を回収することができる。

【条項例】

A社及びB社は，共有にかかる研究成果が生じた日から●年間は，B社が独占的に当該研究成果を実施した部品をA社に納入する権利を有するものとし，A社は，当該期間中は，B社から当該部品を購入し，自己又は第三者をして当該部品を製造しない。

上記条項例は，完成品メーカー（A社）と部品・原料メーカー（B社）との間で共有にかかる研究成果を実施する際の取決め例である。

部品・原料メーカーは部品・原料分野の成果について権利帰属を得るとともに，完成品メーカーは完成品分野の成果について権利帰属を得るとの取決めを行うことが少なくない。

しかしながら，このような取決めを行った場合，部品・原料メーカーは自らが製造した部品・原料を共同研究開発相手方以外の第三者（典型的には共同研究開発相手方競合他社が想定される）に販売し，当該第三者が部品・原料を使用して完成品を製造した場合に，完成品メーカーの完成品分野の知的財産権を侵害するという事態が発生しうる。このような場合には，部品・原料メーカーとしては部品・原料を思うように販売できないことになってしまう。

他方で，完成品メーカーとしても，完成品を製造するに際して部品・原料を共同研究相手方以外の第三者（典型的には共同研究開発相手方の競合他社が想定される）に製造委託をしようとしても，部品・原料メーカーの部品・原料分野の知的財産権を侵害するという事態が発生しうる。このような場合には，完成品メーカーとしては，完成品を思うように製造できないことになってしまう。

このような事情に照らし，共同研究開発契約書においては，成果の帰属とともに，相手方に帰属した成果についての実施権を得る旨の取決めがなされることが少なくない。

【条項例】

本研究開発の遂行に伴って生じた新規成果のうち，部品・原料に関する成果はB社に帰属するものとする。但し，B社は，当該成果を実施する非独占的権利をA社に許諾する。 本研究開発の遂行に伴って生じた新規成果のうち，完成品に関する成果はA社に帰属するものとする。但し，A社は，B社が部品・原料に関する成果を実施して製造販売した部品・原料の販売先に対して完成品に関する成果に係る知的財産権を行使しない。

上述した部品・原料成果と完成品の成果の関係に絡んで，部品を譲渡した場合に，完成品特許が消尽または黙示の実施許諾に該当するかという論点がある。わが国では，アップル・サムスン事件大合議判決（知財高判平26・5・16判時2224号146頁）において，この点に関連する判断をされている。判旨は以下のとおりである。

「特許権者または専用実施権者（この項では，以下，単に「特許権者」という。）が，我が国において，特許製品の生産にのみ用いる物（第三者が生産し，譲渡する等すれば特許法101条1号に該当することとなるもの。以下「1号製品」という。）を譲渡した場合には，当該1号製品については特許権はその目的を達成したものとして消尽し，もはや特許権の効力は，当該1号製品の使用，譲渡等（特許法2条3項1号にいう使用，譲渡等，輸出もしくは輸入または譲渡等の申出をいう。以下同じ。）には及ばず，特許権者は，当該1号製品がそのままの形態を維持する限りにおいては，当該1号製品について特許権を行使することは許されないと解される。しかし，その後，第三者が当該1号製品を用いて特許製品を生産した場合においては，特許発明の技術的範囲に属しない物を用いて新たに特許発明の技術的範囲に属する物が作出されていることから，当該生産行為や，特許製品の使用，譲渡等の行為について，特許権の行使が制限されるものではないとするのが相当である（BBS最高裁判決（最判平成9年7月1日・民集51巻6号2299頁），最判平成19年11月8日・民集61巻8号2989頁参照）。なお，このような場合であっても，特許権者において，当該1号製品を用いて特許製品の生産が行われることを黙示的に承諾していると認められる場合には，特許権の効力は，当該１号製品を用いた特許製品の生産や，生産された特許製品の使用，譲渡等には及ばないとするのが相当である。」

以上のとおり，完成品の生産にのみ用いられる専用品としての部品を譲渡した場合でも，部品譲渡に伴って完成品特許が消尽するものではないと判断されている。実施許諾に関しては，完成品特許権者が部品譲渡に際して購入者が当該部品を用いて完成品を製造することについて黙示的に承諾しているといえる場合に限って成立するにすぎないとの判断がされている。このような判断をも踏まえれば，上述したとおり，部品・原料に関する成果と完成品に関する成果の実施条件については明確に取り決めておくことが好ましく，そうすべきであろう。

Q　成果帰属と成果利用条件に関する取決め

共同研究開発契約において，成果の帰属を定めることと，帰属が決まった後の成果の利用条件について定めることとの関係はどのように理解すればよいのでしょうか。

Ⓐ　共同研究開発契約書において成果の帰属を定めたとしても，その成果をいずれの当事者がどこまで利用することができるかは完全に明らかになるわけではありません（特に共有成果の場合）。したがって，共同研究開発契約書を作成するにあたっては，成果帰属の問題と，成果の利用条件に関する問題は，それぞれ別個独立した問題として意識して条項を作成することが重要です。

成果の利用のあり方については，基本的に当事者が合意することによって自由に定めることができます。その際の考慮要素として，①各当事者による成果実施（商業的実施）の可否，②条件（有償・無償／地域／製品），③第三者に対する実施許諾の可否などを明確に定めておくことが望ましいです。

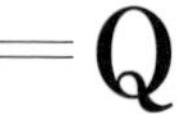

成果を利用した事業化の取決め

共同研究開発を開始するにあたり，成果が得られた場合には，事業化の仕組みも予め合意しておきたいと考えています。このような場合，契約書としてはどのような条件を盛り込むべきでしょうか。

Ⓐ　共同研究開発案件においては，共同研究開発後における事業化の仕組みとして，製品の製造・販売・収益分配等の仕組みまでを共同研究開発契約書に盛り込むことがあります。いわゆる私的自治の原則により，共同研究開発後の事業化の仕組みを共同研究契約書の条項として規定することは可能です。

このような場合，共同研究開発後の事業化に向けた各ステージを念頭に置きつつ，各ステージにおいて取り決めておくべき仕組み・条件を書き出し，これらを協議・合意のうえで契約書条項として作成することが考えられます。たとえば，①成果を利用して製品サンプルを製造するステージ，②製品サンプルをベースにしつつ，商用生産品の仕様を確定するステージ，③商用生産品の製造条件（製造者の別・製造委託の可否・製造数量・独占供給権の有無・期間等），④商用生産品の販売条件（価格，最低購入数量，独占販売権の有無・期間・販売地域等）について各当事者が希望する仕組み・条件をタームシートに書き出したうえで，将来的に双方当事者が事業化によって利益を得ることができるような仕組みを構築していき，当該仕組みを契約書条項に書き込んでいくことが考えられます。

Q 成果を利用した製品の単独事業化

成果を実施した製品について，当面は相手方が製造した製品を購入することを考えていますが，将来は，価格面・品質面でより競争力を有する第三者に製造委託等をすることが考えています。このような場合に，契約上の手当てを含めてどのように進めていくべきでしょうか。

A　成果を当事者の共有とした場合，共有成果に関する発明の実施に関しては，各当事者（共有者）は相手方当事者の同意を得ずして実施することができます（特許法73条２項）。また，各当事者（共有者）が第三者（例：製造委託先）に対して共有に係る発明を実施した製品の製造を委託することについても，当該製造委託品の全量供給を受ける場合には自己実施に該当すると解される傾向にあります。したがって，相手方当事者以外の第三者に製造委託等をすることが当然に制限を受けるものではありません。そこで，共有成果に関する発明を実施した製品を調達しようとする当事者としては，契約書において，少なくとも自己実施権（第三者に対する製造委託権）の制約を受けない形としておくことが望ましいです。

他方で，相手方当事者（例：共有成果に関する発明の実施品メーカー）としては，共同研究開発に投下した資本を回収する観点から，共有成果に関する発明の実施品については独占的に製造して供給する取引条件を要求することが少なくありません。このような場合，当事者間において，独占的な製品の製造・供給について取決めを行うことがあります。このような取決めを行う場合であっても，本問のように，将来において価格面・品質面においてより競争力を有する他者に製造委託等をすることを考えている場合には，独占的な製造・供給の期間を一定期間に限定する条項や，独占的な製造・供給を受ける前提条件として共同研究開発の相手方製品の価格面・品質面が合理的であること（およびその合理性判断基準）を明確にしておくことが考えられます。

なお，近時の裁判例において，共有に係る特許の実施品を他の共有者の同意なくして販売した場合には販売者（共有者）の共有持分が剥奪されるとの取決め（契約条項）が有効であるとして，共有持分剥奪を認める判断がされた「靴ひも事件」（裁判例22）がありますので，事業化を行う際の取決めには留意が必要です。

⒀　共同研究開発期間

【条項例】

> 第14条（本共同研究開発期間）
> 1　本共同研究開発の開発期間（「本共同研究開発期間」）及び本契約の有効期間は，本契約第９条及び第15条によって中止又は終了されない限り，■■年■月■日から■■年■月■日までとする。但し，両当事者は，書面による合意によって本共同研究開発期間を延長することができる。
> 2　本契約の終了又は中止にかかわらず，本契約の第５条４項，第６条，第10条，第11条，第12条，第16条，第17条，第19条の各規定は本契約の終了又は中止後もなお有効に存続するものとする。

共同研究開発契約では，共同研究開発期間を定めておくべきである。この共同研究開発期間は契約の有効期間と平仄を合わせて定めることが多い。上記条項例も，共同研究開発期間と契約の有効期間を同一のものとして定めている。

共同研究開発の性質上，研究開発を完遂すべき期間を念頭に置いたうえで，共同研究開発期間を設定することになる。技術の進展が速い技術分野においては，研究開発を早期に完遂する必要性が高く，早期に完遂しない場合には研究開発を継続する意義が減殺される等の事情が生じうることから，共同研究開発期間は比較的短期に設定されることが少なくない。

また，契約が終了または中止した後に，契約条項のうち，いかなる条項を有効に存続させるか（いわゆる残存条項）の決定も重要である。上記条項例では，成果の帰属に関する取決めも存続させるものとしているが，本書第８章で述べる「浄水器開発委託事件」（裁判例18）はこの点が必ずしも明確とはいえなかったことから争いが生じたものであり，残存条項の重要性を示す教訓的な事例といえる。

Q 成果を利用した第二次・第三次の共同開発事業化

得られた成果をベースとして，相手方との間で，第二次・第三次といったようにさらに発展的に共同研究開発を継続したいと考えている場合に，どのような契約の仕組みを作ることが得策でしょうか。

A 共同研究開発案件は，双方に開発業務を委託するという性質を持っています。法律的には委託（委任）契約については当事者に解約権が認められます（民法651条）。本書第８章で述べる「医学研究委託事件」（裁判例10）においても，当事者は，やむを得ない事由がなくても民法651条に基づいて有償準委任契約の解除は有効であると判断されています。したがって，第一次共同研究開発業務の委託だけがなされている場合には，当該開発にて得られた成果をベースとして，第二次・第三次といったさらなる発展的共同研究開発を継続したいと一方当事者が考えていたとしても，相手方当事者の意向次第では当然にはさらなる共同研究開発の継続は実現できません。したがって，発展的・長期的な共同研究開発を志向する場合には，契約書において，第二次・第三次といったさらなる段階における共同研究開発を行うことを条件として書き込み，相互拘束力の高い仕組みづくりを行っておくべきです。具体的には，共同研究開発期間の長期化（当事者の契約更新拒絶権の制限を含む），第二次・第三次といったような発展的な各段階における共同研究開発の基本的方向性および当事者の役割の条項化，当事者による中途解約権の制限といった条件を設けることが考えられます。

⒁　契約終了・契約中止時の措置

【条項例①】

第16条（契約終了・中止時の措置）
　Ａ社及びＢ社は，本共同研究開発が終了又は中止された場合には，以下の各号の取決めを行うものとする。
　①　終了又は中止時点における研究成果について検証・評価の上，取扱いの決定
　②　相手方より開示された秘密情報，資材，原材料及び設備等の返還又は破棄（但し，本契約第５条４項に準じるものとする）
　③　終了又は中止時点における費用の精算

　共同研究開発契約が終了する原因は，①期間満了，②合意解約，③（中途解約が有効な場合は）中途解約，④債務不履行解除等が考えられる。

　いずれの場合でも，共同研究開発終了に際して問題となるのは，以下の各事項である。

㈠　成果の確認（有無・内容）
㈡　成果の帰属の取決め
㈢　成果の実施条件の取決め
㈣　今後における同一・類似テーマの共同研究開発実施のあり方に関する取決め

　そこで，契約終了に関する取決めとしては，上記（ア）から（エ）の各事項について，各当事者は契約終了後における自己の事業活動の遂行に支障が生じないようにするための最低限の条件を確保するように留意しながら条項化を行うことが重要である。

【条項例②】

　Ａ社及びＢ社は，共同研究契約の終了又は期間満了時において，共同研究成果の有無及び内容すべてを相手方に書面で報告し，その内容について相互に確認する。あわせて，Ａ社及びＢ社は，共同研究成果の帰属について，本契約第●条の成果帰属の条件に則って定めるとともに，その実施条件については本契約第●条の実施条件に倣って書面

で確認するものとする。
　Ａ社及びＢ社は，共同研究契約終了後において，本契約第●条の秘密保持義務に違反しない限りにおいて，本研究目的と同一又は類似する共同研究を行うことを妨げられない。

　契約終了後においては，引き続き効力が残存するいわゆる「残存条項」を取り決めておくことも重要である。上記条項例では，①秘密保持義務，②成果の帰属，③知的財産権の取扱い，④成果の公表，⑤成果の実施に関する各条件は契約終了後も引き続き効力を有する旨定めている。
　さらに，共同研究開発費用に関する条項に則って一義的に費用精算が可能な場合は良いが，事案によっては最終的な費用精算において，いずれの当事者が負担すべきかが明らかではないものも存在しうる。このような場合には，費用精算を行う必要が生じることから，契約終了時の費用精算要領についても定めを置くことが考えられる。

【条項例③】

　Ａ社及びＢ社は，共同研究開発終了時において，終了時までに発生した費用を集計し，相手方当事者に報告するものとする。当該報告後において，Ａ社及びＢ社は，集計費用のうち，本契約第●条に定める費用負担条件に則って精算書を作成し，相互に確認するものとするが，精算に際して費用負担の別が明らかでないものについては，Ａ社及びＢ社が協議の上，その負担の別及び割合を決定するものとする。

契約終了後の自由な事業化を実現する方法

共同研究開発契約終了後に，相手方からの制約を受けずに自由に成果を実施して事業活動を行いたいと考えています。契約書上，どのような手当てをしておく必要があるでしょうか。

A　契約終了後に共同研究開発の対象となった技術・製品に関する事業について，相手方からの制約を受けることなく自由に成果を実施しながら事業活動を行うためには，成果の実施およびこれに基づく事業活動に必要な権限を確保しておく必要があります。したがって，契約終了後も成果を実施できること（自己実施・外部委託実施・第三者をしての実施等），製品に付された商標を使用できること，相手方当事者から開示を受けた秘密情報等を使用できること等の条件を条項化しておくことが重要です。なお，契約においてもっとも好ましいのは，契約終了後においても自由な事業継続が可能である旨を端的に明記することですが，このような条項を相手方当事者が受諾する場合が多いとはいえないことから，仮にそのような条件を確保できなくとも，上述したように，成果の実施およびこれに基づく事業活動ができるような権限を確保する条項を設けておくことが重要です。

なお，近時の裁判例において，共有に係る特許の実施品を他の共有者の同意なくして販売した場合には販売者（共有者）の共有持分が剥奪されるとの取決め（契約条項）が有効であるとして，共有持分剥奪を認める判断がされた「靴ひも事件」（裁判例22）がありますので，事業化を行う際の取決めには留意が必要です。

Q　医薬品の共同研究開発案件における商標の取扱い

医薬品の共同研究開発案件について，共同研究開発に基づく成果を実施した製品に付する商標について，いずれの当事者の商標を出願登録して付すべきであるかについて，どのように対処すればよいでしょうか。

A　医薬品については，事業化に際して，いずれの当事者が製造販売承認を取得するかに加えて，いずれの当事者が製品の商標を出願・登録・使用するかを決定しておくことが必要かつ重要です。すなわち，医薬品について付した商標は，製造販売承認を取得した後に自由に変更することができないことから，医薬品事業において，製造販売承認および商標はいずれも事業基盤を構成する重要な要素です。

そうしますと，医薬品の共同研究開発案件における商標の使用に関する取決めは，共同研究開発終了後に成果としての医薬品の製造販売の可否を左右する重要な条件といえます。したがって，成果としての医薬品の製造販売事業の自由度を確保したい当事者にとっては，商標（またはその使用権）の継続的使用権限の確保は極めて重要です。そこで，契約書作成に際しては，成果を使用した医薬品についての商標の使用権を契約終了後も継続して確保できるとの条件を定めておくことに留意すべきです。

Q　医薬品に関する共同研究開発契約終了後の製品販売事業の継続

医薬品の共同研究開発案件において，契約が終了した場合に，成果としての医薬品の製造販売継続の可否を含めた条件を協議しています。どのように対処すればよいでしょうか。

A　医薬品の製造販売事業を行うにあたっては，製造販売承認を取得・維持しておくことに加えて，医薬品の販売名についての商標を使用することができる状態を確保しておく必要があります。加えて，医薬品に関して有効性や安全性（特に副作用や有害事象）に関する問題が生じたときには，当該医薬品についての臨床試験・治験等の開発データを使用して善処する必要が生じうるため，そのような開発データについてのアクセス・利用権限を確保しておく必要があります。さらに，医薬品の共同研究開発過程において当事者間でやりとりをした秘密情報について秘密保持義務等の利用制限が課されている場合に，契約終了後も引き続き利用できる権限を確保しておく必要があります。

そこで，共同研究開発契約書を作成するにあたっては，契約が終了した場合でも，製造販売承認の維持，商標の利用継続，開発データへのアクセス・利用継続，相手方の秘密情報の利用継続等を含めて，事業を継続することができる法律関係が確保できているか否かを予めチェックし，事業継続に必要な権限を条項に書き込んでおくことが必要かつ重要です。

第２節　成果の取扱い

本章第１節では共同研究開発契約書ひな型の各条項について解説したが，契約条項を作成するにあたっては，第１節で解説した内容に加えて，共同研究開発案件に絡む特徴的な法的問題を把握したうえで仕組み作りを行うことが重要である。すなわち，共同研究開発案件においては，当事者が研究開発活動によって技術的な成果を得ることが想定される。この技術的成果としては，発明，考案，ノウハウ等が挙げられる。この技術的成果の帰属をどのように取り決めるかは，契約当事者の事業活動に大きな影響を及ぼすものとして極めて重要である。

以下では，Ａ社およびＢ社の共同研究開発案件において，Ａ社に所属する従業員ａと，Ｂ社に所属する従業員ｂが共同して発明をした場合において，契約書によって成果帰属に関する定めを置いていない場合のデフォルトルール（法律上のルール）を確認しておく。そのうえで，共同研究開発契約において，成果帰属をどのように合意によって定めるべきかについて，実務上の留意点を解説する。

１　使用者（企業）の権利取得に伴うデフォルトルール（法律上のルール）

デフォルトルールは特許法によることになるが，上記設例においては，従業員ａと従業員ｂの発明は，いずれも使用者Ａ社およびＢ社との関係で職務発明であることを前提としておく。

第１に，単独発明については，発明をした者が所属する使用者に特許を受ける権利が帰属する（特許法29条１項柱書・35条）。

第２に，Ａ社に所属する従業員ａと，Ｂ社に所属する従業員ｂが共同して発明をした場合には，Ａ社およびＢ社の職務発明規程の定めの内容等によって成果帰属は異なることになる。

この職務発明規程については，原始取得制度と承継取得制度のいずれも採用可能であることから，権利帰属に関するルールも場合分けが必要となる。

すなわち，平成27年改正法により，原始取得制度を採用することができるようになったが，原始取得制度を採用した場合には，職務発明が完成したときから特許を受ける権利は使用者に原始帰属することになる。仮にＡ社が原始取得制度を採用している場合には，従業員ａがなした職務発明に関する権利は原始的にＡ社に帰属することになる。

他方で，承継取得制度を採用している場合には，職務発明についての特許を受ける権利は従業員に帰属し，かような権利が使用者に承継取得されることになる。仮にＢ社が承継取得制度を採用している場合には，従業員ｂがなした職務発明に関する権利は従業員ｂに帰属することになる。

ここで，承継取得制度を採用しているＢ社に関しては，以下に紹介する特許法33条３項に関する問題が生じることになる。

すなわち，特許法33条３項は，特許を受ける権利が共有に係るときは，各共有者は，他の共有者の同意を得なければ，その持分を譲渡することができないと定めている。

この定めによれば，従業員ｂが従業員ａと共同して完成させた職務発明については，従業員ｂはＡ社と特許を受ける権利を共有することになるが，従業員ｂが共有持分をＢ社に承継させるためには，他の共有者（Ａ社）の同意を得る必要がある。言い換えれば，Ａ社の同意が得られない場合には，Ｂ社は従業員ｂから共有持分の承継を受けることができないということになる。このような法律関係を踏まえると，自己所属従業員による職務発明についての特許を受ける権利を確実に自社に帰属させるためには，職務発明規程において使用者原始取得制度を採用することが好ましいといえる。

以上がデフォルトルールである。特に，承継取得制度を採用する企業にとっては，共同研究開発案件においては，自己所属従業員がした職務発明についての共有持分に係る特許を受ける権利の承継を受けるに際し，共同研究開発の相手方の同意を得る必要があることから，円滑な権利確保に支障が生じうる点に留意する必要がある。このような事情をも踏まえると，実務上，共同研究開発契約を締結するに際して，特許法33条３項との関係を含めて，双方の当事者がいずれも所属する従業員から職務発明に関する特許を受ける権利を取得または承継することができるような条項を設けておくことが重要である。このような条項例としては，以下のような条項が考えられる。

【条項例】

Ａ社及びＢ社は，本共同研究開発においてＡ社Ｂ社所属の従業員が共同して発明をした場合，Ａ社及びＢ社がそれぞれ自己に所属する従業員から共同発明に関する特許を受ける権利を取得又は承継するのに必要な措置（本共同研究開発の成果に関する共同発明をした自己の従業員をして，相手方所属の従業員が相手方に当該共同発明に関する特許を受ける権利を承継させることを同意させる措置を含む）を講じるものとする。

2　成果の取決めに関する留意点

以上のようにＡ社およびＢ社がいずれも自己の従業員から特許を受ける権利を取得または承継することに加えて，当事者としては，当事者間における成果帰属に関する取決めをしておくことが好ましい。実際に，共同研究開発契約書において，当事者が成果の帰属を取り決める合意を行うことが一般的である。なお，共同研究開発の成果または帰属を取り決めることは，公正取引委員会が策定および公表する「共同研究開発に関する独占禁止法上の指針」（共同研究開発ガイドライン）との関係においても問題はない。すなわち，同指針は，共同研究開発の成果または帰属を取り決めることは，①原則として不公正な取引方法に該当しない，②ただし，その内容において参加者間で著しく均衡を失し，これによって特定の参加事業者が不当に不利益を受けることとなる場合には不公正な取引方法の問題となるとしており，基本的に当事者間による成果帰属の取決めは可能であるとしている。

(1)　共有に関するデフォルトルール（法律上のルール）と成果帰属取決めに際しての留意点

次に，A社およびB社の共同研究開発案件において，A社に所属する従業員ａと，B社に所属する従業員ｂが共同して発明をした場合において，A社およびB社がそれぞれ自己の従業員から特許を受ける権利の取得または承継をした場合には，A社とB社は共有関係に立つことになる。特許を受ける権利および特許権を共有とした場合，契約で別段の定めをしない場合には，法律によって定められたルールに則って共有に関する法律関係が形成されることになる。ただし，A社およびB社の従業員が共同して発明をした場合には契約において成果を共有とする取決めを行うことが一般的である。

そこで，以下では，特許を受ける権利および特許権の共有に関するわが国の法律関係についてみておく。

わが国の特許法上，共有については，大要，以下に示す関連条文が存在することに留意されたい。

特許法33条（特許を受ける権利）

3　特許を受ける権利が共有に係るときは，各共有者は，他の共有者の同意を得なければ，その持分を譲渡することができない。

4　特許を受ける権利が共有に係るときは，各共有者は，他の共有者の同意を得なければ，その特許を受ける権利に基づいて取得すべき特許権について，仮専用実施権を設定し，又は他人に仮通常実施権を許諾することができない。

特許法38条（共同出願）

特許を受ける権利が共有に係るときは，各共有者は，他の共有者と共同でなければ，特許出願をすることができない。

特許法132条（共同審判）

2　共有に係る特許権について特許権者に対し審判を請求するときは，共有者の全員を被請求人として請求しなければならない。

3　特許権又は特許を受ける権利の共有者がその共有に係る権利について審判を請求するときは，共有者の全員が共同して請求しなければならない。
4　第1項若しくは前項の規定により審判を請求した者又は第二項の規定により審判を請求された者の一人について，審判手続の中断又は中止の原因があるときは，その中断又は中止は，全員についてその効力を生ずる。

特許法73条（共有に係る特許権）
1　特許権が共有に係るときは，各共有者は，他の共有者の同意を得なければ，その持分を譲渡し，又はその持分を目的として質権を設定することができない。
2　特許権が共有に係るときは，各共有者は，契約で別段の定をした場合を除き，他の共有者の同意を得ないでその特許発明の実施をすることができる。
3　特許権が共有に係るときは，各共有者は，他の共有者の同意を得なければ，その特許権について専用実施権を設定し，又は他人に通常実施権を許諾することができない。

上記各条文を踏まえつつ，共有者の法律関係について解説する。

第1に，出願・権利化の局面であるが，共有者は特許出願を共同でしなければならない（特許法38条）。特許出願が拒絶された場合，拒絶査定不服審判請求は共有者の全員が共同でしなければならない（特許法132条3項）。拒絶査定不服審判請求不成立審決の取消訴訟は，固有必要的共同訴訟であり，共有者の全員が提起しなければならない（最判昭36・8・31民集15巻7号2040頁，最判昭55・1・18判時956号50頁，最判平7・3・7民集49巻3号944頁）。他方で，無効審決の取消訴訟については，共有者の1人が単独で提訴できるとされている（最判平14・2・22民集56巻2号348頁，最判平14・2・28判時1779号87頁）。

以上に示したデフォルトルールによれば，共有にかかる発明について，特許出願，拒絶査定不服審判請求および拒絶査定不服審判請求不成立審決の取消訴訟提起について相手方が同意しない場合には，権利化に支障が生じることになる。このような事態を避けるために，共同研究開発契約書において，相手方の同意を義務付ける条項を置くことが考えられる。

【条項例】

　Ａ社及びＢ社は，共有の研究開発成果について特許としての権利化を行うときは，権利化を行うための手続（特許出願，補正，審判請求，審決取消訴訟等）を共同して行うものとし，かような手続を行うことに同意を拒んではならない。

　第２に，共有持分の管理処分に関してであるが，特許を受ける権利および特許権のいずれについても，共有者は，他の共有者の同意を得なければ，自己の共有持分を譲渡し，実施権を設定または許諾することはできない（特許法33条３項および４項・73条１項および３項）。

　このように，共有とした場合には，共有者は，特許を受ける権利に基づく出願・権利化の局面や，特許を受ける権利および特許権の管理処分を行う局面において，自らの単独意思に基づいて行動することが制約を受ける点に留意が必要である。

　上記のルールのうち，共有持分の管理処分については，当事者が契約において別段の取決めを行うことが可能である。たとえば，共有持分者は，自己の共有持分を譲渡し，または，ライセンス（実施許諾）をすることについて，他の共有者の同意を得ずして譲渡またはライセンス（実施許諾）をすることができるとの合意をすれば，自由に譲渡またはライセンス（実施許諾）をすることができる。この場合，譲渡またはライセンス（実施許諾）をしたことによって得られる対価の分配の要否・内容についても併せて取り決めておくことが考えられる。

【条項例】

　Ａ社及びＢ社は，共有の研究成果にかかる特許権及び特許を受ける権利について，相手方の同意を得ずして第三者に対して実施許諾をすることができる。Ａ社及びＢ社は，本項前文に基づいて第三者に実施許諾をしたときは，当該実施許諾によって得られた対価について，Ａ社Ｂ社の共有持分に応じて分配することに合意する。

共同研究開発の成果については，わが国のみならず，海外においても特許出願・権利化・実施許諾等を行うことが想定されうるが，共有の法律関係は，わが国とは異なる面があるので留意が必要である。

とりわけ，実務上，国ごとに制度が異なるとして注目される論点が，共有者の１人が自己の共有持分について第三者に対してライセンス（実施許諾）をすることができるかという点である。上述したとおり，わが国では，共有者の１人は他の共有者の同意を得なければライセンス（実施許諾）をすることはできない（特許法73条３項）。他方で，米国では他の共有者の同意は不要と解されている（米国特許法262条参照）。中国でも，共有者の１人は通常実施権を許諾することについて他の共有者の同意は不要であるとされている（中国特許法14条参照）。そうすると，共有者（Ａ社）としては，他の共有者（Ｂ社）が自己（Ａ社）の競合他社に対して米国・中国特許権をライセンス（実施許諾）することが可能であることから，これを契約によって防ぐための合意をしておくことが必要となる。

このように，実務上，国内外の特許を受ける権利および特許権について，共有持分の実施許諾を行うことに関し，他の共有者の同意の要否等に関する合意をしておくことが重要である。

【条項例】

> Ａ社及びＢ社は，共有の研究成果にかかる国内外の特許権及び特許を受ける権利について，相手方の同意を得ずして第三者に対して実施許諾をすることができる。Ａ社及びＢ社は，本項前文に基づいて第三者に実施許諾をしたときは，当該実施許諾によって得られた対価について，Ａ社Ｂ社の共有持分に応じて分配することに合意する。

特許権を共有している場合において，第三者が特許権を侵害した場合の法律関係であるが，差止請求権については，各共有者は，単独で侵害者に対して差止請求をすることができると解されている（大阪地昭55・10・31無体裁集12巻２号632頁）。

損害賠償請求権についてであるが，共有者が損害賠償請求をした場合に，いかなる損害額を賠償請求できるかという問題がある。裁判例としては，①各共有者の持分比率の割合によるとする裁判例（大阪地平13・9・20裁判所ウェブサイト平成11年（ワ）第4158号），②各共有者の利益比率の割合によるとする裁判例（東京地判昭44・12・22無体裁集１巻396頁），③各共有者の実施程度比率の割合によるとする裁判例（知財高判平22・４・28裁判所ウェブサイト平成21年（ネ）第10028号）が存する状況にある。

かようなデフォルトルールが存するが，第三者が共有特許権を侵害した場合の侵害排除措置を含めて，当事者間で予め対応のあり方を条項として定めておくことが好ましい。

【条項例】

１　Ａ社及びＢ社は，共有にかかる特許権を第三者が侵害し，又は侵害のおそれを覚知したときは，速やかに相手方に通知する。Ａ社及びＢ社は，当該通知がされたときは，第三者に対する侵害排除措置を共同して講じるものとし，かような措置を行うために当事者の同意が必要なときは当該同意を拒まないものとする。

２　Ａ社及びＢ社は，共有にかかる特許権を侵害する第三者に対する損害賠償請求によって損害賠償金を得たときは，損害賠償金から権利行使に要した費用を控除した金額について，Ａ社Ｂ社の共有持分に応じて分配することに合意する。

　Ａ社及びＢ社は，共有にかかる特許権を侵害する第三者に対する損害賠償請求によって損害賠償金を得たときは，損害賠償金から権利行使に要した費用を控除した金額について，Ａ社が●％に相当する金額を，Ｂ社が◆％に相当する金額をそれぞれ収受することに合意する。〔筆者注：Ａ社のみが発明を実施した事業をしており逸失利益相当の損害を被っており，Ｂ社は発明を実施しておらず実施料相当の損害を被っているような事案では，Ａ社が得るべき損害賠償金を多くする形で収受割合を決定することが考えられる〕

第３節　独占禁止法に関連する実務上の諸問題

１　はじめに

共同研究開発を行うこと自体が独占禁止法上問題（前記第３章第４節参照）

とならない場合であっても，共同研究開発の実施に伴う取決めや成果に関する取決めにより，市場における競争に影響を及ぼし，結果として独占禁止法上の問題が生じることがある。

まず，競争関係にある事業者間で共同研究開発を行う場合に，成果である技術を利用した製品について価格や生産数量等を取り決めたり，当該製品以外の競合する製品等について販売活動を制限したりすれば，主として独占禁止法３条後段の不当な取引制限の観点から問題となる[2]。また，共同研究開発に伴って競争上重要な情報を交換すると，カルテルを疑われるリスクがある。この点については，９で後述する。

また，共同研究開発の相手方は取引の相手方とみることができ，当該取引の相手方との間の取決めについては，不公正な取引方法の観点から独占禁止法上の問題を検討する必要がある。ところで，前記第３章第４節の２のとおり，共同研究開発は，①研究開発のコスト削減，リスク分散または期間短縮，②異分野の事業者間での技術等の相互補完等により研究開発活動を活発で効率的なものとし，技術革新を促進するものであって，多くの場合競争促進的な効果をもたらすと考えられる[3]。そうした共同研究開発において，事業者が共同で研究開発を行うインセンティブを確保するために，参加者間の事業活動を制限する取決めを行う場合がある。取決めの理由としては，①参加者間で開示する技術等の流用を防止するため，②成果について後に争いが生じることを防止するため，③参加者を共同研究開発に専念させるため（背信行為を防止するため），④成果であるノウハウの秘密性を保持するため，⑤共同研究開発への投資コストを回収するためなどが挙げられる。

一般的には，そうした取決めが競争に及ぼす影響が小さいと考えられる場合，または，取決めの目的が正当であり，当該目的を実現するために合理的に必要とされる範囲内である場合（正当化理由が認められる場合），原則として不公

2　共同研究開発ガイドライン第２の１。
3　共同研究開発ガイドライン「はじめに」１。

正な取引方法に該当せず，独占禁止法上問題とならない[4]。

これに対し，そのような取決めが競争に及ぼす影響が大きく，正当化理由も認められず，公正な競争を阻害するおそれ（公正競争阻害性）があると認められる場合には，不公正な取引方法に該当し，独占禁止法上問題となる。公正競争阻害性の有無は，個別に，共同研究開発の競争促進効果も考慮しつつ，参加者の市場における地位，参加者間の関係，市場の状況，制限が課される期間の長短等が総合的に勘案されて判断される[5]。

また，取決めの内容において参加者間で著しく均衡を失し，これによって特定の参加者が不当に不利益を受けることとなる場合には，不公正な取引方法（優越的地位の濫用または差別取扱い）となりうる。公正取引委員会が令和元年６月に公表した「製造業者のノウハウ・知的財産権を対象とした優越的地位の濫用行為等に関する実態調査報告書」においては，製造業者が研究開発等の末に獲得したノウハウや知的財産権は，当該事業者の競争力の源泉となるものであり，秘匿しておきたいノウハウを意に反して開示させられたり，苦労して取得した知的財産権を意に反して無償譲渡・無償ライセンス等させられたりするのでは，当該事業者の知的財産権戦略自体が成り立たなくなってしまうことが指摘され（同報告書23頁），公正取引委員会に報告された事例として，名ばかりの共同研究開発を強いる場合（後記６参照）が挙げられている。

以下２から８まででは，各種の取決めについて説明する。なお，不当な取引制限，私的独占，優越的地位の濫用に該当する場合には，直ちに課徴金の納付を命じられる可能性もあることから，より注意が必要である。

【独占禁止法上の問題を検討する際の考慮要素】

・競争促進効果（①研究開発のコスト削減，リスク分散又は期間短縮，②異分野の事業者間での技術等の相互補完等）

4　共同研究開発ガイドライン第２の２参照。
5　共同研究開発ガイドライン第２の２。

・競争阻害効果（参加者の市場における地位，参加者間の関係，市場の状況，制限が課される期間の長短等）
・正当化理由：取決めの目的の正当性（開示する技術等の流用防止，成果についての紛争防止，背信行為の防止，成果であるノウハウの秘密性保持，投資コストの回収等）・手段の相当性

2　目的，役割・費用分担，情報開示等

共同研究開発契約書のひな型（巻末資料〔書式4〕）の第2条のように目的を定めたり，第3条のように参加者間の役割分担を定めたり，第7条のように参加者間の費用分担を定めたりすることは，共同研究開発を行うに当たって必要であり，原則として独占禁止法上の問題は生じない[6]。

また，第5条のように共同研究開発のために必要な技術等（知見，データ等を含む）の情報を参加者間で開示する旨を定めることや，第6条のように開示された情報についての秘密保持義務を定めること，さらには，第8条のように共同研究開発の進捗状況を互いに報告する義務を定めることも，共同研究開発を行うに当たって必要であり，原則として独占禁止法上の問題は生じない[7]（情報交換の問題については後記9のとおり）。

また，共同研究開発に際して参加者間で開示される秘密情報について，第5条3項のように，各当事者が共同研究開発の目的に限って利用できるとの定めを置くことがある。この点，共同研究開発に際して他の参加者から開示された技術等を共同研究開発のテーマ（対象範囲）以外に流用することを制限することは，技術等の流用防止という正当な目的があり，その目的を実現するために合理的に必要とされる範囲内であるとともに，通常競争に及ぼす影響も小さいため，原則として独占禁止法上の問題はない[8]。

もっとも，開示された技術等をそのまま流用するのではなく，それから着想

6　共同研究開発ガイドライン第2の2(1)ア［1］。
7　共同研究開発ガイドライン第2の2(1)ア［2］，［3］，［4］および［5］。
8　共同研究開発ガイドライン第2の2(1)ア［6］。

を得て全く別の技術を開発することまで制限するような場合には，当該制限は，技術等の流用防止という目的を実現するために合理的に必要とされる範囲を超えていると考えられ，不公正な取引方法（拘束条件付取引）に該当するおそれがあるため[9]，注意が必要である。

3　他の研究開発の制限等

共同研究開発契約書のひな型（巻末資料〔書式4〕）の第４条のように，共同研究開発の実施期間中，共同研究開発のテーマと同一または極めて密接に関連するテーマの研究開発を自らまたは第三者と行うことを制限する定めを置くことがある。かかる制限についての独占禁止法上の問題を考えるに当たっては，以下のとおり，時期（共同研究開発の実施期間中の制限であるか，共同研究開発終了後の制限であるか），制限対象のテーマ（共同研究開発のテーマと同一のテーマの制限か，極めて密接に関連するテーマの制限か，それ以外のテーマの制限か），制限される行為態様（自ら研究開発を行うことの制限か，第三者と共同して研究開発を行うことの制限か）によって分けて考える必要がある。

(1)　共同研究開発実施期間中の同一テーマの制限

共同研究開発のテーマと同一のテーマについては，共同研究開発の実施期間中，自らまたは第三者との研究開発を制限することは，参加者に共同研究開発に専念させるという正当な目的があり，その目的を実現するために合理的に必要とされる範囲内であるため，原則として独占禁止法上の問題は生じない[10]。

(2)　共同研究開発実施期間中の極めて密接に関連するテーマの制限

共同研究開発のテーマと極めて密接に関連するテーマについては，共同研究開発の実施期間中，「第三者と」の研究開発を制限することは，成果について争いが生じることを防止するため，または，参加者を共同研究開発に専念させ

9　共同研究開発ガイドライン第２の２(1)イ［1］。
10　共同研究開発ガイドライン第２の２(1)ア［7］。

るためという正当な目的があり，その目的を実現するために合理的に必要とされる範囲内であると認められる場合には，原則として独占禁止法上の問題は生じない[11]。

これに対し，「自ら」の研究開発まで制限することについては，通常，紛争防止や背信行為の防止という目的を実現するために合理的に必要とされる範囲を超えていると考えられ[12]，不公正な取引方法に該当するおそれが強いと考えられる。

(3)　共同研究開発終了後の同一または極めて密接に関連するテーマの制限

共同研究開発のテーマと同一または極めて密接に関連するテーマといえども，共同研究開発の終了後まで研究開発を制限することは，通常，共同研究開発の実施のために必要とは認められず，参加者の研究開発活動を不当に拘束するものであって，公正競争阻害性が強いと考えられる[13]。

ただし，例外的に，成果について争いが生じることを防止するため，または，参加者を共同研究開発に専念させるために必要と認められる場合に，共同研究開発終了後の「合理的期間に限って」，共同研究開発のテーマと同一または極めて密接に関連するテーマについて，「第三者と」の研究開発を制限することは，紛争防止や背信行為の防止という正当な目的があり，その目的を実現するために合理的に必要とされる範囲内であると認められるため，原則として独占禁止法上の問題は生じない[14]。上記(2)と同様，「自ら」の研究開発を制限することについては，通常，不公正な取引方法に該当するおそれが強いと考えられる。

11　共同研究開発ガイドライン第2の2(1)ア［8］。

12　紛争防止や背信行為の防止の問題は，成果等に関する両者間の取決めによって解決できると考えられる。平林英勝編著『共同研究開発に関する独占禁止法ガイドライン』（商事法務研究会，1993年）83～84頁。

13　共同研究開発ガイドライン第2の2(1)ウ［2］。

14　共同研究開発ガイドライン第2の2(1)ア［9］。

⑷　同一でもなく，極めて密接に関連もしないテーマの制限

共同研究開発のテーマと同一でもなく，極めて密接に関連もしないテーマについては，その研究開発を制限することは，通常，共同研究開発の実施のために必要とは認められず，参加者の研究開発活動を不当に拘束するものであって，不公正な取引方法に該当するおそれが強い[15]。

⑸　小括

以上をまとめると，次のとおりである。

<table>
<tr><th rowspan="2">時期</th><th rowspan="2">制限対象のテーマ</th><th colspan="2">制限される行為態様</th></tr>
<tr><th>自ら</th><th>第三者と</th></tr>
<tr><td rowspan="3">期間中</td><td>同一</td><td>原則問題なし</td><td>原則問題なし</td></tr>
<tr><td>極めて密接</td><td rowspan="2">不公正な取引方法に該当するおそれが強い</td><td>一定の場合に原則問題なし</td></tr>
<tr><td>それ以外</td><td>不公正な取引方法に該当するおそれが強い</td></tr>
<tr><td rowspan="3">終了後</td><td>同一</td><td rowspan="3">不公正な取引方法に該当するおそれが強い</td><td rowspan="2">不公正な取引方法に該当するおそれが強い。ただし，例外的に合理的期間に限って認められる場合あり。</td></tr>
<tr><td>極めて密接</td></tr>
<tr><td>それ以外</td><td>不公正な取引方法に該当するおそれが強い</td></tr>
</table>

4　既存技術の取扱いの制限

共同研究開発に際して，参加者が既に保有している技術を自ら使用したり，他の第三者へ実施許諾したりすることまで制限することがある。しかし，かかる制限は，共同研究開発の実施のために必要とは認められない。したがって，当該制限は，不公正な取引方法（拘束条件付取引）に該当するおそれが強く[16]，

15　共同研究開発ガイドライン第２の２⑴ウ［1］。
16　共同研究開発ガイドライン第２の２⑴ウ［3］。

避けるべきである。

5　競合製品等の生産・販売の制限

共同研究開発を行うに当たって，成果に基づく製品以外の競合する製品等について，参加者が生産したり販売したりすることを制限することがある。かかる制限は，共同研究開発の実施のために必要とは認められず，不公正な取引方法（拘束条件付取引）に該当するおそれが強いため[17]，避けるべきである。

6　共同研究開発の成果の帰属等

共同研究開発契約書のひな型（巻末資料〔書式４〕）の第10条および第11条のように，共同研究開発の成果である技術の帰属（たとえば，参加者の共有にするのか，参加者の一人が所有し，他の参加者に対して実施許諾するのか，知的財産権の帰属をどうするか等）を取り決めることは，共同研究開発を行うに当たって必要であり，原則として独占禁止法上の問題は生じない[18]。

もっとも，ほとんどある会社から研究資金・人員・ノウハウ等を投入して行う研究開発であり，取引先の寄与などほとんどないにもかかわらず，当該取引先が，「共同研究開発」の名目で，その成果を当該取引先にすべて帰属させるような契約を強いる場合（名ばかりの共同研究開発を強いる場合）には，優越的地位の濫用として独占禁止法上問題となることがある。かかる問題の未然防止のため，取引条件の明確化とともに，対価に係る十分な協議を行うことが重要である[19]。

また，共同研究開発の成果である技術を第三者に対して実施許諾（ライセンス）する場合に，そのライセンスフィーの分配方法を取り決めることは，共同研究開発を行うに当たって必要であり，通常競争に及ぼす影響も小さいため，

17　共同研究開発ガイドライン第２の２⑴ウ［4］。
18　共同研究開発ガイドライン第２の２⑵ア［1］。
19　公正取引委員会「製造業者のノウハウ・知的財産権を対象とした優越的地位の濫用行為等に関する実態調査報告書」（令和元年６月）38頁参照。

原則として独占禁止法上の問題は生じない[20]。

この点に関連して，共同研究開発の成果である技術を第三者に対して実施許諾する場合には，参加者全員の合意を必要とする（または第三者へ実施許諾しない）旨定めることがある。このような定めも，共同研究開発を行うインセンティブを確保するために必要と考えられるときには，原則として独占禁止法上の問題は生じない[21]。ただし，前記第３章第４節の３と同様に，共同研究開発の参加者の市場シェアの合計が相当程度高く，規格の統一または標準化につながる等の事業に不可欠な技術の開発を目的とする共同研究開発の場合には，独占禁止法上の問題（共同の取引拒絶，その他の取引拒絶，私的独占等）が生じることがあるので[22]，注意が必要である。

7　共同研究開発の成果の秘密保持義務，改良発明等

(1)　成果の秘密保持義務

参加者間で成果に係る秘密を保持する義務を課すことがある。かかる義務を課すことは，共同研究開発の成果であるノウハウ等の秘密性を保持するという正当な目的があり，その目的を実現するために合理的に必要とされる範囲内であるとともに，通常競争に及ぼす影響も小さいため，原則として独占禁止法上の問題はない[23]。

(2)　成果を利用した研究開発の制限

参加者間で，共同研究開発の成果を利用した研究開発を制限することがある。かかる制限は，通常，共同研究開発の実施のために必要とは認められず，参加者の研究開発活動を不当に拘束するものであって，公正競争阻害性が強いと考

20　共同研究開発ガイドライン第２の２(2)ア［3］。実施料の分配の前提として，必要な範囲で成果の第三者への実施許諾に係る実施料を取り決めることも問題ないと考えられる（平林編著・前掲注12・91頁）。
21　共同研究開発ガイドライン第２の２(2)ア［2］。
22　共同研究開発ガイドライン第２の２(2)ア［2］。
23　共同研究開発ガイドライン第２の２(2)ア［4］。

えられ[24]，不公正な取引方法（拘束条件付取引）に該当するおそれが強いため，避けるべきである。

なお，参加者が成果を利用して第三者と共同研究開発を行うとノウハウ等が漏えいする可能性が高いという場合には，参加者に秘密保持義務を課したり，成果の帰属において工夫したりすることによって対処すべきである。

⑶　改良発明等の取扱い

参加者の一人が，共同研究開発の成果を用いてさらなる研究開発を行い，より良い発明（改良発明等）を行った場合，他の参加者が，そのような改良発明等を利用したいという希望を持つことが多い。そのため，共同研究開発に際して，そのような改良発明等の他の参加者への開示や実施許諾等についても定めておくことがある。

当該改良発明等を行った参加者に，他の参加者に対して当該改良発明等を「開示する」義務を課すことや，他の参加者に対して当該改良発明等を「非独占的に」実施許諾する義務を課すことは，改良発明等を行った参加者が当該改良発明等を自ら実施したり，第三者に実施許諾したりすることを妨げるものではないので，必ずしも参加者が改良のための研究開発を行うインセンティブを殺ぐものではなく，また，他の事業者の取引機会を奪うものでもない。したがって，当該制限は，原則として不公正な取引方法に該当しない[25]。

これに対し，当該改良発明等を行った参加者に，他の参加者に対して当該改良発明等を「譲渡する」義務を課したり，他の参加者に対して当該改良発明等を「独占的に」実施許諾する義務を課したりすると，改良発明等を行った参加者が当該改良発明等を自ら実施したり，第三者に実施許諾したりすることの妨げとなり，参加者が改良のための研究開発を行うインセンティブが減殺されたり，他の事業者の取引機会を奪ったりする可能性がある。したがって，そのような制限を行うことは，不公正な取引方法（拘束条件付取引）に該当するおそ

24　共同研究開発ガイドライン第２の２⑵イ［1］。
25　共同研究開発ガイドライン第２の２⑵ア［5］。

れが強い[26]。

8　共同研究開発の成果である技術を利用した製品の取扱い

⑴　はじめに

共同研究開発の成果である技術を利用した製品についても，参加者間でさまざまな取決めを行うことがあり，独占禁止法上の問題が生じることがある。

以下では，かかる取決めについての不公正な取引方法の問題について説明するが，製品市場において競争関係にある事業者間で行われる共同研究開発において，当該製品の価格，生産数量，販売地域，販売先等を取り決める場合には，前記１のとおり，主として不当な取引制限の観点から問題となる点には注意を要する。たとえば，ある製品市場において競争関係にある事業者間で行われる共同研究開発に際し，当該製品の価格を取り決めたり，市場を分割したりする場合には，不当な取引制限に該当する可能性がある。

⑵　製品の販売価格の制限

共同研究開発に当たり，参加者に対し，その成果である技術を利用した製品の販売価格を制限することがある。たとえば，完成品メーカーと部品メーカーが部品の共同研究開発を行う場合に，完成品メーカーが部品メーカーに対し，当該部品を競合完成品メーカーに販売する際には自己より高い価格で販売する義務を課すことが考えられる。

共同研究開発ガイドラインでは，このような取決めは，参加者の価格決定の自由を奪うものであり，不公正な取引方法（拘束条件付取引）に該当するおそれが強いとされている[27]。もっとも，かかる取決めは，共同研究開発の成果を参加者間で配分することや一部の参加者の投資コストを回収すること等を目的

26　共同研究開発ガイドライン第２の２⑵イ［2］。特許・ノウハウを有償でライセンスする場合には，このような取決めは，技術移転の促進という観点から正当化されることがあるが，共同研究開発の場合には，通常，そのような観点からの正当化も認められない。平林編著・前掲注12・95頁参照。

27　共同研究開発ガイドライン第２の２⑶ウ［1］。

としていることがある。その目的が正当であり，当該目的を実現するために合理的に必要とされる範囲内である場合（たとえば，合理的な期間に限定されている場合）や，市場における競争に及ぼす影響が小さい場合には，当該制限が不公正な取引方法に該当しないこともあると考えられる[28]。

なお，制限を課される者が制限について合意している場合でも不公正な取引方法に該当しうることに留意する必要がある。

⑶　製品の生産・販売地域（数量）の制限

共同研究開発に当たり，参加者に対し，その成果である技術を利用した製品の生産地域や販売地域を制限したり，生産数量や販売数量を制限したりすることがある。

このような制限は，本来各参加者が自主的に決定すべき販売地域等を拘束するものであり，個別に公正競争阻害性の有無を検討する必要がある。共同研究開発の競争促進効果も考慮しつつ，参加者の市場における地位，参加者間の関係，市場の状況，制限が課される期間の長短等を総合的に勘案した結果，公正な競争を阻害するおそれがあると判断される場合には，不公正な取引方法（拘束条件付取引）となる[29]。

販売地域等の制限は，一部の参加者の投資コストを回収すること等を目的としていることがある。その目的が正当であり，当該目的を実現するために合理的に必要とされる範囲内である場合（たとえば，合理的な期間に限定されている場合）には，当該制限は不公正な取引方法に該当しないと考えられる。

28　公正取引委員会「独占禁止法に関する相談事例集（平成16年度）」事例5では，共同研究開発の参加者に対し，他の参加者に他社より有利な条件で供給することを義務付けることについて，「共同研究開発の成果を両者の間で配分する手段として行われる場合においては，制限が合理的な期間にとどまる限り不当性を有するものではない」とされている。他方で，平林編著・前掲注12・112頁は，理由のいかんを問わず，参加者の価格決定の自由を拘束することは，公正な競争を阻害するおそれが強く，原則として不公正な取引方法に該当することとなると述べる（参加者の貢献度の調整はいわゆる実施料により対応可能とする）。

29　共同研究開発ガイドライン第2の2⑶イ［1］および［2］。

⑷　製品の販売先の制限

共同研究開発に当たり，参加者に対し，その成果である技術を利用した製品の販売先を制限することがある。

上記⑶と同様に，このような制限は，本来各参加者が自主的に決定すべき販売先を拘束するものであり，個別に公正競争阻害性の有無を検討する必要があり，共同研究開発の競争促進効果も考慮しつつ，参加者の市場における地位，参加者間の関係，市場の状況，制限が課される期間の長短等を総合的に勘案した結果，公正な競争を阻害するおそれがあると判断される場合には，不公正な取引方法（排他条件付取引または拘束条件付取引）となる[30]。

たとえば，市場における有力な完成品メーカーと部品メーカーが，部品の改良（または代替品の開発）のために共同研究開発を行う場合に，完成品メーカーが部品メーカーに対し，共同研究開発の成果である技術を利用した部品を，部品メーカーが新規参入者や競合完成品メーカーに販売することを禁止することがある。かかる制限により，新規参入者や競合完成品メーカーにとって，代替的な取引先を容易に確保することができなくなり，事業活動に要する費用が引き上げられる，新規参入や新商品開発等の意欲が損なわれるといった，新規参入者や既存の競争者が排除されるまたはこれらの取引機会が減少するような状態をもたらすおそれが生じる場合には，公正な競争が阻害されるおそれがあるものと考えられる[31]。

販売先の制限は，成果であるノウハウの秘密性を保持することや一部の参加者の投資コストを回収すること等を目的としていることがある。その目的が正当であり，当該目的を実現するために合理的に必要とされる範囲内である場合（たとえば，合理的な期間[32]に限定されている場合）には，当該制限は不公正

30　共同研究開発ガイドライン第２の２⑶イ［3］。

31　共同研究開発ガイドライン第２の２⑶イのなお書き参照。

32　共同研究開発ガイドライン第２の２⑶ア［1］では，この「合理的な期間」は，リバースエンジニアリング等によりその分野における技術水準からみてノウハウの取引価値がなくなるまでの期間，同等の原材料または部品が他から入手できるまでの期間等により判断されるとされている。この点，販売先の制限の目的によっては，投資コストの回収に要す

な取引方法に該当しないと考えられる[33]。

(5) 第三者販売の場合の実施料の取決め

共同研究開発に当たり，参加者がその成果である技術を利用した製品を第三者に販売する場合には，他の参加者に実施料を支払う義務を負う旨定めることがある。

たとえば，成果である技術を利用した製品を専ら参加者の一人が生産・販売するような場合に，研究開発に貢献した他の参加者に対して，その販売数量に応じて対価を支払う旨定めるようなケースが想定される。このような定めは，参加者間の貢献度や成果の利用度の調整を図るために必要な範囲内であれば，合理的であり，原則として不公正な取引方法には該当しないと考えられる。

これに対し，実施料が高額であり，事実上第三者への販売を禁止する効果を有する場合には，製品の販売先の制限（上記(4)）の問題となる[34]。

(6) 原材料等の購入先の制限

共同研究開発に当たり，参加者に対し，その成果である技術を利用した製品の原材料または部品の購入先を制限することがある。

上記(3)と同様に，このような制限は，本来各参加者が自主的に決定すべき原材料または部品の購入先を拘束するものであり，個別に公正競争阻害性の有無を検討する必要があり，共同研究開発の競争促進効果も考慮しつつ，参加者の市場における地位，参加者間の関係，市場の状況，制限が課される期間の長短等を総合的に勘案した結果，公正な競争を阻害するおそれがあると判断される

る期間等も考慮されることがあると考えられる。公正取引委員会「独占禁止法に関する相談事例集（平成28年度）」事例3では，当該事例における制限が原則として独占禁止法上問題となるものではない理由として，成果である技術を利用した製品の「販売を第三者に行うことを合理的な期間に限って制限すること自体は，技術αの競争者への流出を防止するとともに，共同研究開発に要した投資の回収のために必要とされる範囲のものと考えられること」が挙げられている。

33　共同研究開発ガイドライン第2の2(3)ア［1］参照。

34　平林編著・前掲注12・101～102頁。

場合には，不公正な取引方法（排他条件付取引または拘束条件付取引）となる[35]。

原材料等の購入先の制限は，成果であるノウハウの秘密性保持や成果に基づく製品の品質確保等を目的として課されることがある。その目的が正当であり，当該目的を実現するために合理的に必要とされる範囲内である場合（たとえば，合理的な期間に限定されている場合）には，当該制限は不公正な取引方法に該当しないと考えられる[36]。

⑺　製品の品質・規格の制限

共同研究開発に当たり，参加者に対し，その成果である技術を利用した製品の品質または規格を制限することがある。

前記⑶と同様に，このような制限は，本来各参加者が自主的に決定すべき製品の品質または規格を制限するものであり，個別に公正競争阻害性の有無を検討する必要があり，共同研究開発の競争促進効果も考慮しつつ，参加者の市場における地位，参加者間の関係，市場の状況，制限が課される期間の長短等を総合的に勘案した結果，公正な競争を阻害するおそれがあると判断される場合には，不公正な取引方法（拘束条件付取引）となる[37]。

しかし，成果である技術の効用を確保するために必要な範囲で，他の参加者から供給を受ける製品について一定以上の品質または規格を維持する義務を課すことは，合理的であり，原則として不公正な取引方法に該当しない[38]。

9　共同研究開発に伴う情報交換

競争関係にある事業者間で共同研究開発を行う場合には，それに伴う情報交換にも要注意である。共同研究開発自体は独占禁止法上問題がないとしても，

35　共同研究開発ガイドライン第２の２⑶イ［4］。
36　共同研究開発ガイドライン第２の２⑶ア［2］。
37　共同研究開発ガイドライン第２の２⑶イ［5］。
38　共同研究開発ガイドライン第２の２⑶ア［3］。

それに伴う情報交換・共有は，共同研究開発の円滑な実施のための手段として用いられることにより，効率性の向上に資する面がある一方で，市場の透明性を高め，通常，共同研究開発の当事者が相互の行動を予測することを容易にし，協調的な行動が助長されやすくなる面もあるからである[39]。たとえば，競争関係にある事業者間でAという製品に用いられる技術に関する共同研究開発を行うに当たり，当事者がAという製品とは無関係のBという製品に関する情報を交換することや，Aという製品に関することであっても，共同研究開発とは無関係の製品販売価格について話し合うことは，カルテルと疑われる可能性がある。

よって，共同研究開発に当たっては，他事業者と情報をやり取りする人員を，共同研究開発にとって必要な人員（多くは営業や調達以外の人員）で構成したチームのメンバーに限定するとともに，正当な目的に必要な範囲の情報の交換にとどめるなどして，正当な目的がない限り，競争上重要な情報の交換は避けるべきである。一般的に競争上重要な情報とは，①製品・役務等の価格，製造・販売のコスト，マージン，数量および性能・仕様に関する情報，②生産能力・供給能力に関する情報，③顧客，購入先等との取引条件，④入札関連情報，⑤事業計画・マーケティング戦略，⑥研究開発に関する情報，⑦未公表の新製品・新役務等の情報であるといわれる。また，仮に共同研究開発の実施のために競争上重要な情報を交換する必要がある場合には，カルテル等の問題を誘発しないよう適切な情報管理（情報遮断措置等）を講じる必要がある[40]。

39　公正取引委員会競争政策研究センター「業務提携に関する検討会報告書」（令和元年7月）17～18頁参照。

40　公正取引委員会競争政策研究センター「業務提携に関する検討会報告書」（令和元年7月）19頁参照。なお，共同研究開発は業務提携の1類型であるところ，同頁は，「業務提携の実施に不可欠な情報交換・共有であったとしても（そして，可能な限りの情報遮断措置等を講じたとしても），交換・共有される情報の内容，交換・共有の態様及び市場の構造に照らして，提携当事者間の協調的な行動を助長し得るものであれば，独占禁止法上の問題を排除し得ない場合もあり得る。」としている。

10　ケーススタディ

(1)　他の研究開発の制限等

> Ａ社は建設機械Ｐを製造販売している。Ｂ社は建設機械Ｐに用いられる部品Ｒを研究開発している。当該部品Ｒは特殊なものではなく，これを研究開発できる技術者は多数存在し，そのような技術者を多数有する事業者も多数存在する。なお，研究開発のノウハウは技術者個人に蓄積される。
>
> Ａ社とＢ社は，部品Ｒの共同研究開発を行うこととした。Ａ社は，Ｂ社に対し，共同研究開発の成果について守秘義務を課すとともに，それだけではノウハウの流出を防止することができないと考え，研究開発期間中及び研究開発終了後３年間，本研究開発に携わったＢ社の技術者Ｃを，Ａ社の競合会社の研究開発業務に従事させることを禁止する内容の契約をＢ社と締結した。

前記７(1)のとおり，参加者間で成果に係る秘密を保持する義務を課すことは，共同研究開発の成果であるノウハウ等の秘密性を保持するという正当な目的があり，その目的を実現するために合理的に必要とされる範囲内であるとともに，通常競争に及ぼす影響も小さい。よって，Ｂ社に守秘義務を課すことについて独占禁止法上の問題はない。

また，前記３(1)および(2)のとおり，共同研究開発の実施期間中，共同研究開発のテーマと同一のテーマおよび極めて密接に関連するテーマについて第三者との研究開発を制限することは，参加者に共同研究開発に専念させる等の正当な目的があり，その目的を実現するために合理的に必要とされる範囲内であると考えられる。よって，本件の共同研究開発の実施期間中の研究開発の制限について独占禁止法上の問題はない。

これに対し，前記３(3)のとおり，共同研究開発の終了後まで研究開発を制限することは，通常，共同研究開発の実施のために必要とは認められず，参加者の研究開発活動を不当に拘束するものであって，公正競争阻害性が強いと考えられる。ただし，例外的に，共同研究開発の成果について争いが生じることを防止するため，または，参加者を共同研究開発に専念させるために必要と認められる場合に，共同研究開発終了後の「合理的期間に限って」，共同研究開発のテーマと同一または極めて密接に関連するテーマについて，「第三者と」の研究開発を制限することは，紛争防止や背信行為の防止という正当な目的があり，その目的を実現するために合理的に必要とされる範囲内であると認められるため，原則として独占禁止法上の問題は生じない。

本件では，共同研究開発の終了後も，B社がA社の競合会社と共同研究開発を行う際に技術者C以外の技術者を従事させることは可能であること，それ以外の会社との間では技術者Cも含めた技術者を研究開発に従事させることも可能であること，B社以外にも多数の技術者を有する事業者が多数存在すること，期間も3年に限定されていること等からすれば，部品Rの技術市場および製品市場への影響は小さいと考えられる。

また，本件の共同研究開発終了後の研究開発の制限には，ノウハウの流出防止という正当な目的が存在する。また，B社に守秘義務を課すのみでは当該目的を達成できない可能性があるところ，本件の制限は技術者Cのみを対象とし，期間も3年に限定されていることから，当該目的を実現するために合理的に必要とされる範囲内であると認められる。

よって，本件の共同研究開発終了後の研究開発の制限は，独占禁止法上問題となるものではない[41]。

(2)　原材料の購入先の制限

> A社は繊維製品Pを製造販売している。日本の同製造販売分野におけるA社のシェアは20パーセントであり，他に有力な繊維製品P製造販売業者が複数存在する。
>
> B社は繊維製品Pに用いられる原材料Sを販売している。日本の同販売分野におけるB社のシェアは30パーセントである。
>
> A社とB社は，B社が有する原材料Sに関する知識を生かせば良質な繊維製品Pの製造が可能になると考え，繊維製品Pの共同研究開発を行うこととした。

41　以上につき，公正取引委員会「独占禁止法に関する相談事例集（平成23年度）」事例5参照。

この際，Ｂ社は，共同研究開発の成果である技術を利用した新しい繊維製品P'のためにＡ社が他社から原材料Ｓを購入すると，どのような原材料を用いているかが明らかになり，ノウハウが漏洩するおそれがあること，また，他のメーカーの原材料Ｓでは成果が発揮されないことから，３年間，新しい繊維製品P'に用いる原材料ＳについてはＢ社のみから購入するよう制限した。

前記８(6)のとおり，共同研究開発に当たり，参加者に対し，その成果である技術を利用した製品の原材料の購入先を制限することは，個別に公正競争阻害性の有無を検討する必要がある。もっとも，これらの制限は，成果であるノウハウの秘密性保持や成果に基づく製品の品質確保等を目的として課されることがあるところ，その目的が正当であり，当該目的を実現するために合理的に必要とされる範囲内である場合（たとえば，合理的な期間に限定されている場合）には，当該制限は不公正な取引方法に該当しないと考えられる。

本件では，Ａ社は，新しい繊維製品P'以外の繊維製品Ｐのためには，Ｂ社以外の事業者から原材料を購入することが可能であること，Ａ社以外に有力な繊維製品Ｐ製造販売業者が複数存在すること，Ｂ社は特段の制限を受けないこと，期間も３年に限定されていること等からすれば，繊維製品Ｐの技術市場ならびに原材料Ｓおよび繊維製品Ｐの製品市場への影響は小さいと考えられる。

また，本件の原材料の購入先の制限には，ノウハウの秘密性保持および成果に基づく製品の品質確保という正当な目的が存在する。また，原材料の購入先の制限は，新しい繊維製品P'に用いる原材料Ｓに限定されていること，期間が３年に限定されていること等を踏まえると，当該目的を実現するために合理的に必要とされる範囲内であると認められる。

よって，本件の原材料の購入先の制限は，独占禁止法上問題となるものではない。

第5章 大学・研究機関との産学連携，外国企業やスタートアップとの共同研究開発

共同研究開発については，相手方の属性の特徴（企業ではなく，大学・研究機関・外国企業である場合の特徴）をも踏まえて検討を行う必要がある。そこで，本章では，第1に，大学・研究機関との産学連携案件における実務上の留意点を第1節にて解説する。ここでは，共同研究開発パートナーである大学や研究機関の属性の特徴を概観したうえで，成果の持分買取りや独占的実施権の確保に向けた対応策，獲得した独占的実施権を維持する措置，不実施補償について解説する。

第2に，外国企業との共同研究開発案件における実務上の留意点を第2節にて解説する。ここでは，成果を共有とした場合の海外法制，特定の外国における第1国出願ルール，輸出管理規制等について解説する。

第3に，スタートアップとの共同研究開発案件における実務上の留意点を第3節にて解説する。ここでは，事業会社とスタートアップの事業連携の基本的留意点について概観したうえで，事業会社とスタートアップとの事業連携の一手段である共同研究開発に関し，独占禁止法上の留意点や交渉のポイントについて解説する。

第1節　大学・研究機関との共同研究開発

1　はじめに

わが国では，かねてより産学連携に伴う共同研究開発の推進が提唱されているが，近時，その動きは加速している状況にある。政府の施策をみると，「日

本再興戦略2016」（平成28年６月２日閣議決定）において「2025年度までに大学・国立研究開発法人等に対する企業の投資額をOECD諸国平均の水準を超える現在の３倍とする」という政府目標が設定されている。この目標を踏まえ，文部科学省と経済産業省は，産学連携を深化させるための大学側の体制強化や企業におけるイノベーション推進のための意識・行動改革の促進などイノベーション創出のための具体的な行動を産学が対話をしながら実行・実現していく場として，ワーキンググループ等を設置して議論を行い，その結果として，産業界から見た大学・研究開発法人が産学連携機能を強化するうえでの課題と，それに対する処方箋を踏まえて2016年12月に「産学官連携による共同研究強化のためのガイドライン」[1]を公表している。

このような状況に鑑み，今後，企業と大学・研究機関との共同研究開発案件は益々増加することが見込まれるが，本章では，企業が大学・研究機関との間で共同研究開発を行う案件の特徴や，実務的留意点について解説する。以下，本章では，特に断らない限り，大学・研究機関を「大学等」という。

なお，企業と大学等との共同研究開発案件等における現状，課題等については，平成28年２月に，特許庁産業財産権制度問題調査研究報告として「産学官連携から生じる研究成果活用促進のための特許権の取扱に関する調査研究報告書」が公表されているので，参照されたい。

2　大学等との共同研究開発案件に臨む際の基本的視座

大学等との共同研究開発案件における特徴の１つは，「契約当事者としての属性」が大きく相違することである。すなわち，企業と大学等の属性の相違を踏まえておく必要がある。

共同研究開発案件に関する大学等の基本的スタンスは，研究成果の社会的還元を行うことにある。この社会的還元とは，研究成果を公表するとともに，可能な限り多くの者によって研究成果が利用される状態を作出することを本旨と

1　「産学官連携による共同研究強化のためのガイドライン」の追補版が2020年６月30日に公開され，2022年３月18日に更新されている。

している。また，大学等は，その組織の属性として，優れた研究者（ヒト），技術力および研究施設およびシーズ（モノ）を有しているが，研究資金（カネ）は少ない傾向にある。

他方で，共同研究開発案件に関する企業の基本的スタンスは，研究成果の事業化を行うことにある。企業（典型的には株式会社）は，その営利を追求することを本来的な属性としており，かかる属性からして，研究成果は自己が独占し，または，自己が選定した実施許諾先に実施許諾する等，研究成果に係る事業をコントロールすることを志向している。また，企業は，多くの場合は研究資金（カネ）を有している。もっとも，開発ターゲットに関する優れた研究者（ヒト），技術力および研究施設およびシーズ（モノ）を有しているか否かはケース・バイ・ケースである。

以上に述べた大学等と企業の属性の違いは，共同研究開発案件の仕組みづくりに少なからぬ影響を及ぼす。

重要な論点として，①成果の取扱い（帰属・実施態様），②成果実施に伴う対価，③共同研究開発に伴って生じる費用の取扱いが挙げられる。

以下では，上記の各重要論点について，主として企業の立場から，どのように対処すべきかについて解説を行う。

3　共同研究開発契約時点における成果取扱いに関する取決め

企業としては，自己の利益確保の観点から，事業化利益を最大限追求するために，開発対象製品を事業化するにあたって研究成果の独占権を確保することが極めて肝要である。

大学等の知的財産部門が公表する共同研究開発契約書ひな型の多くは，企業と大学等が共同して研究開発したことによって生じた成果について両者の共有とする旨の条項を採用している。また，ひな型には，大学等の研究者が共同研究において単独で成果を得たときは，当該成果は大学等単独に帰属するとの条項が採用されている。

成果を共有とした場合には，第４章第３節の３で述べたとおり，出願・権利化の際に，他の共有持分権者と共同して手続を行う必要があるほか，実施許諾等を行う際に他の共有持分権者の同意を得る必要があるなどの一定の制約がある。

成果の創出に大学等が関与していることから，成果を一律に企業に帰属させるとの取決めを行うことは実務上難しいが，企業としては，可能な限り，共有に係る成果につき，大学等の共有持分の買取りを提案・要請することを考えてよいであろう。

【条項例】

Ａ社Ｂ社共有の知的財産権のＡ社の持分をＢ社又はＢ社の指定する者が譲り受けることを希望したときは，Ａ社はＢ社に対して当該Ａ社Ｂ社共有の知的財産権のＡ社の持分をＢ社又はＢ社の指定する者に対して譲渡する。この場合には，譲渡契約書において，譲渡金の支払いを前提に譲渡条件を当事者間で協議して合意する。

上記条項例では，企業が大学等の持分の譲り受けを希望したときは，大学等がその持分を企業に譲渡することとし，譲渡に際しては，大学等が成果創出に関与したことに鑑み，企業が大学等に譲渡金を支払う仕組みとしている。

共有持分の買取りが叶わない場合には，企業としては，次なる手段として，成果を独占的に実施する権利を確保すべきである。

ここで，わが国における独占的実施権の種類としては，①専用実施権，②完全独占的通常実施権，③不完全独占的通常実施権が存在する。以下，各実施権の内容について説明する。

専用実施権は特許法77条１項に定める実施権である。専用実施権を設定した場合，専用実施権者は業としてその特許発明の実施をする権利を専有することになり，特許権者といえども特許発明の実施をすることは専用実施権を侵害することになる。この専用実施権は設定登録をすることが効力発生要件として必要である（特許法98条１項２号）。専用実施権者は，特許権侵害行為に対する差止請求権を有する（特許法100条１項）。

完全独占的通常実施権とは，通常実施権（特許法78条１項）のうち，特許権者が実施許諾先以外の第三者には実施許諾をしないことを約するとともに，特許権者自身も実施しないことを実施許諾先に約する条件にて設定された実施権をいう。完全独占的通常実施権を許諾する条項例としては，以下のような条項が考えられる。

【条項例】

> Ａ社は，Ｂ社に対し，本件特許権について独占的通常実施権を許諾する。Ａ社は，本件特許権にかかる発明について，自ら又は第三者をして実施せず，又は実施許諾しない。

不完全独占的通常実施権とは，通常実施権（特許法78条１項）のうち，特許権者が実施許諾先以外の第三者に実施許諾しないことを約するが，特許権者自らは実施することができる権限が留保される条件にて設定された実施権をいう。

【条項例】

> Ａ社は，Ｂ社に対し，本件特許権について独占的通常実施権を許諾する。但し，Ａ社は，本件特許権にかかる発明を自ら実施することができる。

また，特許権として設定登録されるまでの特許を受ける権利（特許出願）については，仮専用実施権（特許法34条の２）および仮通常実施権（特許法34条の３）の設定が可能である。

以下，仮専用実施権の設定を行う際の条項例を紹介する。

【条項例】

> （仮専用実施権の設定許諾）
> Ａ社は，本発明に係る特許出願（特許出願番号：特願●●－●●号。以下「本特許出願」という。）につき，本特許出願に係る特許を受ける権利に基づいて取得すべき特許

権（以下「本件特許権」という。）について，B社に対して下記の範囲に係る仮専用実施権（以下「本件仮専用実施権」という。）を設定することを許諾する。

記

地域　日本全国

期間　本特許出願に係る特許を受ける権利に基づいて取得すべき特許権の存続期間満了まで

内容　本発明を実施した製品の製造，使用，譲渡，販売，輸入，輸出及び譲渡又は販売の申出

(特許法第34条の2第5項に関する許諾)

本特許出願について，特許法44条1項の規定による特許出願の分割があったときは，当該特許出願の分割に係る新たな特許出願に係る特許を受ける権利に基づいて取得すべき特許権について，前条において定めた範囲内において，B社に対して仮専用実施権が設定されたものとみなす。

独占的な実施権を確保するための条項化を行う際には，実施の地域（わが国のみならず，外国）についても規定することが好ましい。

なお，実務上，独占的実施権確保と不実施補償は表裏一体とされることが多いが，不実施補償については5で後述する。

Q　大学との共同研究開発における成果の譲り受け

大学との共同研究開発案件において，大学が得た研究成果について，当社が実施を希望する場合には対価を支払って研究成果に関する権利を譲り受けたいと考えていますが，このような仕組みづくりをすることは可能でしょうか。

A　企業にとっては，大学との共同研究開発を行うことによって得られた成果を利用して新たな製品を開発し，製品の製造販売事業を独占的に実施して市場において投下資本を回収するとともに，営利を追求したいと考えることこそが目的です。このような目的を達成するために，成果を独占的に実施できるようにすることが重要ですが，成果の独占的実施を実現する最も安全

かつ確実な方法として，研究成果に関して大学が有する権利を譲り受けることが考えられます。契約自由の原則により，かような仕組みづくりをすることは可能です。したがって，共同研究開発契約書において，予め，得られた成果について大学が有する権利を譲り受けることができる旨の条項を定めておくことは有効です。

もっとも，大学（特に国立大学法人）の立場としては，研究成果が社会的に有効利用される状態を実現するという公益的観点を有していることから，無条件での企業に対する権利譲渡は受諾し難いと考えることが少なくありません。そこで，企業としては，譲り受けるにあたっては，このような大学の立場に配慮し，譲り受けた権利を実施して研究成果が社会的に有効利用されるように努力するとともに，少なくとも大学が得た研究成果に対してしかるべき対価を支払うことにより，大学が当該対価を用いて次なる研究開発等に従事することができるような状況を作るべく措置を講じることが望まれます。したがって，実務的には，最低限，大学に対して権利を譲り受けることについてしかるべく対価を支払う旨の約束をすることが少なくありません。

Q　共有成果の実施に関する大学の責任免除

大学との共同研究開発契約において，大学との共有成果を当社が実施する場合において，大学は共有成果の当社による実施に伴う一切の責任を負わないとの条件を契約書に盛り込むように要請しています。どのように対処すればよいでしょうか。

A　大学は，教育および研究活動を行うべき立場上，成果を商業的に実施することはなく，商業的実施を念頭に置いて開発対象となる技術等の検討までを行うものではありません。したがって，大学は企業との共同研究開発において，企業と共有する成果について，企業がこれを商業的に実施することに関して一切の責任を負わないとのスタンスをとり，この姿勢を崩さないことも珍しくはありません。企業としても，上述した大学の立場に照らせば，大学のスタンスには一定程度配慮せざるをえない状況にあるかと思われます。

しかし，企業としては，製品事業化のベース（基幹）となる技術自体について，その技術内容に精通しているのは大学所属の研究者のみであるような場合には，商業的実施に伴って問題が生じた場合に，生じた問題の具体的内容や原因分析等について大学所属の研究者に協力をしてもらわなければ十分な検討・対応ができないといった事情が生じるであろうことからすれば，少なくとも，大学に対して問題発生時の協力要請ができる状態を確保しておくことが必要かと思われます。このような場合に備えて，共同研究開発契約書においては，最低限，大学より必要な協力が得られるように協力義務を規定するなどの手当てをしておくべきでしょう。

4　企業による独占的実施権の維持

大学等との共同研究開発契約書では，企業が独占的実施権を得ている場合において，一定期間を経過しても正当な理由なく発明を実施しない場合には，大学等が第三者に対して実施許諾をすることができる条項を提案される場合が少なくない。

企業が独占的実施権を失う条件に関しては，①発明を実施しないことについての正当な理由の存否および内容について企業の意見を聴取したうえで，大学等において独占的実施契約条件を解除するとの条件，②一定期間内に発明を実施しない場合に，当該一定期間の延長を企業が希望したときは更新の有無を協議しつつ，協議によって事態が改善されない場合に独占的実施契約条件を解除するとの条件が提案されることがある。

以上の各条件のように，企業が独占的実施権を得た後に成果を実施するべきとされる一定期間は，実施目標期間と呼ばれることが多い。この実施目標期間中は独占的実施権が保障されるが，期間を経過しても正当な理由なく実施しない場合には独占的実施権が失われるとの条件設定がされることになる。

企業としては，独占的実施権を喪失することがないよう，契約書上手当てを行うことが重要である。

いうまでもなく，企業にとって最も好ましいのは，実施目標期間の制約を受けることなく独占的実施権を確保するべく，実施目標期間を削除し，期間の定めないものとすることであろう。しかしながら，大学等の立場とすれば，企業が独占的実施権を得ておきながら，大学等が創出に関与した成果がいつまでも企業によって実施されないとすれば，成果の社会還元が果たせないことから，実施目標期間の削除には応じ難い場合が少なくない。かような事情から，実施目標期間の設定を受け入れざるを得ない場合が生じる。

実施目標期間を設定した場合，正当な理由なく実施目標期間内に成果を実施しない場合に独占的実施権が失われることになるが，ここで「正当な理由」の存否が問題となりうる。すなわち，「正当な理由なく実施しないとき」とは，いかなる場合をいうのか，特に「正当な理由」とはどのようなものであるかが問題となる。

前述のとおり，大学等の立場としては，企業が独占的実施権を得ておきながら発明を実施しないような場合には，いわゆる防衛的な意味合いで独占的実施権を企業が確保しておき，発明実施による社会還元がなされないことになり，かような事態は大学等の基本姿勢と相容れず，かような場合には「正当な理由」がないと解釈する傾向にある。

このような事情に鑑みると，企業としては，実施目標期間内に対象となる特許発明を実施するには至らない場合であっても，発明実施計画を作成して大学等に提出するなどして，企業において防衛的な意味合いで実施権を確保しているのではなく，具体的な実施意思を有していることを説明することによって「正当な理由なく実施しない」状態には該当しないとの大学等の判断を得るように対応することが考えられる。

大学等としても，企業側において製品事業化の計画（発明が実施されて社会還元されるとともに，大学等が実施料収入を確保することができる機会）があることについて，大学等側が内外に説明可能な状況であれば，「正当な理由がない」と判断しないことも許容されるケースは多くなるであろう。

以上のとおり，企業としては，実施目標期間内に発明の実施ができない場合でも，発明実施計画を提示できるように試みるべきである。他方で，仮に，かような計画を策定・提示することも難しい場合には，独占的実施権を確保するための別の方策として，大学等側に対して不実施対価を支払うことを提案することが考えられる。前述したとおり，大学等としては，成果の創出に寄与したにもかかわらず，当該創出に伴って何等の対価も得られない条件は許容しがたいであろうところ，企業から不実施対価を得られる場合には少なくとも対価取得機会を確保することができるから，かような場合には独占的実施権を引き続き設定することを許容しうるケースがあろうと思われる。

また，企業としては，正当な理由の存否の判断権を大学等に与える条件や，実施目標期間延長のために大学等の同意を得るとの条件のように，独占的実施権の得喪の条件を大学等にゆだねる条件を受け入れることには慎重であるべきであり，かような条件は可能な限り削除することが好ましい。

なお，事案によっては，独占的実施権の設定を受ける前段階として，企業が独占的実施権を得るための優先交渉権を一定期間付与する仕組みが採用されることがある。この仕組みでは，成果が生じた後，一定期間中は共同研究開発パートナーに対して独占的実施の優先交渉権を付与するが，一定期間を経過した場合には，独占的実施の優先交渉権は失われ，以降は大学等が第三者に対して実施許諾をすることができるとの条項（いわゆる優先交渉権条項）が置かれることになる。

例を挙げると，東京大学の契約書ひな型には，出願日から18か月が検討期間とされている。大学側の立場としては，当該期間の大幅な延長を明記するのであれば，これを補償するものとして，当該期間中の大学の不実施に対する対価等を考慮いただくことをお願いすることもあるとコメントされている。

5　不実施補償

(1)　不実施補償とは

大学等との共同研究開発案件で特有の論点として不実施補償の問題がある。

不実施補償とは，共有に係る特許発明の実施をしないことを約する共有者（大学等）に対し，他の共有者（企業）が不実施約定の補償として対価を支払うことをいう。

企業と大学等との共同研究開発案件において，大学等から不実施補償の要求がされることが少なくない。大学等は，その属性上，特許発明の実施した事業を行わず，発明を実施することに伴って利益を得る機会を有しない一方で，共同研究開発のパートナー企業は発明を実施して利益を得ることができることに鑑み，かような当事者の公平を図る見地から，企業が発明を実施した場合に，大学等に対して対価を支払う仕組みが考えられ，かような対価を不実施補償と呼ぶことが一般である。

大学等が公表する共同研究開発契約書ひな型では，特に，企業が発明を独占的に実施する場合に企業が不実施補償料を支払う義務を負うとの条件を提示するものが少なくない。

他方で，企業が発明を非独占的に実施する場合には不実施補償金の支払いについては必ずしも求められず，支払いは不要との条件や，支払いの要否および額を協議の上決定する等の条件が提示されるケースが少なくない。

(2)　不実施補償についての考え方

この不実施補償の問題を考えるに際しては，まず，不実施補償が法律上必要であるか否かを理解しておくべきである。以下，法律上の位置付けについて整理しておく。

法律的には，特許法73条２項により，共有者は他の共有者の同意を得ずして自ら共有特許の実施をすることができる。この自己実施に際して，共有者は，他の共有者に対して金員を支払う義務を負うものではない。

このように，特許法のデフォルトルールからすれば，企業は共有持分に基づいて自己実施する権限を有することから，不実施補償に応じる義務はない。かような法律上の整理を前提としつつ，実務上，上述した大学等側の事情および要請を踏まえつつ，大学等と企業の協議において，企業が独占的実施権を確保するために不実施補償を行う合意をしているのである。

以上が不実施補償に関する考え方であるが，近時は，大学等側としても，一律に不実施補償を求める姿勢を必ずしもとっているわけではなく，個別具体的案件に応じて，企業との間で不実施補償問題を取り扱う傾向にある。

例を挙げるに，東京大学産学協創推進本部が公表する共同研究開発契約書条文解説では，対象となる知的財産権の性格や相手方企業等の事業戦略等を考慮することとし，不実施補償について非独占実施時に一律に相手方企業等に求めるといった取扱いはしていない旨が述べられている。あわせて，共有知的財産権における出願等費用の負担の有無や，第三者へのライセンスの可能性など多角的視点から考慮し，自己実施しない（できない）大学と自己実施する（できる）企業等との間の実質的な対等の関係の構築を，個々の協議交渉の中で求めていくこととしている。

既に紹介した調査研究報告書によれば，物質・材料研究機構や産業技術総合研究所は不実施補償を廃止したとされている。また，非独占的実施許諾をする場合には不実施補償を求めない例も報告されている。このような例では，不実施補償を求めない代わりに，大学等による収入確保の代替手段として，共同研究や受託研究の実施件数を増やす仕組みを採用する例も見受けられる。

⑶　不実施補償料の支払方法

不実施補償料の支払に応じるとしても，企業の立場からは，可能な限り，補償料負担の軽減策を図るべく，支払方法を検討することが考えられる。

支払方法の例としては，事業化の成否にかかわらず，一時金を支払って精算する方法が考えられる。一時金を支払う条件によって精算することができれば，企業は，その後の事業化に際して大学等に対して更なる支払を行う事態を防ぐことができる。

別の支払方法としては，企業が成果に基づく事業化が実現したときに（例として，成果を実施した製品を商用生産および販売したときに），補償料を支払うという方法も考えられる。この場合も一時金支払にて精算する方法や，事業化遂行に伴って製品を販売したときに販売高から実施料率を乗じた金額を支払う方法が考えられる。

別のアイデアとして，不実施補償料支払負担を可能な限り低減する観点からは，独占的実施権の要素である期間／地域／用途／実施製品／実施態様等に着目して，独占的実施権の範囲を細かく設定・限定し，その範囲で不実施補償料を支払するという方法も考えられる。とりわけ，成果を実施して製品展開することができる分野が多岐にわたる事案においては，企業が独占的実施権を取得・確保したい技術・製品分野を具体的に限定すれば，企業にとっては当該技術・製品分野の事業化に必要な独占的実施権を確保することができるとともに実施料を低減することができる一方で，大学等側も他の分野において他者に実施許諾をすることができることから，双方にとって利益であるといえる。

既に紹介した調査報告書によれば，①製品事業化に成功した時点で不実施補償を行う，②発明の実施によって利益が得られたときに，当該利益額に応じた実施料（ランニング・ロイヤルティ）を支払うとの取決めを行うことが比較的多い（調査報告書）。

実際には，共同研究開発の成果に基づく特許出願について，特許登録がされるとともに，特許発明を実施して利益に結び付くことは多くはない。もっとも，利益に結び付いた場合には，発明を事業として実施することがない大学等側に不実施補償を行うという考え方を当事者は比較的受け入れる傾向にあるようである。

6　特許に関する費用負担

企業間の共同研究開発案件とは異なり，大学等との共同研究開発案件では，特許出願費用を企業がすべて負担するように要請を受け，かような条件が共同研究開発契約条項案に盛り込まれることが少なくない。

とりわけ，企業が独占的実施権を確保するケースにおいては，特許出願費用のすべてを負担するように求められることが一般的であるが，企業の実施権の独占性にかかわらず，出願費用は一律に企業負担を求められることも少なくない。

既に説明したとおり，大学等は，その属性上，成果の事業化に向けて投じる資金を十分に有していないことから，事業化を図るにあたって特許出願を行う際の費用は企業において負担せざるをえない事案が少なくない。出願費用支出時には，実務上，（特に独占的実施権確保事案では）企業が支出を行うほかないであろう。

もっとも，企業としては，初期段階に支出を余儀なくされる出願費用について，いかに投下費用の回収を図るかという点を考慮すべきであろう。共同研究開発契約書においても，事業化に伴い収益が得られる段階に至った場合には，当該収益を出願費用（全部または一部）に充当し，充当後の残余収益を配分するとの方策が考えられる。事業化リスクは企業が負担し，企業努力によって事業化を図ることからすれば，事業化によって得られる収益から優先的に企業が負担した費用に充当することには合理性・正当性が認められよう。

第２節　外国企業との共同研究開発

第１章第１節でも述べたが，日本企業が外国企業との間で共同研究開発を行う例は少なくない。たとえば，日本を含むアジア圏では日本企業が，欧米圏では外国企業が製造販売事業を展開するという仕組みで製品の共同研究開発を進める例がある。このように，外国企業との共同研究開発案件において，共同研究開発の成果を利用した製品の事業化に関し，各当事者が事業活動を展開するテリトリーを定めてそれぞれ独占的に事業展開する仕組みを作ることは可能である。

このような場合，仕組みとして，各当事者が所轄するテリトリーにおける製品の開発条件（承認等が必要な場合には承認申請・取得・維持に関する条件），製品の製造・販売の権利・責任，テリトリーにおける知的財産権（特許，商標等）の出願・登録・維持のほか，第三者権利侵害への対処の権利・責任，得られた収益の分配のあり方等について定めておくべきである。

外国企業との共同研究開発案件においても，契約書において取り決めておくべき条件の多くは，国内企業間共同研究開発契約書例の共同研究開発案件と共通する。参考までに，外国企業との共同研究開発契約書例を巻末資料〔書式5〕にて紹介する。この契約書は，外国企業（ABC Corporation）と日本企業（XYZ Corporation）との間で製品（Products）および当該製品に搭載される部品（Parts）の共同研究開発を行う事例における契約書例である。

もっとも，相手方企業が外国企業であることに由来して，国内企業間の共同研究開発案件とは異なる特徴が存するため，その把握および手当てを行うことが必要である。

以下では，外国企業との共同研究開発案件において留意すべき事項について解説する。

具体的には，成果の取扱いについて，①共有成果の取扱いに関するルール，②成果を利用した製品の製造販売事業に関するテリトリーによる区分け，③外国にて生じた成果についての当該外国における第1国出願ルールが挙げられる。また，共同研究開発を進めるに際して技術情報を外国企業との間でやり取りする際に，外国における技術の輸出管理規則の適用を受ける場合があるので，かような場合における手当てを行っておく必要がある。

さらに，これは共同研究開発案件に限ったことではないが，他の契約類型と同様に，言語，準拠法，紛争解決に関する取決めを明確にしておくことが重要であるので，以下，解説する。

1　成果の取扱い―共有法制

発明等を共同でなした場合の共有成果については，共有持分権者が自己の共有持分の譲渡やライセンスを行うことについて，他の共有持分権者の同意を得る必要があるか否かを含めて，外国によって異なるルールが定められている。

たとえば，米国では，日本とは異なり，共有持分権者は他の共有持分権者の同意を得ずして自己の持分について第三者にライセンスをすることができる。共同研究開発契約書に共有持分の譲渡やライセンスの条件について特に取決めをしていない場合には，それぞれの国のルールが適用されることになることから，外国のルールいかんでは，他の共有持分権者による第三者に対する共有持分のライセンスを防ぐことができないことになる。したがって，このようなライセンスを防ぐためには共同研究開発契約書に明確に定めておくことが必要となる。ここで，第三者に対する譲渡やライセンスについては，国にかかわりなく，事前に他の共有持分権者の同意を要するとの条項例を置くことが考えられるので，以下，その条項例を示す。

【条項例】

Regardless of territory, each Party shall not assign or grant a license to third party any and all Results arising out of this Joint Development without a prior written consent of the other Party.

(和訳)

テリトリーにかかわらず，各当事者は他の当事者の事前の書面同意を得ることなく，本共同開発から生じたいかなる成果をも譲渡し，又は，第三者にライセンス許諾をしてはならない。

2　共有成果の取扱い―テリトリーによる製造販売事業の区分

外国企業との共同研究開発案件では，成果を利用した製品の製造販売事業について，各当事者のテリトリーを定めることもある。たとえば，日本企業は日本を含むアジア地域にて製造販売事業を行い，外国企業はアジア地域を除く世界にて製造販売事業を行うという仕組みを予め作って共同研究開発契約を締結するといったケースである。このような仕組みを構築する場合の条項例としては以下のようなものが考えられる。

【条項例】

"ABC's Territory" shall mean any countries other than XYZ's Territory.
"XYZ's Territory" shall mean Asian countries which are comprised of Bangladesh, Bhutan, Brunei, Cambodia, China, India, Indonesia, Japan, Republic of Korea, Laos, Malaysia, Maldives, Mongolia, Myanmar, Nepal, Pakistan, Philippines, Singapore, Sri Lanka, Taiwan, Thailand, Timor-Leste and Viet Nam.
ABC shall have the right to manufacture, sell and offer for sale the Products by using the Results in ABC's Territory. ABC shall not manufacture, sell, offer for sale or import the Products in XYZ's Territory.
XYZ shall have the right to manufacture, sell and offer for sale the Products by using the Results in XYZ's Territory. XYZ shall not manufacture, sell, offer for sale or import the Products in ABC's Territory.
(和訳)
「ABCのテリトリー」とは，XYZのテリトリー以外のすべての国を意味する。
「XYZのテリトリー」とは，バングラデシュ，ブータン，ブルネイ，カンボジア，中国，インド，インドネシア，日本，韓国，ラオス，マレーシア，モルジブ，モンゴル，ミャンマー，ネパール，パキスタン，フィリピン，シンガポール，スリランカ，台湾，タイ，東ティモール及びベトナムからなるアジア諸国をいう。
ABCは，ABCのテリトリーにおいて成果を利用することによって製品を製造，販売及び販売申出をする権利を有する。ABCはXYZのテリトリーにおいて製品を製造，販売，販売申出又は輸入してはならない。
XYZは，XYZのテリトリーにおいて成果を利用することによって製品を製造，販売及び販売申出をする権利を有する。XYZはABCのテリトリーにおいて製品を製造，販売，販売申出又は輸入してはならない。

3　成果に関する第1国出願ルール

外国企業との共同研究開発を遂行した結果として，外国において発生した成果については，当該外国の法律によって，当該外国の特許庁に第1国出願をすべきと定められている場合があるので注意が必要である。

例を挙げると，米国特許法184条は以下のとおり定めている。

35 U.S. Code § 184 - Filing of application in foreign country

(a) Filing in Foreign Country.

Except when authorized by a license obtained from the Commissioner of Patents a person shall not file or cause or authorize to be filed in any foreign country prior to six months after filing in the United States an application for patent or for the registration of a utility model, industrial design, or model in respect of an invention made in this country. A license shall not be granted with respect to an invention subject to an order issued by the Commissioner of Patents pursuant to section 181 without the concurrence of the head of the departments and the chief officers of the agencies who caused the order to be issued. The license may be granted retroactively where an application has been filed abroad through error and the application does not disclose an invention within the scope of section 181.

(b) Application.

The term "application" when used in this chapter includes applications and any modifications, amendments, or supplements thereto, or divisions thereof.

(c) Subsequent Modifications, Amendments, and Supplements.

The scope of a license shall permit subsequent modifications, amendments, and supplements containing additional subject matter if the application upon which the request for the license is based is not, or was not, required to be made available for inspection under section 181 and if such modifications, amendments, and supplements do not change the general nature of the invention in a manner which would require such application to be made available for inspection under such section 181. In any case in which a license is not, or was not, required in order to file an application in any foreign country, such subsequent modifications, amendments, and supplements may be made, without a license, to the application filed in the foreign country if the United States application was not required to be made available for inspection under section 181 and if such modifications, amendments, and supplements do not, or did not, change the general nature of the invention in a manner which would require the United States application to have been made available for inspection under such section 181.

(和訳)

第184条　外国における出願

(a)　外国における出願
何人も，特許局長から取得した許可によって承認されている場合を除き，合衆国において行われた発明に関し，合衆国における出願から６月が経過するまでは外国に，特許のための又は実用新案，意匠若しくはひな型の登録のため出願をし，又は出願されるようにし若しくは出願されるのを許可してはならない。許可は，特許局長が第181条に従って出した命令の適用を受ける発明に関しては，当該命令を出させた部門の長又は機関の主席官の同意がない限り与えられない。出願が海外において錯誤により行われ，また，その出願が第181条の範囲内の発明を開示していない場合は，許可は，遡及して与えることができる。
(b)　出願
この章において使用するときは，「出願」の用語は，出願及びその変更，補正若しくは補充又は分割を含む。
(c)　その後の変更，補正及び追加
許可の範囲は，その後の変更，補正及び追加の主題を含む補充を認めるが，許可請求に係る出願が第181条に基づく検査に付される必要がないこと又はなかったこと及び当該の変更，補正及び補充が発明の一般的内容を第181条に基づく検査に付されることを必要とするような形で変更しないことを条件とする。外国において出願をするために許可を受ける必要がない又はなかった場合は，外国においてした出願について，その後の変更，補正及び補充は，許可を受けることなく行うことができるが，合衆国出願が第181条に基づく調査に付される必要がなかったこと及び当該の変更，補正及び補充が，合衆国出願を第181条に基づく調査に付されることを必要としたような形で，発明の一般的内容を変更しない又はしなかったことを条件とする。

米国特許法184条(a)によれば，米国においてなされた発明は，米国に出願してから６か月を経過するまでの間は米国外において出願をしてはならないとされている。ただし，例外として，米国特許商標庁（USPTO）長官のライセンスを取得した場合には，米国外にて出願をすることができる。

米国のほか，英国，フランス（フランス特許法），シンガポール等においても，第１国出願に関するルールを定めている国があるので，留意が必要である（ただし，英国，フランスは，それぞれ英国特許庁出願，フランス特許庁出願に関するルールであり，欧州特許庁出願に関するルールではない）。なお，中国は，以前は第１国出願ルールを定めていたが，このルールは廃止され，現在は第1国出願ルールを採っていない。

上記のような第1国出願ルールが採用されている国に所在する企業との間で共同研究開発案件を遂行する場合には，得られた成果に関する特許出願について当該国のルールに違反することのないように手配をすることに留意する必要がある。このルールは法律によって遵守することが必要であるため，契約書に定めておかなければならないわけではないが，備忘の意味を含めて共同研究開発契約書に確認的に定めておくことも考えられる。

4　輸出管理規制

対象となる技術および技術資料を海外に送ることについて，法規制が存する場合がある。

例として，米国には，Export Administration Regulations（EAR）という輸出管理規則があり，共同研究開発案件において米国企業が技術資料を日本企業に送付等する際に規制を受ける場合がある。規制対象に該当するか否かを検討し，該当する場合には輸出許可申請等の手続を履践する必要があることに留意すべきである。EARに関する所轄当局は米国商務省産業安全保障局（Bureau of Industry and Security: BIS）である。わが国では，一般財団法人安全保障貿易情報センター（CISTEC）が関連情報を提供している。

共同研究開発においては，かような法規則について，当事者が遵守する責任を負う旨を条項として置くべきである。以下，英文条項例を示しておく。

【条項例】

> Each Party shall be responsible for its compliance with all export laws and regulations applicable to the performance of its obligations hereunder. Such compliance shall include, but not be limited to, obtaining all necessary approvals and licenses from relevant governmental authorities required to export or re-export hardware, software and technology. Each party shall cooperate with the other party as necessary to obtain any such approval or license.

（和訳）
各当事者は本契約に基づく義務の履行に適用されるすべての輸出法規制を遵守することについて責任を負う。当該遵守は，ハードウェア，ソフトウェア及び技術を輸出又は再輸出するために必要となる関係政府機関からのすべての必要な承認及びライセンスを取得することに限られず，これらを含むものとする。各当事者は，当該承認又はライセンスを取得するために必要となる事項について他の当事者と協力しなければならない。

5　言語

言語についてであるが，たとえば契約書を英語と日本語の双方で作成した場合に，いずれの言語の契約書を原本とし，その定めを優先適用するかという点が問題となることから，両者の関係を条項として定めておくことが好ましい。以下，条項例を示す。

【条項例】

This Agreement written in Japanese shall be original. In case that terms of agreement written in Japanese conflict with those written in language other than Japanese, terms of agreement written in Japanese shall prevail.
（和訳）
本契約は，日本語で作成された契約書を原本とする。日本語で作成された契約書の条件と日本語以外の言語で作成された契約書の条件が抵触するときは，日本語で作成された契約書の条件が優先的に適用されるものとする。

6　準拠法

紛争解決を行う際の契約の準拠法を定めておくべきである。

準拠法については，当事者の法人設立国・州や，当事者が主な事業を営む国・州の法律を準拠法とすることも少なくないが，当事者の公平を図る観点から第三国の法律を準拠法として選定することもある。後に述べる仲裁が盛んな国であるスイス・シンガポール・香港といった国が第三国である場合に，かような国の法律を準拠法として選定し，仲裁も同国において行うことも考えられる。

7　紛争解決

外国企業との共同研究開発契約書においては，紛争解決方法として，仲裁条項を設けることを検討すべきである。

仲裁を選択した場合，仲裁廷による判断がされることになるが，この仲裁判断は確定判決と同一の効力を有する。仲裁を選択することのメリットは，仲裁判断の執行が訴訟判決の執行に比べて容易である点である。

すなわち，仲裁判断の執行に関しては，国際的な取決めとしての「外国仲裁判断の承認及び執行に関する条約」（Convention on the Recognition and Enforcement of Foreign Arbitral Awards）が存在する。この条約は，一般にニューヨーク条約と呼ばれる。

ここで，ニューヨーク条約の締約国は，仲裁判断を相互に執行する義務を負う。そのため，ニューヨーク条約の締結国における企業間であれば，仲裁判断を容易に執行することができる。この締約国は国際連合国際商取引法委員会（United Nations Commission on International Trade Law：UNCITRAL）のウェブサイトにて確認することができる。

【条項例】

Arbitration
Any and all disputes that may arise out of or in relation to this Agreement shall be amicably settled by ABC and XYZ in good faith. If any such dispute cannot be settled within a period of sixty (60) days (or any other period agreed upon by the Parties in writing) , it shall be exclusively and finally settled by arbitration in____, Japan in accordance with the Arbitration Rules of ________ Arbitration Association. The arbitration shall be conducted by one (1) arbitrator. The award shall be final and binding upon both Parties. Arbitration expenses shall be borne by the Party that loses in the case, unless otherwise

decided by the arbitrator. During arbitration, both Parties shall perform their obligations in accordance with this Agreement except for the matters related to or subject of the arbitration.

（和訳）

仲裁

本契約から生じる，又は本契約に関連して発生する可能性のあるすべての紛争は，ABC及びXYZによって誠意をもって友好的に解決されるものとする。当該紛争が60日（又は当事者が書面で合意した他のいかなる期間）の期間以内に解決することができない場合，それは排他的かつ最終的に＿＿＿＿仲裁協会の仲裁規則に従って，日本での仲裁によって解決されるものとする。仲裁は１人の仲裁人によって行われるものとする。この決定は最終的なもので，両当事者を拘束するものとする。仲裁人が別段の決定をしない限り，仲裁費用は，敗訴した当事者が負担するものとする。仲裁中であっても，両当事者は，仲裁に関連する事項又は仲裁の対象となる事項を除き，本契約に従って自らの義務を履行するものとする。

紛争解決手続として裁判所による訴訟を選ぶときには，専属管轄裁判所を定めることが考えられる。専属管轄裁判所の定め方については，当事者の主な事業地を所轄する国・地域の裁判所を指定することも少なくないが，訴訟手続に発展しにくくする観点からは，あえて被告となる当事者の主な事業地を所轄する国・地域の裁判所を専属管轄裁判所とすることが好ましい。なぜならば，被告所在地は，被告となる当事者のホームグラウンドであり，かような場所で訴訟を提起することは原告にとって必ずしも有利な訴訟追行になるとは限らず，かような条件での紛争解決よりも交渉等にて解決することを促進しうるからである。

8　外国における競争法

共同研究開発案件を企画・遂行するに際して，独占禁止法が適用される場面があることは既に第３章第４節および第４章第３節で述べたが，外国企業との間で共同研究開発案件を企画・遂行する場合には，わが国の独占禁止法のみならず，外国企業が属する国や，成果を実施する国の競争法が適用される場面が生じることにも留意が必要である。

たとえば，ヨーロッパでは，一定の場合に欧州競争法の禁止規定の適用が一括して免除されるという規則（一括適用免除規則）が定められているところ，共同研究開発に関しては，研究開発協定に係る一括適用免除規則[2]が定められている。同規則によれば，競争者間の共同研究開発について，当事者のシェア合計が25パーセント以下である場合，通常，競争法上の問題は生じない。また，一括適用免除規則の適用を受けない場合であっても，共同研究開発に関する合意が即座に違法となるわけではなく，水平的協調に関するガイドライン[3]に示された基準等により，個別具体的に適法性を判断することになる。

また，米国では，司法省および連邦取引委員会により競争者間の協力に関する反トラスト法ガイドライン[4]が定められている。同ガイドラインによれば，協力関係にある競争業者のシェア合計が20パーセント以下である場合，一定の行為類型を除き，通常，競争法上の問題は生じない。

これらの規則やガイドラインは，共同研究開発に関する欧米の競争法上の問題を検討するうえで有用である。

第３節　スタートアップとの共同研究開発

1　はじめに―事業会社とスタートアップとの共同研究開発の基本的視座

近時，事業会社が自社のみで技術，製品の開発を進めていく従来型のクローズド・イノベーションには限界があることが指摘されており，事業会社が限られた資源で効率的・スピーディーな研究開発を実現するための手段として，外

2　COMMISSION REGULATION（EU）No 1217/2010 of 14 December 2010 on the application of Article 101 (3) of the Treaty on the Functioning of the European Union to certain categories of research and development agreements

3　Guidelines on the applicability of Article 101 of the Treaty on the Functioning of the European Union to horizontal co-operation agreements

4　Antitrust Guidelines for Collaborations Among Competitors

部資源を有効に活用した研究開発を行うオープン・イノベーションが注目されている。事業会社は，既存の市場・顧客，豊富なリソース（ヒト，カネ），蓄積された技術力・ノウハウ等を有している一方，既存顧客の要求に応えるために既存の製品・サービスの改良に注力する必要があり，そのような既存の製品・サービスの価値を破壊するような新規の製品・サービスを生み出す研究開発（いわゆる破壊的イノベーション）には取り組みにくい。他方，スタートアップは，新たな市場・顧客をターゲットとした製品・サービスを生み出すことを可能とする斬新なアイデア・技術（シード）を有しているものの，自社でそのような研究開発を行うための人的・物的リソース（ヒト，カネ）が不足しているという傾向にある。このような事業会社，スタートアップそれぞれの強みを活かし，弱みを相互に補完し合うため，事業会社とスタートアップの事業連携が増加している。このような事業連携の手段としては出資，M&A，業務提携などさまざまな形態があるが，共同研究開発は，事業会社からスタートアップへの出資を伴わない事業連携の手段として位置付けられる。

事業会社とスタートアップとでは企業の人的・経済的規模に大きな差があり，下請代金支払遅延等防止法（下請法）の親事業者と下請事業者との関係同様，事業会社とスタートアップとの取引においては，スタートアップが取引上劣位に陥りやすくなる場合もある。しかし，事業会社とスタートアップとの事業連携における両社の関係は，親事業者と下請事業者との関係とは異なる。下請事業者は，特定の親事業者との長期的・持続的関係を構築・維持することを重視するのに対し，スタートアップは，多数の企業と連携することで短期間での成長を目指すことを重視している。そのため，親事業者と下請事業者との業務委託契約や開発委託契約においてありがちであった思考（親事業者がカネを支払う以上，下請事業者が創出した成果はすべて親事業者に帰属させるなど）を事業会社とスタートアップとの事業連携に持ち込むと，事業会社とスタートアップがWin-Winの関係を築くことができず，むしろ事業連携が阻害されてしまうといった問題がある。公正取引委員会が行った事業会社とスタートアップとの取引慣行に関する実態調査[5]では，事業会社とスタートアップとの連携において，独占禁止法上問題となるおそれがある事業会社の行為も指摘されている。

そこで，本節では，事業会社とスタートアップとの共同研究開発に関する独占禁止法上の留意点に触れたうえで，事業会社とスタートアップとの共同研究開発において特に着目すべき点について解説を行う。

2　独占禁止法上の留意点

(1)　はじめに

スタートアップとの共同研究開発に関し，スタートアップからは，共同研究開発の成果に基づく知的財産権を共同研究開発の相手方のみに帰属させる契約の締結を要請された，共同研究開発の成果に基づく製品の販売先が制限された，といった実態を指摘する声がある[6]。こうした点を踏まえ，公正取引委員会および経済産業省は，令和４年３月31日，スタートアップと連携事業者や出資者との間であるべき契約の姿・考え方を示すことを目的として，「スタートアップとの事業連携及びスタートアップへの出資に関する指針」（「スタートアップ指針」）を策定している[7]。以下では，スタートアップ指針を踏まえ，スタートアップとの共同研究開発における独占禁止法上の留意点を説明する。

(2)　優越的地位の濫用

スタートアップの中には，共同研究開発を行う事業者に対する取引依存度が高かったり，当該事業者と取引することが事業経営上必要であったりすることがあり，当該事業者がスタートアップに対し取引上優越した地位にあると認められる場合がある。

取引上の地位がスタートアップに優越している事業者が，共同して研究開発を行うスタートアップに対し，スタートアップにとって不利益となることを要

5　公正取引委員会「スタートアップの取引慣行に関する実態調査報告書」（令和２年11月）70頁以下。

6　公正取引委員会・前掲注５・43頁，44頁。

7　令和３年３月29日に「スタートアップとの事業連携に関する指針」が策定され，その後名称も含めて改正された。

請する場合で，当該スタートアップが，共同研究開発を打ち切られるなどの今後の取引に与える影響を懸念してそれを受け入れざるを得ない場合には，優越的地位の濫用として問題となるおそれがある。

たとえば，共同研究開発を行うに当たり当事者間において営業秘密を開示することはよく行われるところ，スタートアップと共同研究開発を行う事業者が，スタートアップに対し，秘密保持契約を締結しないまま営業秘密の開示を求めたり，スタートアップ側にのみ秘密保持・開示義務を課す片務的な秘密保持契約の締結を求めたりすることは，優越的地位の濫用として問題となるおそれがある[8]。スタートアップとの共同研究開発において優越的地位の濫用として問題となるおそれがある行為としては，その他に，PoC（技術検証）の段階において無償作業等を要請する行為，共同研究開発の成果に基づく知的財産権を一方的に自社の帰属とする行為（名ばかりの共同研究開発を強いる場合[9]を含む）などが挙げられる[10]。

このように，スタートアップとの共同研究開発においては，スタートアップに対し取引上優越した地位にあると認められる場合において，スタートアップに対するさまざまな要請が優越的地位の濫用として問題となる可能性があることから，スタートアップに対して，一方的に不利益を押し付けるような行為を行わないようにし，営業秘密の取扱い，PoC（技術検証）の段階における役割分担やコスト負担，共同研究開発の成果に基づく知的財産権の取扱い等について，スタートアップとの間で十分に協議して取引条件を明確にしておくように留意すべきである。

⑶　優越的地位の濫用以外の独占禁止法上の問題

スタートアップと共同研究開発を行う事業者が，秘密保持契約に違反してスタートアップの営業秘密を盗用して，スタートアップの商品等と競合する商品

8　スタートアップ指針第２の１⑵アおよびイ参照。
9　第４章第３節６参照。
10　スタートアップ指針第２の２⑵ア，３⑵アおよびイ参照。

等を販売することがある。このような行為により，スタートアップとその取引先との取引が妨害される場合には，不公正な取引方法（競争者に対する取引妨害）として問題となるおそれがある[11]。

また，スタートアップと共同研究開発を行う事業者が，共同研究開発の成果であるノウハウ等の秘密性を保持するために，スタートアップに対し，成果に基づく製品の販売先を制限することがある。共同研究開発の成果であるノウハウ等の秘密性を保持することや投資コストを回収すること等の目的が正当であり，当該目的を実現するために合理的に必要とされる範囲内である場合（たとえば，合理的な期間に限定されている場合）には，当該販売先の制限は不公正な取引方法に該当しないと考えられる[12]。他方で，市場における有力な事業者が合理的に必要とされる範囲を超えて制限を課すなどして，市場閉鎖効果が生じるおそれがある場合には，不公正な取引方法（排他条件付取引または拘束条件付取引）として問題となるおそれがある[13]。

以上のとおり，スタートアップとの共同研究開発においては，優越的地位の濫用以外にも独占禁止法上の問題が生じる可能性があることから，スタートアップ指針なども参考にしつつ，独占禁止法に違反しないよう留意すべきである。

3　事業会社とスタートアップとの共同研究開発契約における交渉のポイント

上記2で説明した独占禁止法上の留意点を踏まえつつ，事業会社とスタートアップとの共同研究開発契約における交渉のポイントについて解説する。

11　スタートアップ指針第2の1⑵ウ

12　スタートアップ指針第2の3⑵ウ①，共同研究開発ガイドライン第2の2⑶ア［1］参照。

13　スタートアップ指針第2の3⑵ウ①，第4章第3節8⑷，共同研究開発ガイドライン第2の2⑶イ［3］参照。

(1) 共同研究開発の成果としての知的財産権の帰属

事業会社とスタートアップとの共同研究開発契約においても，共同研究開発の成果として創出された知的財産権の帰属が極めて重要なポイントであることは，通常の共同研究開発契約と同様である。一般的に，成果に係る知的財産権の帰属は，①誰が創出したかを問わず，いずれかの当事者に帰属させる，②すべて当事者間の共有，③当該成果を創出した当事者に帰属，④当事者間で都度協議に大別されるが，事業会社とスタートアップとの共同研究開発契約においては，上記2(2)で述べた優越的地位の濫用の問題やスタートアップによる成果の利活用の要請等を考慮して，知的財産権の帰属についてどのような方針をとるべきかを検討する必要がある。

事業会社にとっては，成果に係る知的財産権を単独保有または共有する必要があるのか，当該知的財産権をスタートアップに帰属させつつ，自社の事業に関係する範囲で独占ライセンスの許諾を受けるという仕組みとすることで事業上支障がないかなどを考慮しつつ，成果に係る知的財産権の帰属の調整を図ることが望ましい。他方，スタートアップにとっては，事業展開の機動性と自由度の確保の観点から，自社が成果に係る知的財産権を単独保有したいところであるが，自社の事業領域とは関連性が低いと考えられる知的財産権については事業会社に帰属するようにすることや，自社に知的財産権を単独帰属させることについて事業会社の理解を得るため，スタートアップ単独帰属の知的財産権について，一定の技術分野，期間等を定めたうえで，事業会社に対して独占的ライセンスを許諾することも検討することが望ましい。

知的財産権の帰属に関する協議における妥協点として，成果に係る知的財産権を事業会社とスタートアップとの共有とすることも多い。しかし，知的財産権を共有とすることにより，第三者へのライセンスは他の共有者の同意が必要になるなど（知的財産権の共有に関する法制については，本書第4章第2節2を参照されたい），当該知的財産権の利活用が難しくなる。特にスタートアップにとっては，成果に基づく知的財産権を共有とすることで，他分野や他用途への知的財産権活用をしようとする都度，事業会社の承諾を得る必要が生じ，多大な交渉コストや事業制約を受けてしまう結果となるため，自由な事業展開が拒まれてしまうことが指摘されている[14]。仮に，成果に係る知的財産権を共有とする場合であっても，スタートアップが希望すれば，適正な条件でスタートアップが当該知的財産権の共有持分の譲渡を受けるようにするなどの仕組みを規定することが望ましい。

経済産業省と特許庁が公表している「モデル契約書ver2.0」の「共同研究開発契約書ver2.0（新素材編）」の逐条解説では，創出された発明を最大限活用し，研究成果に係る事業を成功させるべく，スタートアップが自社で知的財産権を保有することの重要性にも配慮し，スタートアップに知的財産権を帰属させつつ，事業会社に事業領域や期間等の面で一定の限定を付した独占的利用権を設定すること等の調整を行うことが，積極的に検討されるべきであると述べられている[15]。

⑵　成果に係る知的財産権の利用・事業化

成果に係る知的財産権の利用は，当該知的財産権の帰属と密接に関連する。スタートアップに単独帰属する成果に係る知的財産権を事業会社が利用する場合，上記⑴で述べたように，事業会社の事業領域に関係する一定の範囲で，独占的なライセンスを事業会社に許諾するようにアレンジすることが考えられる。事業会社が当該ライセンスに基づいて事業を行う範囲においては，スタートアップが一定期間の競業避止義務を負うとすることで，事業会社に対する一定の配慮をすることも考えられる。

成果に係る知的財産権をスタートアップに単独帰属させ，事業会社が独占的ライセンスを受けて利用するというスキームにおいては，スタートアップの事業継続が困難になった場合に当該ライセンスの取り扱いに懸念が生じる。モデル共同研究開発契約書では，スタートアップに経済的不安が生じた場合に事業会社または事業会社が指定する第三者（事業会社のグループ会社・知的財産権

14　スタートアップ指針第２の３⑵ア②（イ）
15　「共同研究開発契約書ver2.0（新素材編）」の逐条解説15頁

の管理会社が想定されている）にスタートアップが単独保有する成果に係る知的財産権を無償譲渡するよう求めることができるという例が紹介されている[16]。スタートアップの事業継続性に懸念がある状況で，スタートアップの資産である知的財産権を事業会社等に譲渡することは，詐害行為取消権や否認権行使の対象となるおそれがあることから，実際にはかかる譲渡については慎重な検討を要し，むしろ，破産手続，民事再生手続など管財人や債権者が関与する手続のもとで譲渡を進めることが望ましい。モデル共同研究開発契約書逐条解説では，詐害行為取消権・否認権行使のリスクを相対的に小さくする方法としては，譲渡の対価を無償とせず，事業会社がスタートアップの知的財産権を有償で買い取る優先交渉権を規定するという例も紹介されている。「共同研究開発契約書ver2.0（新素材編）」の逐条解説では，その他にも，スタートアップの価値の大部分を知的財産権（およびこれを開発することのできる人材）が占めるのであれば，事業会社がスタートアップ自体を買収することも検討に値するとされている[17]。

⑶　成果の公表

共同研究開発契約書では，成果の公表の在り方についても規定されることが一般的である（巻末資料〔書式3〕12条）。スタートアップの場合，資金調達や投資家に対する説明のため，共同研究開発の開始や進捗，研究成果を公表することが多い。こういったスタートアップ側の要請を踏まえ，何を公表できるのか，どのような手続で公表できるのかといった事項を慎重に検討する必要がある。

⑷　契約解除事由

合併，株式交換，株式移転，会社分割，事業譲渡，支配株主の異動など，会社の支配権に実質的な変動があった場合（いわゆる，チェンジオブコントロー

16 「共同研究開発契約書ver2.0（新素材編）」7条8項参照。
17 「共同研究開発契約書ver2.0（新素材編）」の逐条解説19頁。

ル（COC））が契約の解除事由として定められることがある。しかし，スタートアップは，将来のイグジットの在り方として，合併，会社分割，事業譲渡のM&AやIPO（新規上場）を想定していることが多い。こういったM&AやIPOが契約解除事由となっていると，デューデリジェンスや上場審査においてリスクと評価され得ることから，スタートアップとしては，解除事由にCOCが含まれている場合には，削除を求めるべきであろう。

第6章 共同研究開発の遂行段階における留意点

第４章および第５章にて解説した内容を踏まえつつ，共同研究開発契約を締結した後に，当事者は実際に共同研究開発案件を進めることになる。この共同研究開発の遂行段階においては，共同研究開発の円滑な遂行および目的達成のために，各当事者が実務上留意すべき事項が存するので，この点について解説する。具体的には，①各当事者の役割遂行，②共同研究開発の計画・進捗管理，③共同研究開発において授受される情報管理，④共同研究開発に関連する費用管理について解説する。

第１節　役割遂行

共同研究開発においては，契約書において各当事者の役割が決定されることになる。いうまでもなく，当事者は，自己が行うべきとされた役割を遂行する義務を負っており，かかる役割を遂行すべきである。とりわけ，共同研究開発は，その性質上，各当事者による役割遂行があいまってはじめて成果が生まれ，研究開発目的を達成するものであり，自己単独の共同研究開発案件とは異なり，自己の役割を遂行しなければ，相手方は損害を被ることになり，役割の不遂行は損害賠償責任に発展する事態となることから，役割遂行はきわめて重要である。

共同研究開発における自己の役割を適時に行わず，共同研究開発が頓挫した場合には，相手方は当該研究開発に投じた費用等の積極的損害を被るほか，事案いかんによっては当該研究開発が頓挫したことによって被る逸失利益相当の消極的損害を被る事態が生じうるところ，役割を遂行しなかった当事者は多額の損害賠償義務を負うことになりかねないので留意が必要である。

役割の遂行に関してであるが，当事者は契約によって担当が決定された役割に係る業務を遂行すれば足り，それを超えて共同研究開発の目的を達成する義務を負うものではない。すなわち，共同研究開発案件は，成果を得ることを目的として，当該目的を達成するために当事者が各役割を遂行する仕組みであるが，他方で共同研究開発を行った場合に必ず成果が得られるわけではなく，共同研究開発を遂行した場合でも結果として目的として成果が得られず，成功しないケースも少なくない。このように，各当事者は，共同研究開発の目的達成および成果創出を必ずすべき義務（役割遂行義務）を負うものではないが，他方で，契約によって担当が決定した役割について誠実に遂行するべき義務を負っており，かような意味での誠実な遂行を行うべく，業務に取り組むことが要求されよう。

Q　試作品の品質評価

共同研究開発過程で相手方が試作した製品について，事業化に適した品質を備えたものであるか否かについて，両当事者の評価が分かれており協議が折り合わない状況となっています。どのように解決すべきでしょうか。

A　本問のように共同研究開発案件で相手方が試作した製品の評価について当事者の評価が分かれる場合には，事業化を行おうとする側の当事者としては，当該試作品は品質未達であることから使用できず，共同研究開発の目的が果たせないことになってしまいます。

そこで，かような事態が発生しないように，製品が最低限達成すべき品質条件について，できる限り具体的に共同研究開発契約書に規定しておくべきです。

すなわち，事業化を行おうとする側の当事者が考える製品の品質・仕様に関する具体的な条件を契約書別紙一覧表に書き込むとともに，品質・仕様を満たしているか否かを評価する手法・条件も具体的に記載しておくべきです。場合によっては，品質・仕様を満たしているか否かについて中立公平な第三者的機関によって判断してもらうことを条件として記載することもあります。このように，契約書にはできる限り品質・仕様やその評価手法・条件について書き込むべきですが，このような方策をとった場合でも依然として品質・仕様達成の有無が明確に判断できず，協議が折り合わない場合には，製品試作側の当事者が更なる対応を受諾しない限り，共同研究開発は途中にて終了せざるをえない状況となります。このような場合において，共同研究開発終了後における試作品や得られた成果の利用条件についても予め留意の上，共同研究開発契約書に規定しておくべきでしょう。さらに，事業化を行おうとする側の当事者のみならず，製品試作を行う側の当事者にとっても，将来において別の当事者との間で取り組みを行うことが考えられることから，試作品および成果をいずれの当事者も自由に利用できるか否かを含めた条件・仕組みづくりをしたうえで契約書に書き込むことが望ましいです。

Q　システム開発案件におけるトラブル発生責任の解明

　システム開発案件において，受託者によって開発され，納入されたシステムについて，システム稼働テストをしましたが，開発仕様書に明記されていなかった稼働条件にて稼働したことが原因でシステムトラブルが生じてしまいました。トラブル発生について委託者および受託者のいずれがいかなる割合で責任を負うのでしょうか。

A　企業は事業活動を行うにあたって業務を効率よく遂行するためにさまざまなシステムを使用していますが，このシステムの開発を外部委託することが一般に行われています。このような場合，システムの開発は，委託者である企業と，受託者であるシステム開発業者との協働で行われることになります（多くの場合は共同研究開発ではなく開発委託の形態がとられることになります）。

システムの開発を行うに際しては，予め，システムの仕様について当事者間で協議・合意がされることが一般的ですが，質問のように，受託者が開発して納入したシステムについて，稼働テストをしたところ，開発仕様書に明記されていなかった稼働条件でテストしたことが原因でトラブルが発生するといったように，実際に開発されたシステム不良に伴う紛争が発生することが少なくありません。

この場合に，委託者・受託者のいずれ（もしくは双方）に責任があるのかという点が問題となりますが，実務上は，まずは発生したトラブルの原因を調査・特定することが必要です。この調査・特定作業によって明らかとなった原因について，当該原因を稼働条件として含む稼働が当該システムの利用態様として通常想定されていたといえるかを検討し，通常想定されていたといえる場合には，そのような稼働時にも対応できるシステムを開発しなかったことについて受託者の責任（債務不履行責任）が認定される考え方が採用されやすくなります。他方で，当該原因を稼働条件として含む稼働が当該システムの利用態様として通常想定されていたとはいえず，システム開発に際しての協議においてもそのような利用態様が委託者によっても何ら説明・言及されていなかったような場合には，受託者に帰責事由があるとはいえず，受託者の責任（債務不履行責任）は否定される考え方が採用されることになります。もっとも，受託者はシステム開発業者であり，システムに関して専門的知識を有するであろうことから，どのような稼働条件であれば稼働可能であるか等について委託者に対して一定程度の説明すべき責務を負っているといえることから，受託者の責任の有無を考えるにあたっては，上述した受託者の責務を念頭に置きつつ検討することになります。第８章の「銀行業務システム事件」（裁判例12）では，システム開発業務を行う当事者のプロジェクト・マネジメント義務（納入期限までにシステムを完成できるよう開発手順や開発手法，作業工程等に従って開発作業を進め，常に進捗状況を監視し，開発作業を阻害する要因の発見に努め，これに適切に対処すべき義務）が認定され，これに違反すると判断されています。一方で「病院情報管理システム事件」（裁判例13）では，プロジェクト・

マネジメント義務違反は否定されています。このように，システム開発案件において当事者がどのような義務を負担するか（すべきか）は重要な検討事項です。

第2節　計画・進捗管理

役割遂行の箇所でも述べたが，共同研究開発案件は，相手方と共同して研究開発を遂行することによって成果を得るとともに目的を達成する仕組みである。

この仕組みにおいて，相手方による研究開発の進捗状況を随時確認し，共同研究開発計画を管理することが重要である。すなわち，いくら自己の役割を遂行していたとしても，相手方による研究開発の進捗が芳しくなく，相手方の役割遂行によっても研究開発目的を達成することが難しい場合には，共同研究開発の計画の変更や中止等の対応を検討する必要があるため，相手方による研究開発の進捗管理は重要である。

このような計画・進捗の管理を行うべく，契約書では，第4章第1節の3(7)で述べたとおり，定期的に共同研究開発の進捗状況の報告を行う条項等を置くことが少なくない。共同研究開発を遂行するにあたっては，かような定期的な報告以外にも，随時，相手方との間で密に報告・連絡・相談（いわゆるホウレンソウ）を行い，共同研究開発の円滑な遂行にハードルになりうる事象を可能な限り早い段階で察知し，問題が大きくなる前に当事者間で対応について協議等を行う意識をもって進めるべきである。共同研究開発に限られることではないが，開発案件の中には，製品のライフサイクルが短い場合や，業界における技術開発スピードが速い場合等の事情によって，一定の短期間内に開発を終了しなければ開発目的を達成することができないような案件も存在する。このような案件において，相手方による研究開発が遅々として進まない事象はできる限り早期に察知して対応することがきわめて重要である。案件の性質等にもよるが，たとえば当事者双方の共同研究開発責任者・担当者が含まれるメーリングリストを作成し，当該メーリングリストに日々の共同研究開発活動の進捗を共有するなどして，日々，計画の進捗を確認する等の対応を行うことが考えられよう。

第３節　情報管理

取引先との関係等の事情によって，複数の相手方との関係で同種または類似するテーマについて共同研究開発プロジェクトを遂行しなければならない事態が生じうる。

共同研究開発契約書において競合禁止条項がない場合には，複数の相手方との間で同種または類似するテーマについて共同研究開発を行うこと自体は契約に違反するものではない。

しかしながら，複数の相手方から共同研究開発に関する情報を受領することが想定されるため，情報の混在（いわゆるコンタミネーション）が生じるおそれがある。たとえば，相手方Ａから受領した情報αを相手方Ｂとの共同研究開発において（無意識的に）使用する事態が生じうるところ，そのような情報使用は相手方Ａとの関係で秘密保持義務違反を問われることになる。また，仮に，一方の相手方（例：Ａ）との共同研究開発が成功して製品化がなされ，他方の相手方（例：Ｂ）との共同研究開発は成功せずに終了した場合には，製品化を知った相手方（例：Ｂ）が，当該製品化は当該相手方（例：Ｂ）の秘密情報を使用したことに基づくものであるとして，秘密保持義務違反を主張するとともに，当該製品の製造は当該相手方（例：Ｂ）の営業秘密を不正に使用したものであるとして製造行為の差止めを請求するおそれがある。

このような事態が生じうることに鑑みれば，リスク低減の観点からは，複数の相手方との間で同種または類似のテーマについて共同研究開発プロジェクトを遂行しない対応が好ましいことはいうまでもない。他方で，競合禁止条項がないことを前提として事情いかんでかような共同研究開発プロジェクトを遂行せざるを得ない場合には，上述した秘密保持義務違反が生じることのないように情報管理を徹底することが必要かつきわめて重要である。

情報管理の方法であるが，本来的に好ましいのは，各相手方との共同研究開発案件相互の情報を遮断する措置を講じることである。すなわち，相手方Ａと相手方Ｂとの共同研究開発チームを別に分けたうえで，相手方Ａと授受する情報と，相手方Ｂと授受する情報が混在しないように，物理的な情報遮断措置（ファイアウォール）を講じることである。しかしながら，事情いかんでは，当該共同研究開発の内容に精通する従業員が少ない等の理由によって，複数の同種共同研究開発を同じ従業員が担当せざるをえない場合もありうる。そのような場合でも，少なくとも共同研究開発案件を直接担当する者自体はそれぞれの異なる担当者をあてるべきであろう。なぜならば，複数の同種共同研究開発案件を同じ担当者が担当する場合には，いくら気を付けていても，複数の相手方から受領する情報を無意識的に混在させて使用してしまう事態を払拭しがたいからである。したがって，同じ責任者（例：部課長）にせざるをえない場合でも，担当者自体は異なる者をあてるべきであろう。また，重要なことは，いずれの相手方との関係においても，秘密保持義務違反が生じていないことを説明することができるように，相手方それぞれとの関係において，情報の授受・使用の経過を逐次記録化して管理しておくことがきわめて重要である。すなわち，各相手方との関係において，①いつ，②誰から，③誰が，④いかなる情報を，⑤どのように授受し，⑥当該情報をどのように記録・保管し，⑦当該情報をどのように使用したかという点が後日立証できるように記録化しておくべきである。このような記録化をすることによって，各相手方との間で授受した情報を別の相手方との共同研究開発案件にて使用していないことを説明できるようにしておくべきである。

次に，情報管理は，成果帰属の観点からもきわめて重要である。すなわち，共同研究開発契約書では，成果を生み出した者が所属する企業に当該成果が帰属する（両社が共同して成果を生み出した場合には両社の共有とする）との取決めを行うことが一般的である。

このような取決めとの関係で，企業としては自らに成果が帰属することを主張する前提として，共同研究開発過程で生成される成果情報について，逐次記録しておくことが重要である。すなわち，研究・実験ノートや設計図等の文書において，研究過程で生成された情報を記録化しておくことによって，成果の帰属確認の際に自己に成果が帰属する取決めができるようにしておくべきである。

第４節　費用管理

共同研究開発契約書では，費用負担に関する条項を置くことによって，各当事者が負担すべき費用を定めることが一般的である。この取決めに基づいて当事者が費用を負担することになるが，共同研究開発を進めるにあたっては，案件の性質上，契約当初には予想しえなかった技術開発上の問題が生じ，これに伴って当初想定していなかった費用が追加的に発生せざるをえない場面が生じうる。このように，共同研究開発の遂行に際しては，費用管理の問題が発生しうる。この点，契約書における取決めによれば，かような追加的な費用も当該費用を負担すべきとされた当事者が負担しなければならないことになるのが本則であるが，事案によっては追加的費用が多額に上り，当該多額の追加的費用を当事者の一方がすべて負担することが難しく，費用対効果の観点から共同研究開発を計画通りに進めることを断念せざるをえない場合も生じうる。かような意味において，費用負担条項がいかなる場合でも万能的に機能するものでないことを当事者としては予め念頭に置いておくべきであろう。かような費用問題が生じうることを想定したうえで，費用の点からも，前述した計画・進捗管理を行う意識をもって対応すべきである。そのうえで，かような費用問題が生じるであろうことが察知された場合には，当事者間においてできる限り費用の追加額を少なくすることができるような善処策の有無・内容について協議し，両者協働で共同研究開発が円滑に遂行されるように工夫することが好ましい。

第7章　共同研究開発終了段階

第1節　はじめに

共同研究開発は，共同研究開発契約において定められた共同研究開発期間，契約の有効期間の期間満了（期間満了），共同研究開発契約の一方当事者による中途解約権の行使（中途解約），両当事者の合意による共同研究開発契約の解約（合意解約），共同研究開発契約の解除事由に基づく契約解除等により終了する。

第４章第１節⒁において解説したとおり，いずれの終了原因による場合でも，共同研究開発終了に際して，成果の確認（有無・内容），成果の帰属の取決め，成果の実施・利用条件の取決め，今後における同一・類似テーマの研究開発実施のあり方に関する取決め等を適切に行う必要がある。また，これらの取決め以外にも，秘密情報の返還・破棄や費用の精算等の処理を要する。そして，共同研究開発が成功裏に終了し，期待した成果を得ることができた場合には，その成果をどのように事業化するかについての取決めが必要になる。

本章では，以上のような共同研究開発の終了段階において処理すべき事項について解説する。

第2節　共同研究開発終了時において行うべき一般的処理

1　成果の確認（有無・内容）

成果の帰属やその実施・利用条件について確認，取決めを行う前提として，共同研究開発の過程で作成されたサンプル，図面，技術資料等の内容を確認し，共同研究開発において何らかの成果が生じているか否か，その成果の内容を確認することを要する。共同研究開発の目標を達成することができた場合に成果が生じていることは当然であるが，期待した成果が得られずに共同研究開発が失敗に終わった場合であっても，共同研究開発の過程で有用な技術情報が得られている可能性はあることから，成果の確認作業は必須である。特に，失敗した実験に係るデータ，失敗した試作品などの失敗情報は，以後の研究開発に有用な場合があり，共同研究開発の成果となりうることには留意が必要である。

共同研究開発終了時において，自社が得た成果を確認するのみならず，共同研究開発パートナーが共同研究開発に基づく何らかの成果を得ているか，成果を得ている場合にはその内容を相互に確認するために，第４章第１節⒁において条項例を紹介したとおり，共同研究開発契約において，各当事者に成果の有無・内容の報告義務を規定するのが通例である。

２　成果の帰属の取決め

共同研究開発の結果得られた成果の帰属については，共同研究開発契約において規定されているのが通常である。たとえば，第４章第１節⒁（契約終了，契約中止時の措置，条項例②）において挙げた条項例では，共同研究開発の終了・期間満了時の成果帰属について，第４章第１節⑼（以下に再掲する）において定めた成果の帰属のルールに従う旨を規定している。契約終了時に，共同研究開発契約において規定されている成果の帰属のルールを適用した結果，実際に生じた成果がどのように当事者間に分配されるのかを当事者間で確認することになる。

２　Ａ社及びＢ社は，研究成果は原則としてＡ社Ｂ社の共有とすることに合意する。但し，Ａ社又はＢ社が，相手方から開示を受けた秘密情報並びに相手方から提供された資材，原材料及び設備等によることなく，自ら単独で研究成果を得た場合には，当該研究成果は単独で研究成果を得た当事者に帰属するものとする。

３　Ａ社及びＢ社は，前項本文に定める共有の研究成果にかかる自己の持分について，協議の上，決定するものとする。但し，協議がなされない場合又は協議が調わない場合にはＡ社とＢ社の持分は均等とする。

たとえば，上記条項例によれば，原則として，研究成果は当事者の共有となるが，「相手方から開示を受けた秘密情報並びに相手方から提供された資材，原材料及び設備等によることなく，自ら単独で研究成果を得た」場合には，当該研究成果は単独で研究成果を得た当事者に帰属することになる。そのため，成果の帰属を原則どおり共有とすべきか，あるいは一方当事者が「相手方から提供された資材，原材料及び設備等によることなく，自ら単独で研究成果を得た」成果であるとして単独に帰属するべきものであるのか，また，成果が各当事者の共有となる場合には共有持分割合について，共同研究開発の終了時に当事者間で確認し，合意すべきである。

共同研究開発契約締結時には，共同研究開発によってどのような成果が生じるか必ずしも明らかではないことから，「共同研究開発の過程で生じた成果の帰属については当事者間で協議する」等，成果の帰属について具体的な取決めがなされていない場合もある。このような場合に，契約終了時において，当事者間において別途取決めがなされるべきことはいうまでもない。

このような成果の帰属について別途適切に協議，確認がなされていない場合には，その後に当該成果およびこれに係る知的財産権の帰属，発明者性等についての争いが生じることが少なくない。たとえば，第8章の「高知大学共同研究事件」（裁判例16）では，成果の帰属について当事者の協議により定める旨が共同研究契約にて定められていたにもかかわらず，協議が行われることなく共同研究契約が終了し，共同研究契約の成果につき当事者それぞれが単独で特許出願を行ったことで，一方当事者からは冒認出願・共同出願義務違反が主張され，相手方当事者からは発明者名誉権侵害等が主張される事態に至っている。一方当事者が単独で行った特許出願が冒認出願・共同出願義務違反である場合，当該特許出願は拒絶査定を受けることとなる（特許法49条7号）。また，かかる出願について仮に特許権が成立したとしても，当該特許権は移転請求（特許法74条）の対象となり，特許の無効理由を孕むことになる（特許法123条1項6号）。冒認出願，共同出願義務違反等の発明者性の紛争は，事件が複雑化，長期化し，当事者にとって時間，労力，費用のいずれの側面においても負担が重くなることが多い。この観点からも，共同研究開発の成果の帰属等についての紛争に発展しないよう，共同研究開発の終了時に適切に成果の帰属を確認しておくことは非常に重要である。

3　成果の実施・利用条件の取決め

共同研究開発によって得られた成果の帰属とともに，各当事者が成果をどのような条件で実施，利用することができるかについても共同研究開発の終了時に取り決める必要がある。成果の実施・利用条件は，共同研究開発契約終了後の当該成果を利用した事業化の可否やその内容に影響しうることから慎重に取り決めるべき事項である。

共同研究開発契約締結時には，どのような成果が創出されるか，また，その成果を利用した事業がどのようなものとなるのかが必ずしも明確ではないことから，共同研究開発契約においては，成果の実施・利用条件について具体的には取り決められていないことも多い。このような場合には，共同研究開発の終了時に成果の実施・利用条件について別途取り決める必要がある。

成果の実施・利用条件について何らの取決めもなされていない場合には，成果の利用は，民法，特許法等の定めに服することになる。一方当事者に単独に帰属する成果については，原則として，成果が帰属する当事者のみがその成果を自由に利用できる。他方，成果を共有とする場合，たとえば，当該成果が特許発明の場合の利用に関しては，わが国の特許法上，以下のようなルールが規定されている。

- 各共有者は，契約で別段の定めをした場合を除き，他の共有者の同意を得ないでその特許発明の実施をすることができる（特許法73条2項）。
- 各共有者は，他の共有者の同意を得なければ，その持分を譲渡し，またはその持分を目的として質権を設定することができず（特許法73条1項），その特許権について専用実施権を設定し，または他人に通常実施権を許諾することができない（特許法73条3項）。

また，成果が著作権の場合，著作権法には，

- 共有著作権の各共有者は，他の共有者の同意を得なければ，その持分を譲渡し，または質権の目的とすることができない（特許法65条1項）。
- 共有著作権は，その共有者全員の合意によらなければ，行使することができない（特許法65条2項）。

というルールが規定されている。共同著作物の場合は，自己で成果を利用する場合にも他の共有者の同意が必要である点は，特許発明の場合との相違点である。

以上は，あくまでも日本法に従ったもので，諸外国では異なるデフォルトルールが規定されていることもある。共有に係る知的財産権の実施・利用に関しては，当事者間の取決めがない限り，各国の法律が適用されることになる。

たとえば，米国においては，共有に係る特許権の場合であっても，各共有者が単独で実施許諾（ライセンス）や持分譲渡を行うことができる（米国特許法262条）。中国においては，共有に係る特許権の各共有者が単独で実施許諾を行うことができるが，得た収益を他の共有者に分配しなければならないとされている（専利法15条）。

成果の実施・利用条件について取決めを行うにあたっては，日本のみならず各国の知的財産の実施・利用条件に関するデフォルトルールを十分に理解したうえで，想定される成果の実施・利用方法（自己で実施・利用するのか，第三者にライセンスをするのか等）をカバーする条件を合意すべきである。

4　今後における同一・類似テーマの研究開発実施のあり方に関する取決め

共同研究開発の当事者が別途同一・類似のテーマの研究開発を行うことは，本来的には自由である。もっとも，当事者が，共同研究開発とは別に，同一・類似のテーマの研究開発を独自に実施することにより得た成果が，共同研究開発において得られたものではないかという点について争いが生じるのを防止することや，当事者を共同研究開発に専念させることを目的として，共同研究開発期間中のみならず，共同研究開発終了後も，共同研究開発と同一・類似テーマについて，単独または第三者との共同研究開発を実施することを禁止する場合がある。

共同研究開発の実施に伴う取決めによって，参加者の事業活動を不当に拘束し，公正な競争を阻害するおそれがある場合には，その取決めは，独占禁止法19条で禁止されている不公正な取引方法に該当するおそれがある。この点については，第４章第３節（pp.101～103）において詳説した。

5　秘密情報の返還

共同研究開発が終了した場合には，相手方から開示を受けた秘密情報を返還または廃棄する旨の条項が共同研究開発契約や別途締結される秘密保持契約に設けられていることが通常である。共同研究開発終了時には，かかる条項にしたがって，秘密情報が記載，記録された媒体を返還，破棄する処理が必要となる。

6　費用の精算

共同研究開発費用に関しては，共同研究開発契約の費用負担条項に則って精算されるが，p.87において述べたとおり，事案によってはいずれの当事者が負担すべきかが明らかではないものも存在しうる。このような場合を想定して，p.87で紹介したような費用精算要領を定めておくことも有用である。

第３節　終了原因に応じた処理

1　期間満了の場合

共同研究開発契約において定められた共同研究開発期間，契約期間の満了時には，その時点における共同研究開発の進捗状況を確認し，共同研究開発を継続するか終了するかの判断が行われる。

共同研究開発終了時において，既に期待した成果が得られている場合には，共同研究開発を終了し，第２節で述べた各事項の処理とともに，その成果を利用した事業化について当事者間で協議が行われることになるであろう。期待した成果を得ることができず，またその見込みもない場合など共同研究開発が失敗に終わった場合にも共同研究開発を終了し，第2節で述べた各事項の処理を行うことになる。

共同研究開発期間満了時において，期待された成果が未だ得られていないものの，成果を得る見込みがある場合には共同研究開発をさらに継続することもある。この場合は，共同研究開発契約書に共同研究開発期間，契約期間の自動更新の定めがない限り，新たな共同研究開発期間を当事者間で取り決めることを要する。

2　合意解約の場合

契約期間満了前であっても，当事者間で合意することにより共同研究開発契約を終了させることは可能である。たとえば，契約期間満了前に共同研究開発の目的を達成し，期待した成果を得ることができた場合，期間満了を待たずして，共同研究開発契約を合意解約し，速やかに当該成果を利用した事業化を進めるといった判断がなされることがある。逆に，共同研究開発を継続しても期待した成果を得ることができる見込みがないことが判明した場合などにも，期間満了前に，合意解約により共同研究開発を終了させることが考えられる。

いずれの場合であっても，共同研究開発契約を合意解約する旨を書面で取り交わすとともに，第2節で述べた各事項の処理を行うことになる。

3　中途解約の場合

共同研究開発契約において，当事者の債務不履行等の一方当事者の責に帰すべき解除事由が発生していない場合であっても，契約期間中に当事者が契約を一方的に解除することができるという中途解約権の定めを設けることがある。

共同研究開発契約の中途解約を望む場面としては，共同研究開発に多額の費用を要している場合や成果を事業化しても採算性の目途が立たない場合など共同研究開発を継続する経済合理性がない場面や共同研究開発において目的としている成果を得ることがそもそも技術的に不可能であることが判明した場面などが考えられる。共同研究開発の継続を重視する場合は，中途解約権について何ら制限を設けない場合もあり，このような場合に共同研究開発契約を（債務不履行等の契約解除事由以外の事由で）期間満了前に終了させるには前記２で述べた合意解約によることになる。他方，共同研究開発契約の中途解約を可能とする条項を設ける場合であっても，無制限に中途解約を認めるのではなく，「正当な理由」（reasonable grounds）など一方的な契約解除の合理性を基礎づける事情を中途解約権の行使の条件として要求する例もある。

しかし，いかなる事情をもって「正当な理由」などの中途解約事由が充足されるかなどを判断するのは実際には容易ではなく，中途解約権の行使の可否や，一方当事者による中途解約権の行使により相手方当事者が被る損害の賠償等を巡って紛争に発展することも少なくない。したがって，中途解約により共同研究開発を終了する場合であっても，当事者間で契約の終了を確認するとともに，中途解約時点までに生じた成果の内容・帰属や損害賠償責任の有無・内容など中途解約に伴い争いとなりうる事項について確認，取決めを行うことが望ましい。

４　解除事由による契約解除の場合

巻末資料〔書式４〕第15条のように，当事者の債務不履行，財産の差押えや破産，民事再生手続の開始等の信用悪化等の一方当事者の責に帰すべき事由が生じた場合に当事者が契約を解除できる旨の規定に基づき，一方当事者が契約を解除することにより共同研究開発は終了する。

この場合も第２節で述べた各事項の処理を行うべきことに変わりはないが，債務不履行や信用悪化等の解除事由が生じている場合には，当事者間の信頼関係が損なわれており，たとえば，相手方が，契約終了時における成果の確認，成果の帰属・利用等の取決め，秘密情報の返還等に応じない場合もあり，適切な共同研究開発の終了処理ができないことも想定される。したがって，たとえば，相手方が破産開始決定を受け，破産管財人が選任されている場合には，破産管財人等と速やかに協議を行い，秘密情報や研究開発成果の保全に努めるなどの措置を講じる必要がある。

第４節　共同研究開発後の事業化

1　事業化のスキーム

共同研究開発の目的を達成し，目標としていた成果を得ることができた場合，次の段階として，成果を共同で事業化することがある。共同研究開発契約締結時には，いかなる成果が得られるかを必ずしも正確に予測することができるとは限らず，事業化の具体的なスキームについて詳細かつ具体的に合意するのは難しいことから，共同研究開発による成果が得られた段階で，事業化スキームについて検討，協議する例が多い。

事業化スキームの例としては，①一方当事者が成果を利用して，製品の製造を行い，その製品を相手方当事者に供給する等の取引関係の構築，②相手方当事者や第三者に対する成果のライセンスなどが考えられる。また，③共同研究開発を行う組織を共同で新たに作って研究開発を行い，当該組織において当該成果を利用したり，成果が得られた時点で当該成果を事業化するための組織を新たに立ち上げることもある。

2　成果を利用した取引関係

共同研究開発により成果が得られた場合，一方当事者がその成果を利用して製品の製造を行い，相手方当事者に供給するという方法でその成果の事業化を図ることが考えられる。たとえば，完成品メーカーと部品メーカーの共同研究開発により完成品に用いることができる部品に関する成果が得られた場合，部品メーカーがその成果を利用して部品を製造し，それを完成品メーカーに供給するという製造委託を実施することや，同業者同士の共同研究開発の場合には，得られた成果を利用して，一方当事者が相手方当事者の製品を製造し，相手方に供給するというOEM（Original Equipment Manufacturer）取引を行うことが考えられる。

成果を利用した取引を行う場合，製品の供給を受ける当事者，製品の供給をする当事者それぞれの立場を踏まえて，共同研究開発に費やしたコスト，労力，時間等に見合ったメリットのある取引条件を検討する必要がある。製品の供給を受ける当事者としては，製品の供給をする当事者に対して成果を利用した製品を一定期間独占的に供給することや，同製品を第三者にも供給する場合であっても取引条件を他よりも有利にすることなどを求めることが多いであろう。他方，製品を供給する当事者としては，最低取引数量，最低取引金額を定めることや，相手方当事者とは競合しない事業分野向けには成果を利用した製品の供給を可能とすることを求めるなどが考えられる。

３　成果のライセンス

共同研究開発の結果得られた特許発明，著作物等の成果を第三者にライセンスすることにより，ライセンス料収入を得るという形で共同研究開発成果を事業化することもある。

成果が一方当事者に単独帰属する場合は，別段の定めがない限り，当該当事者が自己のみの判断で成果に係る特許，著作物等の知的財産を第三者に対してライセンスできる。他方，成果が帰属しない相手方当事者は，当該成果を自己実施・利用したり，第三者に対してライセンスしたりすることはできない。したがって，共同研究開発契約において，成果は一方当事者に単独で帰属することを定める場合であっても，相手方当事者としては，当該成果を自己にライセンスする旨を定めることを要求すべきである。

他方，成果が両当事者の共有となる場合，当該成果をライセンスするにあたっては，当該成果に係る知的財産を規律する法律における共有に関する規定を意識しておく必要がある。また，成果に係る外国の知的財産をライセンスする場合には，各国によって共有の知的財産に関するライセンスの規定が異なる点にも留意が必要である。たとえば，成果が特許発明の場合，日本の特許に関しては，特許法73条３項により，共有者の一方のみでは第三者に自由にライセンスすることができず，他の共有者の同意を得なければならない。また米国の特許に関しては，共有者の一方は他の共有者の同意なくライセンスすることが可能である（米国特許法262条）。

4　共同研究開発組織による事業化

本書は二社間の共同研究開発を主眼とするが，共同研究開発の当事者が共同研究開発を行う組織を共同で作り，当該組織において共同研究開発を行うこともある。共同研究開発組織の形態としては，①法人格のある株式会社，合同会社，②有限責任事業組合契約に関する法律に基づいて組成される権利能力なき社団である有限責任事業組合，③技術研究組合法に基づいて設立される法人格のある技術研究組合などが考えられる。かような組織において行った研究開発成果については，当該組織が成果を利用した製品の製造販売等を行う，当該組織に参画する株主や組合員に対するライセンスを行う，組織外の第三者に対するライセンスを行う等の方法により活用される。

また，共同研究開発に成功し，期待された成果を得ることができた場合に，共同研究開発の当事者同士で得られた研究開発成果の事業化を行う組織を共同で作り，当該組織において成果を利用した製品の製造販売等，ライセンス等を行うこともある。

いずれの場合であっても，組織を作るにあたっては，共同研究開発当事者の出資等に見合ったメリットを得られるように，成果の利用により得られた収益の分配，成果の実施・利用条件，共同研究開発当事者が組織から離脱する場合の取扱い，共同研究開発当事者以外の第三者が組織への参画を希望する場合の取扱いなどを十分に協議，検討しておく必要がある。

第8章 共同研究開発に関する裁判例

本章においては，共同研究開発案件を中心とした紛争に関する裁判例を紹介する。共同研究開発において実際に紛争が発生しやすいのはいかなる場面であるかを把握し，紛争の発生を予防するためにどのような対処をすべきであるかを学ぶうえで，裁判例は参考となる。

本章で紹介する裁判例が共同研究開発のいかなる場面の争いであるかを大別すると，①共同研究開発契約の成否および契約締結に至らなかった場合の責任に関する争い（第１節），②共同研究開発契約における当事者の義務の履行・不履行に関する争い（第２節），③成果の帰属・利用に関する争い（第３節）に分類できる。以下では，共同研究開発に関する裁判例22件を上記①～③の場面ごとに整理し，各裁判例の事案の概要，裁判所の判断内容を挙げたうえで，各裁判例から学ぶべきポイントを解説する。

第１節　共同研究開発契約の成否および契約締結に至らなかった場合の責任に関する争い

裁判例１　共同研究開発の本契約締結前協定に基づく開発がなされたが，契約締結上の過失責任が否定された事例（「ドライビングシミュレータ事件」）

東京地判平10・12・21判時1681号121頁，東京高判平12・5・31（平成11年（ネ）635号・平成11年（ネ）1670号）

(1) 事案の概要

本件は，車両工事業者Xとアミューズメント機器メーカーYが自動車教習所における運転の疑似体験装置の共同開発契約の締結を目指しつつ，協定書に基づいて開発を行った場合において，Xは担当分野の開発を終えたものの，Yが担当分野の開発ができず，共同開発契約の締結に至らなかったときに，契約締結上の過失に基づいてXが支出した開発費用相当の約4,300万円の損害賠償請求が認容された事例である。

この事案において，XY間には，共同開発契約を締結する前段階として，「自動車運転教習用ドライビングシミュレータ共同開発に関する協定」（本協定書）が締結されている。本協定書では，協定の目的・開発分担・開発進行・開発完了目標・費用負担等が定められていた。XY間において，本協定書を超えて，運転シミュレータの共同開発契約（本契約）は，結局のところ当事者間に成立しなかった。

(2) 裁判所の判断

東京地裁は，以下に示す本件の事実経過に鑑みれば，Yは，Xに対し，本契約が成立するであろうという信頼を与えておきながら，結局これを裏切ったといわざるを得ないとして，Yは，信義則に基づいて，Xが本契約の成立を信用して投下した開発費用を賠償する責任（いわゆる契約締結上の過失責任）があると判断した。

- XY間には本協定がXによって解除されるまでの約1年半の間，共同開発契約の締結をめざして，秘密保持契約，本協定がそれぞれ締結され，本協定書に基づいて開発対象装置の販売を前提とした営業活動や販売価額の交渉が行われたこと。
- Xは，ほぼ本協定書によりXの担当とされた分野の開発を完了したこと。
- Yも，秘密保持契約締結後に開発対象装置の仕様について説明を受け，先発商品を実際に見学した上で，開発完了のタイムリミットを設けた本協定書に調印したこと。

- 本件共同開発の目的は，既に先行商品が販売されていることから，品質性能においてこれを上回り，価格はこれよりも安い商品を開発するという点で明確であり，だからこそ，Ｙも，品質面において優位を保つために，Ｘに対し，テクスチャーマッピング（所定の仕様）の採用を申し入れたこと。
- しかるに，Ｙは，開発完了期限に至り，ソフトウェアの開発が遅れている旨を書面で詫び，その後においても仕様を満足するハードウェアを開発することができず，ついにはハードウェアの選定ミスがあったことを認め，Ｘに対して開発の中止を申し入れたこと。

これに対し，東京高裁は，以下の理由を指摘して原判決を取り消し，Ｙは契約締結上の過失責任を負わないとして，Ｘの損害賠償請求を全部棄却した。

- 本協定締結に至るまでの間，Ｙにおいて，①Ｘに見せた画像を運転シミュレータにおいてどのようにして実現するかなどについての技術面での問題点やソフトウェアの制作及びハードウェアの制作（選定，購入等）についての技術的な難易度を説明しなかった，②ハードウェアの選定について説明をしなかった等のＸの主張について，そのような説明等が行われなかったことゆえにＸが製品の販売利益を喪失することになるとは直ちに考え難く，Ｘ主張の信義則上の義務違反とＸ主張の逸失利益の損害との間に相当因果関係があると認めることはできない。
- 本協定書にいうところの「本契約」（本件開発の結果得られる製品の商品化・事業化についての契約）が成立するであろうとの信頼を与えておきながら，これを裏切ったという主張に関しても，「本契約」は，本件開発の結果得られる製品の商品化・事業化についての契約であり，製品の販売価格，ＹがＸに供給するソフトウェア及びハードウェアの出し値，量産の方法及び時期，互いの相手方への発注の方法及び時期，製品の保守に関する事項等が具体的に定められることが予定されていたところ，これらの事項については未だ双方の協議が煮詰まっていなかった。
- そもそも，「本契約」は本件開発の成功を前提とするところ，Ｙに本件開発の成功が確実であるとする言動があったとは認められず，Ｘにおいて「本契約」が成立するであろうとの信頼，期待を抱いたとしても，それは一般的な信頼，期待にとどまり，法的保護に値しないものといわざるを得ない。

(3)　コメント

本件は，共同研究開発契約が締結される前の段階において，XY間の共同研究開発に向けた取り組みの過程上Xが担うべき役割を果たした一方で，Yが担うべき役割は果たされなかった事案である。原審が，Yは，信義則に基づいて，Xが本契約の成立を信用して投下した開発費用を賠償する責任（いわゆる契約締結上の過失責任）があると判断したが，控訴審は，Xの信頼，期待は一般的なものにとどまり，法的保護に値しないと判断し，原審と控訴審の判断が分かれている。この事案から学ぶべきことは，共同研究開発案件は性質上迅速な遂行が求められることが少なくないものの，進めるに際しては当事者に契約責任を負わせるべく法的拘束力を有する契約を締結することが重要であるということであろう。控訴審判決によってYの責任が否定されたことに鑑みれば，共同研究開発を進めるにあたっては，共同研究開発の目的・役割分担・成果物の事業化条件を含めて具体的な取決めを行ったうえで，契約という形で法的拘束力を発生させる仕組み作りが肝要である。共同研究開発契約書の締結に至らずとも，その前段階としての基本合意書やレター・オブ・インテントを最低限締結するとともに，かような基本合意書やレター・オブ・インテントにおいて同書面は法的拘束力を有することや，同書面合意に違反した場合には相手方当事者に損害賠償責任を負うことを明記することが考えられる。

裁判例2　開発契約の成立は否定されたが，契約締結上の過失責任が肯定された事例（「カジノゲーム機事件」）

東京地判平14・10・28金判1274号31頁

⑴　事案の概要

本件は，精密板金加工業者Xとコンピュータ機器業者Yが米国カジノ向けゲーム機の開発を行うべく商談を重ねた事案において，最終的には開発契約の成立には至らなかったものの，YがXに対して開発契約の締結が確実であるとの信頼を与え，Xがかような信頼のもとで対象機の製造等を行った場合に，契約締結上の過失に基づいてXが支出した開発費および対象機の販売利益相当の約1億3,000万円の損害賠償請求が認められた事例である。

⑵　裁判所の判断

この事案においては，XY間の商談において開発費の概算額が不明であったことや，開発契約における重要な要素である特許権の帰属や製造権・販売権の内容について特に議論がされていないこと等を理由に，開発契約の成立は認められないと判断された。

しかしながら，裁判所は，以下の各事情を認定し，Yは，一連の行為によって，Xに対し，契約の締結が確実であるとの信頼を与えておきながらこれを裏切ったものと評価するのが相当であり，Yの行為は契約締結上の信義則に著しく違反し，損害賠償責任を負うと判断した。

- 試作機の完成後，XY間で見積書のやり取りが行われていること。
- YからXに対し，支払確認書が交付されていること。
- XY間において，取引に関する具体的な契約締結交渉が行われ，発注書が作成されていること。
- XがYから発注書の交付を受けた時点において，近い将来，発注書記載の取引条件を基礎とした契約が締結されることが関係者間の共通の認識となっていたこと。
- Xは，発注書の交付を受けた後，開発対象機の改良に努めるとともに，開発対象機100台及びその製造に要する部品を発注し，製造に必要な金型2台を完成させたこと。
- Xは，開発対象機が使用される米国での販売ライセンスを得るために対象機

（量産機）3台を米国へ出荷し，対象機（量産機）の仕様の詳細等についての研修実施，対象機（量産機）等の先行的納品，対象機（量産機）の製造をしたこと。

- 米国における展示会に際しても，Yの具体的な指示のもとに試作機の出荷等が行われていること。
- 展示会に関する報告会に当たり，Yから具体的な発注スケジュール及び販売計画書を提示する意向が示されていること。
- XからYに対して最終的な回答要求がなされたことに対し，YからXに対し，条件提示書が送付され，Xはこれを信頼して本件商品を製造し続けていること。
- その後も，Yは直接Xに対して商品の搬入を指示していること。

なお，本件の控訴審（東京高判平17・1・26金融・商事判例1274号27頁）では，XY間においては，なお，契約交渉が続けられるべきところで交渉は打ち切られ，契約締結の可能性を消滅させたのは，X側であったとして，XがYに対し，契約の締結の拒否を理由に，損害賠償を請求することはできないと判断され，1審判決のY敗訴部分が取り消されたが，上告審（最判平19・2・27金融・商事判例1274号21頁）は，本件の事情の下では，Yは，Xに対する契約準備段階における信義則上の注意義務に違反したものとして，これによりXに生じた損害を賠償する責任を負う旨判示して，控訴審判決を一部破棄し差し戻した。

(3)　コメント

本件から教訓とすべき事項は，XYともに，本格的な開発業務に着手する前の段階で，少なくとも共同研究開発の基本的条件については協議のうえで合意を行うとともに，合意内容を書面にて確認しておくべきということであろう。

裁判所が判示するように，共同研究開発の基本的かつ重要な条件には，開発費，成果の帰属，成果を具現化した製品の製造販売の仕組み等が含まれるところ，これらの条件を当事者が十分に協議しないまま，共同研究開発プロジェクトが実態として進められたことから，本件のような紛争に発展してしまったものと推察される。

Xとしては，最終的には本件において開発費用等の損害を賠償請求することができたが，損害賠償請求の理論的基礎となった契約締結上の過失論は，Xの事業損失を回避するために盤石な法理論とは言い難いことからすれば，上述した共同研究開発の契約に至らない場合でも，少なくとも相手方当事者による開発委託の意思および条件（開発対象物，開発費用等）について，法的拘束力を持たせる書面として要求・確保しておくべきであったといえる。その方策としては，レター・オブ・インテントや覚書等を用意することが考えられる。

他方で，Yとしても，本契約等の契約書面を取り交わさなくとも，本件において裁判所が認定するような相手方当事者に対する契約締結が確実であるとの信頼を与えるような所為を行うと，契約締結上の過失論によって開発費のみならず開発対象製品の販売利益相当の損害賠償責任を負うリスクがあることに留意すべきであろう。

裁判例3　システム開発案件において，開発契約の成立等が否定された事例（「総合行政情報システム事件」）

名古屋地判平16・1・28判タ1194号198頁

(1)　事案の概要

本件は，地方自治体Xと，電子機器製造販売業者Y_1・システム開発業者Y_2との間で，システム開発等を目的とする契約の成否等を巡って争われた事案である。

本事案にて，Xは，Y_1らとの間に総合行政情報システム全体（後記の税関連システムを含む）の開発・納入等を目的とする基本契約が成立した等と主張して，Y_1らに対し，基本契約の債務不履行に基づく損害賠償を請求した。

Y_2は，Xとの間で税関連システムについて請負契約を締結したと主張し，契約に基づく請負代金を請求するとともに，予備的に，契約締結上の過失または不法行為に基づく損害賠償を請求した。

(2) 裁判所の判断

裁判所は，以下のとおり判示して，①Xが主張する総合行政情報システムの開発等に関する基本契約の債務不履行は成立せず，②Y_2が成立したと主張する税関連システムに関する請負契約が成立したとは認められないと判断した。

① 基本契約の成否について

- 総合行政情報システムの導入に際して締結されるような，業務用コンピューターソフトの作成やカスタマイズを目的とする請負契約は，業者とユーザー間の仕様確認等の交渉を経て，業者から仕様書及び見積書などが提示され，これをユーザーが承認して発注することにより相互の債権債務の内容が確定したところで成立するに至るのが通常である。
- Y_1らが，提案書を作成するに当たりXの業務内容等につきXと打合せをするなどして十分に検討した事実は認められず，また，Xにおいても，Y_1らから提案書を受領してからY_2に採用通知を送付するまでの間，Y_1らの提案するシステムを導入するにあたり，パッケージソフトのカスタマイズを要するか否か，カスタマイズを要するとしてどのような内容，程度のものが必要となるか，これに要する費用がどの程度となるか等につき，具体的に検討した事実は認められず，これらの点について検討し，確定させるのは，専ら，その後の仕様確認等の交渉を経てされることが予定されていた。
- Y_1らが提出した提案書は，Y_1らにおいてXの業務内容等を十分に検討した上で作成されたものとは認められない上，その内容は必ずしも具体的でない。
- Xによる採用通知の送付は，今後，総合行政情報サービスの導入を委託する業者として交渉していく相手方をY_2に決定したことを意味するに止まる。
- XとY_2との間で，個別のシステム又はプログラム等につき，仕様確認等の交渉を経て，カスタマイズの有無，カスタマイズの範囲及び費用等につき合意がされた時点で，契約として成立することが予定されていた。

• XがYに対して採用通知を送付したことをもって，XとY_1らとの間で，提案書及び見積書等に記載された内容に沿った一定の合意がされたとみる余地があるとしても，その合意内容は，XがY_1らに対してその履行を強制し，あるいはその不履行に対して直ちに損害賠償を請求することができるような性質のものということはできないし，また，それらが可能であるという程度に特定又は具体化されていたということもできない。

② 税関連システム請負契約の成否について

• Y_2は，Xとの間で税関連システムの請負契約が成立した旨主張するが，XとY_2との間では，税関連システムに係るカスタマイズの範囲及び費用の負担についての理解に大きな隔たりが存したままであったことがうかがわれ，その費用についてXの確保できる予算額とY_2の算出した金額との間にも大きな差が存しており，この金額の差についてはY_2の担当者も十分に認識していたことがうかがわれる。

• 本件同意[1]において，カスタマイズの範囲及び費用について明確な合意がされたものと認めることはできず，本件同意をもって本件税関連システム請負契約が成立したものと解することはできない。

③ 税関連システム請負契約の締結上の過失または不法行為に基づく損害賠償請求について

• 結局，XとY_2との間で，カスタマイズ費用について折り合いがつかなかったことなどが原因で，税関連システム請負契約は成立しなかったものといわざるを得ない。

• Y_2は，XとY_2との間の契約の準備は十二分に進捗し，Y_2において将来に向けての人員配置等も手配済みであったことなどからすれば，Xには同契約の成立に努めるべき信義則上の義務があるところ，Xは，同義務に違反した旨

1　Xの町長がY_2に対して「税システムカストマイズ項目一覧」に記載された事項のうち，Aランクが付された事項についてカスタマイズ作業に入ることに同意したこと。

主張するが，XとY_2との間でカスタマイズの範囲及び費用の負担についての理解などに大きな隔たりがあり，Y_2において，カスタマイズ費用についてY_2が主張する金額での合意ができない可能性があることは十分に予測し得たものと考えられること等を考え併せると，XにY_2の主張する信義則上の義務の違反があったものと認めることはできない。

⑶　コメント

本件は，Xの税関連システムの開発に関し，当事者間で協議を進める過程で膨大なカスタマイズ作業を行う必要があることが判明し，このカスタマイズ作業には多額の費用が発生する見込みとなったことから，Xがカスタマイズを伴う税関連システムの採用を断念した事案である。裁判所は，税関連システムの開発にとって必要なカスタマイズの範囲および費用について当事者間で明確な合意がされたとは認められないこと等を理由として，契約の成立を前提とするY_1らの債務不履行責任を否定するとともに，同じく契約の成立を前提とするY_2の請負代金請求を否定した。その結果として，XY_2ともにシステム開発に関して投じた費用は相手方にその負担を求めることはできず，各自が結果として無駄となった費用については負担する帰結となったものである。

本件から参考にすべきことは，開発契約が成立したというためには，双方当事者にとって開発目的物を明確に特定することが必要であるということである。

具体的にいえば，本件における税関連システムの開発にとって必要かつ重要な契約条件であるカスタマイズの範囲および費用について当事者間で明確にしておくことが必要であった。開発型の案件においては，開発目的物および開発対象を明確に定めることなく，いわば見切り発車で各当事者が作業を開始し，費用負担を行う例が少なくないが，本件のように，開発にあたって重要となる作業の範囲および費用について明確にしておかなければ，契約の成立および履行請求が認められないことになることを踏まえておくべきである。

また，開発契約が成立したとしても，その後の開発過程において契約締結当時の予想を超える膨大なカスタマイズ作業および費用が発生する事態が生じることも少なくない。このような事態が生じた場合には，役割分担および費用に関する条項には，膨大なカスタマイズ作業担当や費用負担については定められていないであろうことからすれば，契約が成立したとしても，その作業分担や費用負担を巡って紛争が生じてしまう事態となりかねない。このような事態を想定すると，共同研究開発契約書においては，紛争発生リスクを低減するために，契約締結当初に想定されていなかった作業および費用が発生した場合の措置について予め条件化および合意しておくことが望ましい。すなわち，膨大な作業および費用が発生する場合には，①当事者に開発を中止する権限を認めるか，中止するとして中止以前に発生した費用の負担をどのように取り決めるか，②当事者に開発を中止する権限を認めない場合には，発生すべき膨大な作業分担および費用負担をどのように取り決めるかを契約締結以前に協議のうえで書面にて合意しておくことが望ましい。

裁判例4　**各段階に分けて発注されたシステム開発案件において，未発注部分について契約締結上の過失責任が肯定された事例（「新基幹システム事件」）**

東京地判平19・11・30（平成17年（ワ）21377号・平成18（ワ）664号）

(1)　事案の概要

ソフトウェア受託開発業者Xと労働者派遣業者Yは，Yの新基幹システム構築のためのソフトウェア開発委託基本契約を締結し，これに基づきXが基本設計フェーズ1と業務改革プロジェクトの作業を完了させ，引き続き基本設計フェーズ2の作業を開始したところで，Yの経営方針により新基幹システムの構築自体が中止されることとなった。

そこで，XがYに対して，主位的には開発委託契約に基づく開発費用支払請求として，予備的には契約準備段階の過失（民法415条）または使用者責任（同法715条）に基づく損害賠償請求もしくは不当利得に基づく返還請求として，基本設計フェーズ2およびEBS検証のため要した開発費用等の支払を請求した。

これに対し，YはXに対し，反訴として，既払金額は，存在しない業務に関する請求書等に基づくものであるとして，不当利得返還請求をした。

(2) 裁判所の判断

裁判所は，以下のとおり判示して，信義則上，YはXに対して基本設計フェーズ2を発注することについてのXの信頼を裏切って損害を被らせないように配慮する義務を負うとともに，これに違反したとして，Xの損害賠償請求を認容した。

- 本件においては，FSプロジェクトにより機能概要の整理，移行シナリオ，費用対効果の算定が行われ，これを踏まえてXが提案した実装プロジェクトと業務改革プロジェクト等のうち，基本設計フェーズ1と業務改革プロジェクトの発注が行われたこと，実装プロジェクトはシステムの基本設計，詳細設計・開発，テストという段階を経るが，基本設計フェーズ1とフェーズ2は，実装シナリオにステップ感を持たせるため基本設計段階の工程を2つに分割したものにすぎないこと，本件においては，基本設計に先立つFSプロジェクトもフェーズ1とフェーズ2に分割されたが，金額は同一であり，これもYの支払の都合によるものと推認されること，FSフェーズ1・2においても注文書発行前からYの協力の下で作業が開始されていたこと，基本設計フェーズ1を開始した平成16年4月ころから同年10月ころまで毎週定期的にY社内でXとYの担当者間において報告会が行われていたこと，Y側のプログラムマネージャーで，実務レベルでの責任者であるDも基本設計がフェーズ1で中断するとは全く想定しておらず，Yの情報システム統括本部長（兼情報システム統括部長）であったCも同様であったと推認されることが認められる。
- Xとしては，基本設計フェーズ1の作業終了後である同年8月には，主にYの担当者らとの打合せ等を通じ，Yにより基本設計フェーズ2についてもそれまでの工程と同様の形で発注行為がなされるものとの強い信頼を有するに至っていたと認められるから，Ｘとの間で本件基本契約及び個別契約を締結して本件プロジェクトを基本設計フェーズ１まで進めてきたＹとしては，そのような打合せ等の過程に照らし，信義則上，Ｘに対し，そのような信頼を裏切って損害を被らせないように配慮すべき義務を負っていた。

- にもかかわらず，Ｙは，現場責任者であるＤにおいて平成16年８月の時点で基本設計フェーズ２の開始を了承し，その後同年10月下旬に本件プロジェクトが凍結となるまで，Ｘが上記作業を行っていることを認識しながら，これらの作業について注文書が発行されない可能性の有無やその場合にＸが負うリスクについて言及することなく，むしろＹの現場担当者がＸに協力して作業を進めるのを漫然と容認していたのであって，そのようなＹの対応は，上記のような信頼を抱いていたＸとの関係において，上記信義則上の義務に違反したものと認めるのが相当である。
- 本件でＸは，EBS検証及び基本設計フェーズ２の作業についてＹからの正式な発注行為がないにもかかわらず各作業に着手しているところ，Ｘ側においても，信義則上，上記各作業を行う前にＹに対し正式発注を求めたり，作業開始後一定期間が経過しても正式発注がなされないのであれば上記各作業を中止するなど，損害発生，拡大を防ぐための対応を取ることが期待されていたというべきである。
- Ｙの正式な発注行為がなかったにもかかわらず上記各行為を行った点についてのＸ側の落ち度も総合して考慮すると，公平の見地から，Ｘ側の過失割合を３割として，Ｙは，前記Ｘに生じた損害の７割について，損害賠償責任を負うと解するのが相当である。

⑶　コメント

本件は，新基幹システム構築に向けたソフトウェア開発契約に関し，開発の全段階における契約締結や発注がされていなかった場合に，開発過程にて一方当事者がその方針変更によって開発を中止したことに伴って発生した紛争である。

Ｙとしては，システム開発について各段階に分けたうえで個別に発注をすることを考えており，かような個別発注をしない限り，開発継続の可否や条件を決定できると考えていたのかもしれないが，本裁判例が示すように，仮に個別契約書や発注書を取り交わしていない場合であっても，開発の仕組みや相手方とのやり取り等の事情によっては，相手方当事者が次なる段階の発注がされることを信頼し，当該信頼に基づいて費用を投じて作業等を行う事態がありうるのであって，かような場合には，契約準備段階の過失法理によって信義則上の義務違反として損害賠償責任を負うことに留意すべきである。本件のように，Ｙとしては，開発を各段階に分けたうえで，個別に各段階の発注を行うとともに，未発注の業務について発注義務を負いたくないのであれば，その旨を共同研究開発契約書に明確に定めておくことが考えられる。また，開発過程において方針変更等によって開発を中止することがありうるのであれば，開発中止権限を規定するとともに，開発中止に伴う損害賠償責任を負わないことを定めておくことが考えられる。

他方で，Ｘとしても，本裁判例では契約準備段階の過失法理によってＹの損害賠償責任が認められたものの，Ｘが正式な発注行為がなかったにもかかわらずこれを求めずに作業に着手し，作業着手後も自己の損害発生・拡大を防ぐ対応を取らなかったとして，過失相殺が認められている。Ｘとしても，正式な発注書の交付等を受けずに漫然と信頼した場合には，その過失の度合いによって賠償請求できる損害額が減じられることに留意すべきである。

裁判例５　システム開発の本契約締結が未了であったものの，覚書締結に基づいて開発契約違反が肯定された事例（「プリペイドカードシステム事件」）

東京地判平17・9・21判時1943号46頁

(1)　事案の概要

本件は，再入金が可能な国際電話用のプリペイドカードシステム（以下「本件システム」という）を開発したＸが，同システムの採用をすると約した電気通信事業者Ｙがこれを採用せず，同システムの利用可能なカードを発行しないなど同カードを用いた国際電話サービス（以下「本件カードサービス」という）を開始しなかったことにより，開発費用等の損害を被ったとして，Ｙに対し，システム採用契約上の債務不履行に基づき，損害賠償を請求した事案である。

(2)　裁判所の判断

裁判所は，以下のとおり判示して，Ｙの債務不履行責任を認め，Ｘの損害賠償請求を認容した。

- ＸとＹにおいては，本件システムについて，技術的検討をして問題がなければ採用するという認識で覚書を締結したものである。
- 覚書締結当時，Ｙとしては，Ｘが本件システムを同業他社へ持ち込まないよう規制をする必要があると認識し，基本的には本件システムを採用するという方針であったこと，ＸのシステムがＹのそれと接続可能で，二重化の上，24時間365日安定稼働するシステムとなることが本件システムを採用するための条件であって，これを実現する必要があるとＸに伝えたことが認められる。そうすると，本件覚書締結の際，ＸＹ双方は，技術的検討を経て上記条件が満たされれば，本件システムを採用する契約を締結する旨合意していたと認められる。
- その後，Ｘが，システムの24時間365日安定稼働を達成するべく，ワークステーションシステムへの変更により二重化等を達成し，Ｙと技術的問題について協議を重ね，技術的問題の解消を行い，Ｘ及びＹ担当部署が技術的問題は解消されたとの認識に至ったことが認められ，Ｙ担当部署が，このような認識に立って，平成13年６月15日，同年７月５日に本件カードサービスを開始する旨の決定をし，Ｘに対してこれを通知して，本件カードサービスにおいて用いるプリペイドカード及びパンフレット等のコンビニエンスストアに対する発送等，本件カードサービスの開始に関する準備を指示したものと認められる。

- 以上に照らすと，契約締結権限を有するＹ国際電話サービス部において，覚書の記載ないし覚書締結の趣旨に従い，本件カードサービスの開始に当たっての障害たる技術的問題が解消されたとの認識の下で本件カードサービスの開始決定を対外的に明らかにしたのであるから，本件カードサービスの開始を通知し，準備を指示した時点で，Ｙにおいて平成13年７月５日本件カードサービスを開始するとの合意がXY間でなされ，同債務がＹに生じたというべきである。
- 平成13年７月５日のサービス開始について，セキュリティ上の問題があることを理由としてこれを延期したことは，債務不履行に該当する。
- （開発費用相当損害）Ｘは，本件システムをパソコンベースからワークステーションベースに変更し，これによってシステムを二重化し，システムの24時間365日安定稼働を達成した。これこそがＹによる本件システム採用の最低条件であって，Ｙもこれを求めたものであるから，Ｙが本件システムを採用し，本件カードサービスを開始する債務を履行しなかったことにより，本開発費用のうち，少なくともＹのための固有の開発費用である二重化作業費用は無価値となったものである。したがって，これら費用は，Ｘの損害となる。
- （端末の製造，保管費用相当損害）Ｘは，本件システムに用いる端末につき，その製作費用及び保管費用を負担しているところ，Ｙが本件カードサービスを開始，維持しなかったことにより，製作費用が無価値に帰し，かつ，保管費用を要することとなったのであるから，これらの費用については，全額がＸの損害であると認められる。
- （サービス中止に伴う費用，システム維持費用相当損害）Ｘは，平成13年７月５日のサービス開始延期に伴い，費用を負担しているところ，同サービス延期によるＹの債務不履行がなければ上記費用を負担することはなかったのであるから，これらの費用についても，全額がＸの損害であると認められる。

⑶　コメント

本件は，Ｙ向けのシステム開発に関してXY間で覚書が締結され，その後の

Xの開発状況を踏まえて，Yがシステムを採用したカードサービスの開始決定を対外的に明らかにし，サービス開始通知と準備を指示したことをもってXY間の合意としてYにカードサービスを開始する債務が生じたとして，これに反してサービス開始を延期したYの債務不履行責任を認めたものである。

Yとしては，Xとの間で覚書を締結したものの，本契約の締結が未了であったことから，システムの開発および採用に関する契約は成立していないと考えたと推察されるが，裁判所が認定判断するとおり，本契約に関する契約書が締結されていなくとも，契約締結権限を有する部署にてシステムの開発および採用に関する条件を規定した覚書を締結し，かつ，システムを採用したサービス開始決定を対外的に明らかにする等の事情によっては，システムの開発および採用に関する契約上の債務が発生し，その履行責任を負う法律関係となることを留意すべきである。かような意味において，共同研究開発の初期段階における覚書の策定方法（特に，法的拘束力を発生させるか否かおよびその条件）については，覚書の条項ドラフティングを含めて十分に留意すべきである。本件では，所定の技術的検討をして問題がなければシステムを採用するといったように，採用条件が双方当事者にとって具体的に規定されたことから，かような条件をXが満たせば，システムを採用すべきYの債務が発生するといった法律関係を形成してしかるべきとの判断がされたものと思われる。

また，本件のように，システムの開発および採用が頓挫し，開発委託者側（本件のY）に責任があると認められた場合には，Y向けのシステム開発に投じた費用等に相当する損害（積極損害）がXに発生し，Yはその賠償責任を負うことになることに留意すべきである。本件でも，①開発費用，②端末の製造，保管費用，③サービス中止に伴う費用，システム維持費用にそれぞれ相当する損害賠償責任が認められている。このように，開発が頓挫した場合の費用負担や損害賠償責任については，その金額・範囲・上限について共同研究開発契約書に条項化しておくことによって当事者双方にとっての予測可能性を高める方策も考えられる。

裁判例６　契約書に記載の停止条件が成就していないとして，契約の成立を認めなかった事例（「蛍光色素事件」）

知財高判令元・12・18（令和元年（ネ）10053号），大阪地判令元・７・４（平成29年（ワ）3974号）

(1)　事案の概要

本件は，蛍光色素の研究・開発等を業とする会社Ｘが天然樹脂等の製造・加工等を業とする会社Ｙに対し，主位的に「特許権等の専用実施権および仮専用実施権の設定に関する契約書」に係る契約（以下「本件契約」という）に基づき，実施料（一時金）4,500万円の支払を求めるとともに，予備的に，Ｙが本件契約の停止条件を成就させる意思がないのに，本件契約を締結してノウハウ等を詐取したとして不法行為に基づく損害賠償を請求した事案である。

なお，本件契約には，次のような条項が設けられていた。

第12条（共同研究）
第１項　Ｘ及びＹは，Ｙの事業目的を達成するために，共同研究を行うものとする。当該共同研究によって生じた本件事業に関連する知的財産権，及び本件特許権等の改良発明によって生じた特許権等を受ける権利は，Ｘ・Ｙの共有に帰属し，その持分割合は均等とするものとする。Ｘは，当該持分について，Ｙに対し，専用実施権を設定するものとする。（以下略）
第13条第１項（販売・製造）
本件製品の製造及び販売は，Ｙが独占的に行うものとする。ただし，Ｙは，Ｘに対して，Ｘが本件製品を本契約締結前までに事業として継続的に販売していたＺ株式会社（以下「Ｚ」という。）向けに別途定める製造委託契約によって製造を委託することができるものとする。
第25条（契約の一体性）
本契約は，第12条（共同研究）及び第13条（販売・製造）に定める共同研究契約，及び製造委託契約の締結を条件とする。

⑵　裁判所の判断

原審は，以下のとおり判示して，Ｙが本件契約第25条の停止条件を不成就にしたことが信義則に反するとはいえないから，本件契約は効力を生じていないとして，Ｘの請求を全部棄却した。控訴審も原審判断を支持し控訴を棄却した。

- 民法130条１項（「条件が成就することによって不利益を受ける当事者が故意にその条件の成就を妨げたときは，相手方は，その条件が成就したものとみなすことができる。」）は信義則に反する当事者の責任を重くしたものであるから，同条によって条件が成就したものとみなすためには，条件が成就することによって不利益を受ける当事者に「故意」があることに加え，条件を不成就にしたことが信義則に反することも要件として求められると解すべきである。
- ＹはＸから，共同研究を始める前提として開示を求めていた各種情報の開示を十分には受けることができなかったから，そもそも本件発明の作用効果やＸ製品に係る蛍光色素の評価を十分にできなかったばかりか，今後の共同研究や製品化に当たって解決すべき課題を具体的に認識することができず，またこれらが具体的に認識できない以上，その課題解決が可能かということや，どの程度困難かということも予想できず，仮に課題解決が可能であるとしても，その課題解決にどの程度の時間を要するかも明らかではなく，製品化の見込みを立てることはできなかったと考えられる。
- Ｙは多大な経費をかけて本件事業を進めていくことを予定していたが，今後の共同研究や製品化に当たって解決すべき課題の具体的内容が認識できなければ，製品化の可能性や事業として成り立つ見込みも立てられないから，営利事業を営んでいるＹとしては，Ｘとの共同研究を断念し，事業の中止を検討することは不合理とはいえない。そうすると，そもそもＹが社内で共同研究契約の内容（条項）を詰めて，Ｘとの間で，その契約締結に向けた交渉をすることができる状況に至っていたとはいえない。
- Ｘが本件契約締結後，しばらく経ってから乙27発明（筆者注：Ｘと第三者との共同出願発明であり，XYの共同研究遂行において実施の必要があり得る発明）に係る特許出願についての具体的情報を開示し，その共同出願人から乙27発明のＹに対する仮専用実施権の設定に同意を得られないという事実は，ＹがＸとの間で共同研究契約を締結し，本件事業を推進するかどうかを判断するに当たり，相当程度，影響を与える事実といわざるを得ない。

- ＹがＸとの間で共同研究契約を締結しなかったことは，やむを得ないものであったということができ，そうである以上，製造委託契約を締結するという話に至ることもないから，製造委託契約を締結しなかったこともやむを得なかったといえる。そうすると，Ｙが条件を不成就にしたことが信義則に反するとはいえないから，Ｙが故意に停止条件を成就させなかった（民法130条）と認めることはできない。そして，本件契約の適用において，信義則上，共同研究契約等が締結されたのと同視すべき事情があるともいえない。

(3)　コメント

本件は，本件契約の契約書に効力発生の前提条件となる停止条件が記載されており，当該条件が成就されていないことをもって，契約の効力が否定されたものである。共同研究開発契約関係に入るに際しては，その前提として,共同研究開発や製品化にあたって解決すべき課題を把握し，あるいは，共同研究開発を遂行するにあたって必要な権利処理（第三者からの実施許諾）を行っておくべき事情が存在する場合がある。本来的には，かような事情を解決したうえで契約書を締結することが望ましいが，本件のように，ビジネスを先行する観点から，共同研究開発契約を正式に締結するための停止条件を記載した契約書を締結することがアイデアとして考えられる。もっとも，Ｘとしては主位的請求（本件契約に定められた実施料支払請求）についてあくまで本件契約の効力が発生しなければできず（停止条件の成就が必要であり），本件契約は当然に効力を有するものではないことに留意すべきである。また，Ｙとしても，本件では，Ｙにおいて停止条件となっている共同研究契約，製造委託契約を締結しないということもやむを得ないという事情が認められたことから，停止条件が成就していないと判断されたに過ぎず，信義則に反するような態様で停止条件の成就を妨げるような場合には，停止条件が成就したとみなされる可能性があり，共同研究開発契約書を正式締結しなくとも本件契約の義務履行を余儀なくされる場合がある点には留意が必要である。また，契約条項のドラフティングの際には，民法134条（「停止条件付法律行為は，その条件が単に債務者の意思のみに係るときは，無効とする。」）の規定をも注意しつつ，適切な条件設定を考える必要があろう。

裁判例7　原告が行った研究開発について被告が費用を折半するとの合意はなかったとして請求が認められなかった事例（「カーナビゲーションシステム事件」）

東京地判令2・6・15（平成31年（ワ）5095号）

(1)　事案の概要

本件は，情報システムの設計・製作等を業とするXが，コンピュータ周辺機器装置等の開発業務等を業とするYに対して，主位的に，XおよびYが共同で行った研究開発に係る費用の半額をYが負担する旨の合意（以下「本件合意[2]」という）が成立したと主張して主位的には当該合意に基づき，予備的にYの委託によりXが行った上記研究開発に係る商法512条の相当報酬としてまたはXとYとの間で上記研究開発に係る合意が成立しなかったことにつきYに契約締結上の過失があると主張して不法行為に基づき，約1,200万円の支払を請求した事案である。

(2)　裁判所の判断

裁判所は，以下のとおり判示して，XとYとの間にYが研究開発に係る費用の半額をYが負担する旨の合意が成立したとは認められず，上記研究開発に係

2　Xは，平成25年8月7日，Xが研究開発を行い，Yがその成果物の販売先を確保すること，研究開発に要した費用はXおよびYが折半で負担することを合意したと主張した。

る合意が成立しなかったことにつきＹの契約締結上の過失も認められないとして，Ｘの請求を全部棄却した。

- そもそも平成25年８月７日にＸとＹとの間で何らかの合意が調ったことを認めるに足りる適確な証拠はなく，同月23日の時点でも，ＹがＸに開発委託を予定していた案件が流れたことを受けて，Ｘにおいては，Ｘの製品としての規格に基づくサーバー側製品の先行開発を独自に進める方針を表明していたというのであり，将来の営業活動における連携の話であればともかく，Ｙとの間で共同開発を行うという話がＸからされ，Ｙがこれを了承したことを認めるに足りる適確な証拠はない。とりわけ，上記先行開発によりＸに生じた費用の一部をＹが負担するという話は，Ｘの内部文書である本件稟議書に現れるのみであり，その話がＹないしＤ（Ｙ従業員）に対し明示又は黙示に伝えられたことを認めるに足りる証拠もない。
- 当時，ＸとＹとの間には本件基本契約[3]が存在しており，そこでは個別契約の成立，成果物の納品，報酬の支払，費用の負担等に関する原則が書面により明確に定められているところ，Ｘの主張する本件合意の内容には本件基本契約の原則と明らかに異なる点があるにもかかわらず，本件合意以外の取引と異なり，口頭の合意のみによって本件基本契約の適用を排除する旨が約されたとは，にわかに信用し難い。そして，本件合意の内容を明らかにした書面の存在を認めるに足りる証拠もない。
- 本件合意については，Ｘの主張を踏まえても，成果物として具体的にどのようなものが想定されているのかが明らかでなく，本件合意に係る何らかの成果物がＹに納品された事実も認めることができないし，少なくともＹにおいてその成果物の内容を把握していなかったことは弁論の全趣旨を踏まえても明らかであるから，それにもかかわらず本件合意の成立を認めることはできない。
- Ｄ（Ｙ従業員）は，本件書面（「○○ Server開発」の先行開発をＸとＹで協

3　ＹがＸに対して委託する業務に関し，平成24年９月24日付け業務委託基本契約。

力して行うこと等を記載した書面）に個人名を署名しているが，開発費用の回収方法等については別途協議して定めることとされており，この別途の協議が調った事実は認められない。そして，Ｄは，本件書面の前の段階では，Ｙから受託した開発の成果物を顧客に販売した収益から開発費用を回収するとした覚書案に対しても押印を拒んでいたのであるから，Ｄが本件書面に署名するに際し，開発費用の全部又は一部をＹが負担することが当然の前提とされるべき状況にあったということもできない。

・Ｄは，本件請求書を受け取っているが，Ｘ代表者からは実際に本件請求書の内容の支払を求めるものではないと言われており，Ｘ代表者のほかＣ（Ｘ従業員）からも預かってほしいと強く求められたために，Ｘとの付き合いもあることからやむを得ず預かったというのであり，本件請求書に記載された成果物については発注も納品もなく，本件請求書と共に手渡された納品受領書に受領印を押捺して返却することもされていないこと等を踏まえれば，Ｄが本件請求書を受け取ったことに何らかの法的意義を見出すことはできない。

⑶　コメント

本件は，Ｘが先行して独自で開発を行っていた研究開発について，Ｙからの開発の受託の可能性がなくなったことから，これに要した費用をＹに請求したものである。Ｘとしては，研究開発費用について相手方に費用の負担を求めるのであれば，書面によりその旨を明確にした覚書等を取り交わした上で開発に着手するべきであったといえる。一方，Ｙ側としては，そもそも合意をした覚えのない費用の請求等については，毅然とした対応で支払うことのできない旨を伝え，取引上の付き合いがあるとしても，費用負担を定めた覚書や実体のない納品書へのサインを拒絶するといった姿勢が，裁判所においても考慮されている。このように，取引先からの強い要請であったとしても，実体を反映していない書面への署名押印等は避けるべきであることはもちろん，請求書の受領も避けるべきであったといえる。

第2節　共同研究開発契約における当事者の義務の履行・不履行に関する争い

裁判例8　共同研究開発プロジェクトにおける一方当事者の義務違反が否定された事例（「欠陥パネル検査装置事件」）

東京地判平19・5・22判時1992号89頁，東京高判平20・12・25（平成19年（ネ）第3252号））

⑴　事案の概要

本件は，電子機器メーカーXと測定機器メーカーYが，液晶パネルの欠陥検査を自動で行う装置（以下「本件装置」という）を共同で開発し，製品化して顧客に納入するための契約を締結した後，Yが担当する欠陥自動検査部分（以下「テスタ」という）について，一定の精度を有するものを納期までに製作することができなかったことから，Yの債務不履行によって顧客装置の注文を取り消されたとして，XからYに対し，Xが支出した製作費，人件費および逸失利益相当の合計約9億3,000万円の損害賠償請求がなされた事案である。

⑵　裁判所の判断

東京地裁は，以下のとおり理由を判示して，Yの債務不履行責任を認め，Xが担当するプローバの製造コスト（2億4,600万円），工数損失（1,200万円），逸失利益（6億7,500万円）相当の損害賠償請求を認容した。

- Yは，顧客が本件装置を少なくとも8台はXに注文したこと等を知っていた事実が認められ，かかる事実によれば，本件装置を実際に生産ラインで活用しようという顧客の意図を，Yが認識していたことは明らかである。その上で，Yは，Xからテスタを受注したのであるから，Yは，Xとの間で，単に本件装置の開発を行うだけではなく，同装置を製品として完成させることを目的とした合意をしたものと認められる。

- Ｙの債務の具体的内容について検討するに，Ｙは，所定の性能を有するテスタを所定の各納期までに完成させる債務を負っていたものと認められる。
- Ｙは，Ｘから受注したテスタを，各納期にまでに納入することができず，また，所定の性能を有するテスタを完成させることができなかったのであるから，Ｙに債務不履行があったことは明らかである。

これに対し，東京高裁は，以下のとおり理由を判示して，原判決を取消し，Ｘの請求を棄却した。

- 本件装置のテスタの製造に関する契約の当事者については，本件装置全体の製造に関する契約が顧客とＸとの間で締結され，本件装置のテスタ部分についての製造に関する契約がＸとＹとの間で締結されたものと認めるのが相当である。
- Ｘが主張する顧客の要求仕様に沿った内容の個別契約がＸとＹとの間で成立してＹがＸに対して顧客の要求仕様に沿った内容の本件装置のテスタを製造すべき債務を負っていたと認めることはできない。
- Ｙは，Ｘから，本件装置のテスタについて，その開発と製造の委託（準委任）を受け，これによって，本件装置の開発と製造を受託した受任者としてその受任事務を履行すべき義務を負っていたというべきである。
- Ｙが履行義務を負う受任事務の内容は，顧客が本件装置を導入することができるようその導入目的の達成に向けて開発製造者としての信義誠実の原則に基づいた通常の開発製造行為を行うという債務であったと認めるのが相当であり，かつ，それに尽きるものであったというべきである。
- 本件装置のテスタの製造が技術開発的な要素を多分に含むものであった以上，受任者たるＹが受任事務を履行したか否かについては，そのような技術開発的要素を踏まえた上で検討すべきものであり，具体的には，Ｘひいては顧客の本件装置についての要求仕様の客観的な実現可能性，開発途中においてＸひいては顧客から示された意向・指示の内容，Ｙが開発・製造して検収を求めた装置の性能，開発・製造の時期，開発に要する経費及びその分担方法，Ｘひいては顧客からの開発に必要な情報の提供の有無，等の本件に現れた諸事情を総合して，Ｙが現に行った行為が開発製造行為としての合理性を有するか否か，すなわち，債務の本旨に従った履行であるか否かの観点から判断すべきである。

- Ｙの開発したテスタは，顧客の要求仕様を達成したか否かはともかく，当時の技術レベルからして，生産ラインに寄与する実用機としての現実的な最低限の性能は有していたというべきであり，当初予定されていた納期からの遅れも，液晶パネルをも検査対象とすることや偏ゴミ検査をも含むという本件装置の高度の開発的性質や，ゴミの大量付着や点滅輝点の問題等のＹのみに帰責することのできない事情に起因する部分があることに照らせば，やむを得ない結果であったというべきである。
- Ｙのテスタについての開発製造行為は，準委任契約に基づく受任事務（顧客が本件装置を導入することができるようその導入目的の達成に向けて開発製造者としての信義誠実の原則に基づいた通常の開発製造行為を行う債務）の履行として合理性を有し，債務の本旨に従ったものと評価でき，Ｙに債務不履行は認められない。

(3)　コメント

本件は，ＸとＹとの共同研究開発プロジェクトにおいて，本件装置を構成するテスタ部分につき，Ｙがこれを製造することに関する契約が締結され，その契約上の義務内容および違反成否が争われた事案である。

原審が，Ｙは所定の性能を有するテスタを完成して納期までに納入する義務を負っていたとして，義務違反を認定し，義務違反による合計９億円強に上る損害賠償請求を認容したのに対し，控訴審は，Ｙの義務は準委任に基づく受任事務として信義誠実の原則に基づいた通常の開発製造行為を行うにとどまるとして，その義務違反は認められないとし，原審の判断を取り消しており，注目される。

原審と控訴審の判断が分かれたのは，共同研究開発プロジェクトにおいて一方当事者が担うべき役割としての義務内容および程度をどのようなものとしてとらえるかという点にある。原審のように，担当すべき役割を遂行して成果物を完成して納期までに納入する義務を当事者が負担した場合には，仕事完成型の義務としてとらえるべきこととなり，Ｙの義務違反が肯定されることになる。

他方で，控訴審のように，必ずしも仕事完成にとらわれず，目的達成に向けて開発製造者として信義誠実の原則で開発製造行為を行う受任事務を遂行する義務ととらえれば，誠実に開発製造行為に取り組んだ限りにおいて成果物を完成して納期までに納入することができなくても義務違反とはならないことになる。

このような裁判例に鑑みれば，共同研究開発契約における役割分担条項としては，①仕事完成型の義務として規定するか，②信義誠実の原則に基づく開発製造事務を遂行する義務として規定するかを事前に検討し，契約書の条項としてその義務を明確に書き込むことが重要であることがわかる。上記①の仕組みは双方当事者に対して成果物を完成して納入する義務を課すものである以上，成果物の完成が見込まれる場合に採用することが相応しく，上記②の仕組みは，成果物の完成に至るか否かは必ずしも分からないような場合に採用することが相応しいといえる。いずれにせよ，役割分担条項においてどのような義務を規定するかによって，本裁判例のように義務違反の成否判断が変わってくることに十分な留意が必要である。

裁判例９　システム開発案件において，開発未完遂は両当事者の責めに帰すると判断された事例（「電算システム事件」）

東京地判平16・3・10判タ1211号129頁

(1)　事案の概要

国民健康保険組合Ｘは，ソフトウェア開発業者Ｙとシステム開発業務委託契約を締結し，Ｙに対して第２次電算システム（以下「本件電算システム」という）の構築を委託したものであるが，Ｙが債務の本旨に従った履行をせず，納入期限までに本件電算システムを完成させなかったばかりか，不当に追加費用の負担や構築するシステム機能の削減を要求してきたなどとして，Ｙに対し，業務委託契約の債務不履行解除を原因とする原状回復請求権に基づき，支払済みの委託料の返還を求めるとともに，債務不履行による損害賠償を請求した。

Ｙは，本件電算システムが納入期限までに完成しなかったのは，Ｘが意思決定を遅延するなどして協力義務に違反したことが原因であったなどとして，Ｘの請求を争うとともに，反訴として，Ｘに対し，協力義務違反等を理由とする債務不履行による損害賠償等を請求した。

⑵　裁判所の判断

裁判所は，本件電算システムの開発は，ＸとＹの共同作業としての側面を有するとしたうえで，以下のとおり判示して，納入期限までに完成に至らなかったのはＸとＹ双方の不完全履行や法改正等の諸事情が原因であり，一方当事者のみの責任であるとはいえないとして，ＸおよびＹの契約違反の主張をいずれも認めなかった。

- 本件電算システム開発契約は，基本設計，詳細設計，開発，テスト，移行等，一連のシステム開発工程を実施し，本件電算システムを完成させることを目的とする契約であるから，事務の遂行を目的とする準委任契約ではなく，本件電算システム開発という仕事の完成を目的とする請負契約であるというべきである。
- Ｙは，本件電算システム開発契約の契約書及び本件電算システム提案書に従って，これらに記載されたシステムを構築し，段階的稼働の合意により変更された納入期限までに，本件電算システムを完成させるべき債務を負っていた。
- 本件電算システム開発契約は，いわゆるオーダーメイドのシステム開発契約であるところ，このようなオーダーメイドのシステム開発契約では，受託者（ベンダー）のみではシステムを完成させることはできないのであって，委託者（ユーザー）が開発過程において，内部の意見調整を的確に行って見解を統一した上，どのような機能を要望するのかを明確に受託者に伝え，受託者とともに，要望する機能について検討して，最終的に機能を決定し，さらに，画面や帳票を決定し，成果物の検収をするなどの役割を分担することが必要である。このような役割を委託者であるＸが分担していたことに鑑みれば，本件電算システムの開発は，Ｘと受託者であるＹの共同作業というべき側面を有する。

- 本件電算システム開発契約の契約書は，「Ｙは，Ｘに対し，委託業務の遂行に必要な資料，情報，機器等の提供を申し入れることができる。資料等の提供の時期，方法等については，ＸとＹが協議して定める。」旨定め，「Ｘの協力義務」として，「Ｙは，……委託業務の遂行にＸの協力が必要な場合，Ｘに対し協力を求めることができる。この協力の時期，方法等については，ＸとＹが協議して定める。」旨定めており，Ｘが協力義務を負う旨を明記している。したがって，Ｘは，本件電算システムの開発過程において，資料等の提供その他本件電算システム開発のために必要な協力をＹから求められた場合，これに応じて必要な協力を行うべき契約上の義務（以下「協力義務」という。）を負っていたというべきである。
- Ｘは，Ｙから解決を求められた懸案事項を目標期限までに解決しないなど，適時適切な意思決定を行わなかったところがあるということができる。Ｙは，Ｘに対し，システム連絡会議やシステム開発進捗会議等において，懸案事項のＸ側の解決の遅れが原因で開発作業が遅延していることを説明し，目標期限までの解決を促していたものであるから，この点について，Ｙは適切なプロジェクトマネージメントを行っていたということができ，Ｘの意思決定の遅延は，開発作業の遅れの一因であると認められる。
- 他方，Ｙについてみると，Ｙも，ＹやＹが主体のチームの懸案事項を，自ら設定した目標期限までに解決しないなど，適時適切な意思決定を行わなかったところがあるということができる。また，Ｙにおいて技術面の検討作業を遅延したり，Ｙ担当者間のコミュニケーション不足等が原因で，Ｙ担当者の一部がＸの決定事項等を把握していないなどといったこともあったものと認められ，これらＹの事情も，Ｘの意思決定の遅延と相まって，開発作業の遅延の一因を成すものと認められる。

- また，健保法改正（事業所管理機能の強化）その他に関するＸの要求により，開発工数が大幅に増加したことも，開発作業の遅れの一因を成すものと認められ，これについて，Ｙは，開発規模の増大の程度を正確に把握するのが遅れ，契約金額を上回る４億円もの追加の委託料の負担か大幅な処理数の削減を選択するよう不相当な内容の申入れをしており，適切なプロジェクトマネージメントを欠いた点があるということができる。さらに，Ｙは，自ら履践を約した開発手順や開発手法，作業工程（段階ごとのレビューの実施，プロトタイプの作成，基本設計書の校正版の納品等）を履践しなかった点においても，適切なプロジェクトマネージメントを行わなかったと認められる。
- これらの諸事情を併せ考慮すると，結局，本件電算システムの開発作業が遅れ，段階的稼働の合意により延期したにもかかわらず，なお納入期限までに完成に至らなかったのは，いずれか一方の当事者のみの責めに帰すべき事由によるものというのは適切ではなく，ＸとＹ双方の不完全な履行，健保法改正その他に関する開発内容の追加，変更等が相まって生じた結果であり，当事者双方とも，少なくとも開発作業の担当者のレベルにおいては，逐次遅れが積み重なりつつあるが，懸案事項の解決が完了しない以上やむを得ないとの共通の認識の下に，作業が進行していたというのが相当である。
- そうであれば，本件電算システムの開発作業が遅れ，納入期限までに完成に至らなかったことについて，いずれか一方の当事者が債務不履行責任を負うものではなく，Ｙが第２次リリースと第３次リリースを履行しなかったことについてのＸの履行遅滞の主張，Ｘが必要な意思決定を遅延したことについてのＹの履行遅滞及び不完全履行の主張は，いずれも理由がない。

(3)　コメント

共同研究開発案件は，その名が示すごとく，当事者の双方が共同して研究開発を行うことを本質的要素としている。この共同作業においては，当事者双方の協力が必要不可欠である。本件事案は，契約書の名称はＹに対する開発業務委託契約であるが，Ｘによるオーダーメイドのシステム開発契約であることの性質上，その実質においてはＸとＹの共同作業というべき側面があるとされ，共同研究開発の要素を有すると判断されている。

本裁判例が教訓として示すことは，共同研究開発案件において相手方の契約違反（義務違反）に基づく責任追及が認められるためには，前提として，自己が果たすべき義務（協力義務）を履行しておくことが必要であるということである。言い換えれば，自己が果たすべき義務を履行していなければ，相手方の契約違反（義務違反）に基づく責任追及は認められないということである。このように，共同研究開発案件の進捗においては，自己が果たすべき役割（本件のＸにおいては，Ｙから求められた協力）を適時適切に履行することの重要性に留意すべきである。

また，本件をみるに，共同研究開発契約書における役割分担条項のドラフティングも重要である。すなわち，共同研究開発案件は当事者の共同作業であることに鑑みれば，役割分担条項では，自己および相手方が果たすべき役割をそれぞれ可能な限り具体的に書き込んでおくことが重要である。また，自己が果たすべき役割を遂行するに際し，相手方の協力を得る必要がある場合には，協力義務およびその内容を書き込んでおくことが重要である。本件でも，Ｘの協力義務に関する具体的な条項が定められていたことから，開発委託契約書でありながら，委託者Ｘに協力義務があるとの認定判断につながったともいえよう。

裁判例10　医学的研究委託案件において，受託者の債務不履行責任が否定された事例（「医学研究委託事件」）

東京地判平21・12・21判時2074号81頁

(1)　事案の概要

本件は，化粧品メーカーXが，医薬品等の研究開発業者Yに対し，皮膚損傷・治癒モデルにおける局所グルコース塗布の効果およびその分子作用機序の解明の研究（以下「本件研究」という）を委託する契約を締結し（以下「本件研究委託契約」という），対価の一部を支払った（以下「本件既払料金」という）ところ，①Yがずさんな研究を行ったことに起因して，共同研究発表が不能となったのは本件研究委託契約の債務不履行に当たるから本件研究委託契約を解除したと主張して不当利得に基づく返還請求を行うともに，②民法651条1項により本件研究委託契約を解除したと主張して，同契約終了に基づき，本件既払料金の一部の返還を求めた事案である。

(2)　裁判所の判断

裁判所は，Yに本件研究委託契約上の債務不履行はないが，Xからの民法651条による契約解除を有効と判断し，既払金から研究費用や報酬額を控除した残額について，Yに対する請求を一部認容した。

- Xは，Yの実施した本件研究はずさんであり，本件研究委託契約の債務不履行に当たると主張する。しかしながら，Yは，自ら研究プロジェクトの作成，機器の設定・搬入，研究員のリクルート等，本件契約書に基づく研究業務に要する業務をとりまとめ，本件研究の活動として，ほぼ毎日インターネットテレビ会議で研究活動を行い，また，ほぼ毎月帰国して実験データの確認をし，今後の方針についての討議を行ったこと等の事実関係の下では，Yの実施した本件研究がずさんであるということはできず，Xの上記主張は採用することができない。
- 本件研究委託契約は，Yが委任者であるXのために研究し，これに対し受任者であるYが報酬を得ることを内容とする有償準委任契約であって，委任者の利益のみならず受任者の利益のためにも委任されたものである。委任者の利益のみならず受益者の利益のためにも委任がされた場合であっても，委任契約が当事者間の信頼関係を基礎とする契約であることに照らせば，委任者が委任契約の解除権自体を放棄したものと解されない事情があるときは，やむを得ない事由がなくても，委任者は民法651条１項にのっとり委任契約を解除することができると解される（最判昭56・１・19民集35巻１号１頁参照）。

- 本件研究委託契約は，その主な目的が委任者であるＸのために研究することであって，受任者であるＹの報酬を得る等の利益は第二次的な目的にすぎない。そうすると，委任者であるＸが委任契約の解除権自体を放棄したものと解されない事情があるといえ，Ｘは，Ｙとの本件研究委託契約を民法651条１項により解除することができる。

⑶　コメント

本件では，Ｘは，研究委託契約においてＹが実施した研究内容は満足のいくものではなかったため債務不履行解除をしたが，裁判所は，Ｙの行った研究はずさんなものとはいえないとして，研究委託契約の債務不履行責任を認めなかった。Ｘとしては，Ｘが志向する研究成果をＹに挙げるように要求するためには，①委託型ではなく請負型の契約の仕組みを採用し，Ｙに対して仕事完成義務を課す方策や，②委託型であっても委託する研究内容および質を具体的に特定することが考えられる。かような方策は契約書の条項作成にあたって留意すべき事項といえる。

また，本研究委託契約は，有償準委任契約としてＸのみならずＹの利益のためにも委任されたものといえるが，裁判所は最高裁判例に照らして，やむを得ない事由がなくてもＸが民法651条１項に基づいて解除することができると判断した。このように，研究業務に関する契約の法的性質が準委任契約であると解されることが少なくないことに鑑みれば，一当事者による解除・終了を制限するためには，共同研究開発契約書において期間中の解約を認めない条項や，期間中解約を認めるとしても解約に伴う精算条項（例として既発生の費用や補償等）について明確に取り決めておくことが望ましい。

裁判例11　ソーシャルアプリ開発案件において，開発業務担当当事者の債務不履行責任が肯定された事例（「ソーシャルアプリ共同開発事件」）

東京地判平25・9・10（平成23年（ワ）28592号）

(1)　事案の概要

本件は，ソーシャルアプリケーション（以下「本件製品」という）の共同開発契約（以下「本件契約」という）をコンテンツ開発業者Ｙとの間で締結したデジタルコンテンツ制作業者Ｘが，Ｙに対し，Ｙがその契約期間内に債務の本旨に従った履行を行わなかったとして，本件契約の約定に基づき本件契約を解除し，原状回復義務の履行として，Ｙに交付した開発費等の返還を求めるとともに，本件契約の債務不履行に基づく損害賠償を請求した事案である。

(2)　裁判所の判断

裁判所は，本件製品は，Ｙの責めに帰すべき事由により開発が完了しなかったものであり，本件製品の完成見込みがないとＸが判断したことは相当であるから，本件契約に基づくＸの解除は有効であるとして，Ｘの請求のうち原状回復を求める点は理由があると判断した。もっとも，本件製品の完成により生ずべき逸失利益相当の損害賠償請求は認められないと判断した。

- 本件製品について，Ｙが自認している部分だけでも，平成23年５月30日の時点で，オープニングの企画・開発部分やシナリオや音声素材などが未完成・未着手の状態にあったから，本件製品は，約定開発期間の終期である同月31日の時点で，同日又はこれと近接する日に開発を終了することができる状態にあったとは到底認められない。約定開発期間の終期までに本件製品の開発が完了しなかっただけではなく，約定開発期間の終期に近接する日に本件製品の開発が完了する見込みもない状態にあること及びＹによる本件契約の履行状況や成果物が必ずしも明らかでないことに照らすと，Ｙ側の工程管理に問題があったものと推認せざるを得ない。

- したがって，本件製品は，Ｙの責めに帰すべき事由により開発が完了しなかったものであり，本件製品の完成見込みがないとＸが判断したことは相当であるから，本件契約の約定に基づくＸの解除は有効であり，Ｘの請求のうち，本件契約の原状回復を求める点はすべて理由がある。
- （逸失利益相当の損害賠償請求について）Ｘは，本件契約において月200万円の利益が生ずることを想定していたなどとした上，同種のソーシャルアプリケーションが１年程度は収益を生み出しているなどとして，2,400万円の損害を被ったなどと主張する。しかし，もとより本件契約の撤退基準の条項もＸが主張する貢献利益が200万円に満たない場合には，販売を中止するとしているにすぎないのであるから，このことから本件製品の完成から直ちに利益が発生すると言うことはできない。
- 携帯電話等向けのソーシャルアプリケーション市場はいわば玉石混淆であって，とりわけプラットホーム提供事業者ではないサードパーティによるソーシャルアプリケーションは，利益が多く出ることも損失が多く出ることもあることが認められる。そうすると，本件製品が完成しておれば，Ｘが主張するような利益が発生したであろうと直ちに推認することはできず，これを認めるに足りる的確な証拠もない。以上により，Ｘの請求のうち，本件契約の債務不履行により損害賠償を求める点は理由がない。

⑶　コメント

本件は，共同開発契約において開発業務を担う当事者の債務不履行責任が認められ，契約解除に伴う原状回復請求が認められた事案である。

本件では，共同開発契約において，開発対象物・Ｙの開発業務・約定開発期間等が具体的に定められていたことに加えて，Ｙが約定開発期間までに開発業務を完了しなかったことについての帰責性についてもＸが主張立証できたことから，Ｙの債務不履行が認められ，契約解除に伴う原状回復が認められたといえる。このように，開発業務を委託する側の当事者としては，本件のように，共同開発契約に具体的な条件を書き込んでおくことによって，契約履行を請求することができるとともに，相手方の不履行が生じた場合に契約解除および原状回復を請求することができるため，本件の契約の仕組み作りは参考になると思われる。

他方で，Xが主張した製品化以降の逸失利益相当の損害賠償請求は認められなかった。共同研究開発案件においては，開発プロジェクトが相手方の契約不履行によって頓挫した場合であっても，不履行によって逸失利益相当の損害額がどの程度発生するかという点は立証が難しい場合が少なくない。本件においても，Xはソーシャルアプリケーション事業に伴って得られる利益水準について証拠を提出して立証を試みたが，開発対象製品に即したものとはいえないと評価され，結局のところは立証不奏功となっている。このような事情に鑑みれば，相手方の契約不履行によって開発案件が頓挫した場合の損害賠償額の予定（民法420条）として，一定の金額を損害賠償金として支払う等の合意を条項化しておくことが得策であるといえよう。

裁判例12　システム開発案件において，開発ベンダーのマネジメント義務違反が肯定された事例（「銀行業務システム事件」）

東京高判平25・9・26金判1428号16頁，東京地判平24・3・29金法1952号111頁

(1)　事案の概要

本件は，銀行Xとシステム開発業者Yとの間で，Xの銀行業務全般を司る次期情報システム（以下「本件システム」という）の構築に関する基本合意書を締結するとともに，本件システム開発での個別契約を締結したが，結果として本件プロジェクトが頓挫するに至ったことから，XがYに対して，請負契約の債務不履行または不法行為に基づく損害賠償，あるいは不当利得として，Yに対して115億8,000万円の支払いを求める本訴請求と，YがXに対し，残代金，

損害賠償および使用料として合計約125億円の支払いを求める反訴請求とからなる事案である。

原審は，XY間で締結されたシステム開発契約に基づくプロジェクトがシステムの開発に至らず頓挫した本件において，Ｙのプロジェクト・マネジメント義務違反を肯定し，Ｘの協力義務違反を否定して，Ｘの本訴請求について74億1,366万6,128円の支払いを求める限度で認容し，Ｙの反訴請求を棄却した。

(2)　裁判所の判断

控訴審判決は，原審と同様に，Ｙのプロジェクト・マネジメント義務違反を肯定，Ｘの協力義務違反を否定したが，Ｘの本訴請求については，原判決を変更して，41億7,210万3,169円の支払いを求める限度で認容した。Ｙの反訴請求については，原審同様棄却した。

控訴審判決は，本件システム開発の経緯は，Ⅰ・企画準備から基本合意①締結前の段階（企画・提案），Ⅱ・基本合意①締結から基本合意②締結前の段階（計画・要件定義），Ⅲ・基本合意②締結から最終合意締結前の段階（計画・要件定義），Ⅳ・最終合意締結から本件システム開発終了の段階（計画・要件定義・実装）の４つの段階に分けることができるとし，以下のとおり判断して，Ⅱ～Ⅳの段階におけるＹのプロジェクト・マネジメント義務違反を肯定した。

• Yは，本件システム開発を担うベンダーとして，Ｘに対し，本件システム開発過程において，適宜得られた情報を集約・分析して，ベンダとして通常求められる専門的知見を用いてシステム構築を進め，ユーザーであるＸに必要な説明を行い，その了解を得ながら，適宜必要とされる修正，調整等を行いつつ，本件システム完成に向けた作業を行うプロジェクト・マネジメントを適切に行うべき義務を負うものというべきであるほか，適時適切に，開発状況の分析，開発計画の変更の要否とその内容，更には開発計画の中止の要否とその影響等についても説明することが求められ，そのような説明義務を負うものというべきである。
• Yは，Ｘと最終合意を締結し，本件システム開発を推進する方針を選択する以上，Xに対し，ベンダとしての知識・経験，本件システムに関する状況の分析等に基づき，開発費用，開発スコープ及び開発期間のいずれか，あるいはその全部を抜本的に見直す必要があることについて説明し，適切な見直しを行わなければ，本件システム開発を進めることができないこと，その結果，従来の投入費用，更には今後の費用が無駄になることがあることを具体的に説明し，ユーザーであるXの適切な判断を促す義務があったというべきである。

- また，最終合意は，前記のような局面において締結されたものであるから，Yは，ベンダとして，この段階以降の本件システム開発の推進を図り，開発進行上の危機を回避するための適時適切な説明と提言をし，仮に回避し得ない場合には本件システム開発の中止をも提言する義務があったというべきである。
- 本件システム開発においては，少なくとも，本件最終合意を締結する段階において，本件システムの抜本的な変更，または，中止を含めた説明，提言及び具体的リスクの告知をしているとは認めがたいから，Yに義務違反（プロジェクト・マネジメントに関する義務違反）が認められるというべきである。
- その義務違反の程度については故意，あるいは故意と同視されるような重過失の程度のものがあったということはできず，それに至らない過失の程度のものにとどまるというべきである。

(3)　コメント

本件では，システム開発プロジェクトにおいて，システム開発ベンダーのプロジェクト・マネジメント義務（システム開発者において，納入期限までにシステムを完成できるよう開発手順や開発手法，作業工程等に従って開発作業を進め，常に進捗状況を監視し，開発作業を阻害する要因の発見に努め，これに適切に対処すべき義務）の違反が認められ，他方，ユーザーの協力義務違反は否定され，結果として，ベンダーが不法行為責任を負う旨が判断されている。

システムの開発案件においては，ベンダーとユーザーの相互の協力関係が不可欠であり，ベンダーにプロジェクト・マネジメント義務が観念され，ユーザーに協力義務が観念され，相互の義務の相関関係的な履行状況を踏まえて，プロジェクトが頓挫した場合の責任の帰属が検討されることが多い。共同研究開発においても，開発が頓挫した場合には，システム開発同様に，各当事者の役割分担の履行状況を踏まえて，その責任の帰属が検討されることになると思われる。共同研究開発が頓挫した責任を問われないようにするためには，まずは，共同研究開発契約において各当事者がいかなる役割を果たすべきかにつき明確に取り決め，かかる役割を適時適切に履行することが重要であろう。また，取り決められた役割の履行が困難である場合には，共同研究開発内容・スケジュールの変更，中止を含めた説明，提言および具体的リスクの告知を適時適切に行うなどして，プロジェクトの頓挫を可能な限り回避できるよう，当事者間での密なコミュニケーションをとることが重要であるといえる。

裁判例13　システム開発案件において，ユーザーの協力義務違反が肯定され，開発ベンダーのマネジメント義務違反が否定された事例（「病院情報管理システム事件」）

札幌高判平29・8・31判時2362号24頁，旭川地判平28・3・29判時2362号64頁

⑴　事案の概要

本件は，医学部，病院等を擁する国立大学法人であるXがシステム開発業者であるYとの間で，YがXのために新しい病院情報管理システム（以下「本件システム」という）を開発し，訴外N社を本件システムの所有者としてXにリースすることを目的とするリース契約（以下「本件契約」という）を締結したところ，Yが納期までに本件システムを完成・引渡しできなかったことから，XがYに対して本件契約の債務不履行に基づき19億3,567万9,067円の損害賠償の支払いを求めたところ（第1事件），YからXに対して本件システムの完成・引渡しが完了できなかった原因はXの協力義務違反にあるとして，主位的に，

Xに対して本件契約の債務不履行に基づき22億7,976万3,373円を請求し，予備的にXの不法行為に基づく損害賠償請求，さらに予備的に商法512条に基づく報酬請求をした（第2事件）事案である。

原審は，本件プロジェクトが頓挫するに至った大きな要因について，Yのプロジェクト・マネジメント義務違反を認めるとともに，Xの協力義務違反も認めた上で，過失割合をX：Yを2：8と認定した上で，第1事件について，Xの請求を3億6,508万5,426円の限度で認容し，第2事件について，Yの主位的請求を3億8,386万1,689円の限度で認容した。

(2)　裁判所の判断

控訴審判決は，原審と同様にXの協力義務違反を肯定したが，Yのプロジェクト・マネジメント義務違反については原審とは異なりこれを否定し，Xの請求を棄却し，Yの請求を14億1,501万9,523円の限度で認容した。

控訴審判決は，以下のとおりXの協力義務にはYに対して積極的に協力して作業を行う作為義務のほかにYの円滑な作業を妨げるような行為をしないという不作為義務も含まれるとした上で，本件プロジェクト[4]の頓挫の原因はXの協力義務違反にあるとして，Yの債務不履行責任を否定した。

- システム開発では，初期段階で軽微なバグが発生するのは技術的に不可避であり，納品後のバグ対応も織り込み済みであることに照らすと，バグ等が存在しても，システムを使用して業務を遂行することが可能であり，その後の対応で順次解消される類のものであれば，仕事が完成したと認定すべきであり，本件システムは，遅くとも本件解除時（平成22年4月26日）までには，Xの協力が得られずに保留せざるを得なかった1項目を除き，すべて完成していたにもかかわらず，Xは独自の見解から本件システムの開発がYの責任で遅延したとして，一方的に本件解除をした。
- Xが本件仕様凍結合意（XはYに対し，今後一切の追加開発要望を出さない

4　本件システムを開発するための一連のプロジェクト

との合意）後に大量の追加開発要望を出し，Ｙがこれに対応せざるを得なかった。

- Ｘは，Ｘの追加開発要望に基づいて現行システムの備える機能を最大限取り込むことを要求しながら，そのために必要な現行システムの情報（基本設計書等）を十分に提供せず，また，本件契約上マスタ（データ処理に必要な基本データをまとめたファイル）の抽出義務を負っていたのはＸであるところ，ＹがＸに代わってマスタの抽出作業を行うに際しても，必要な協力を行うことを怠った。
- Ｙは，平成21年３月４日以降，専門部会等において，繰り返し，Ｘによる追加開発要望の多くは仕様外のものであること，Ｙとしては，これらの追加開発要望に対応するのは難しく，同年９月24日（本件原契約におけるリース開始日）に間に合わなくなることを説明した。そして，Ｙは，同年７月７日，一審原告による625項目の追加開発要望を受け入れる（本件追加開発合意）一方で，以後は，新たな機能の開発要望はもちろん，画面や帳票，操作性に関わるものも含め，一切の追加開発要望を出さないという合意（本件仕様凍結合意）を取り付けたものである。このように，Ｙは，プロジェクト・マネジメント義務の履行として，追加開発要望に応じた場合は納期を守ることができないことを明らかにした上で，追加開発要望の拒否（本件仕様凍結合意）を含めた然るべき対応をしたものと認められる。
- これを超えて，Ｙにおいて，納期を守るためには更なる追加開発要望をしないようＸを説得したり，Ｘによる不当な追加開発要望を毅然と拒否したりする義務があったということはできず，Ｙにプロジェクト・マネジメント義務の違反があったとは認められない。
- Ｘの義務違反が，債務不履行を超えて不法行為を構成するほどの違法性を有するものであると認めることはできない。

⑶　コメント

本件では，システム開発プロジェクトにおいて，原審でＹのプロジェクト・

マネジメント義務違反とXの協力義務違反が肯定されたのに対し，控訴審においては，Xの協力義務違反のみが肯定され，Yのプロジェクト・マネジメント義務違反が否定された。

控訴審判決は，システム開発でのユーザーのベンダーに対する協力義務について，ベンダーのシステム開発作業自体に協力する作為的義務とともに，ベンダーのシステム開発を阻害する行為をしないという不作為義務まで認めた上で，ベンダーとユーザーの間で一旦これ以上の開発要求は行わない旨の合意をした後に，大量の追加開発要求を行うことを協力義務違反と捉え，そのような行為に対して明確な拒絶を示したり，ユーザーを説得したりする義務まで，ベンダーのプロジェクト・マネジメント義務には含まれない点を判示した点は特徴的である。共同研究開発契約においては，契約上決められた役割を遂行することが重要であるが，相手方へ当初契約に定めた役割を超えて過度な協力を要求する行為も協力義務違反と認定される場合がある点には留意が必要である。

裁判例14　**システム開発案件において，ベンダーの履行遅滞の原因はユーザーのシステム開発の一時停止の要請と予定外の性能評価を求めた点にあるとしてベンダーに帰責性がないと判断された事例（「レセプト点検システム事件」）**

東京地判平31・2・4（平成29年（ワ）14039号・平成29年（ワ）27436号）

(1)　事案の概要

本件は，保険診療報酬請求明細書（以下「レセプト」という）の点検業務を行うXが，システム開発業者であるYとの間で，レセプト点検システム開発（以下，このシステムを「本件システム」，その開発を「本件システム開発」という）を締結したが，主位的に期限までに成果物が納品されなかったことを理由に債務不履行解除をしたと主張し，予備的に本件システム開発のベースとなるシステムが存在しなかったことを理由に，履行不能による解除または契約上の無催告解除を主張して解除による原状回復請求権として既払代金合計4,140万円の支払いを求めたのに対し，Ｙが主位的に，Ｘが本件システム開発契約上の代金を支払わなかったことを理由に債務不履行に基づく損害賠償請求として，予備的には，原告の解除は民法641条に基づくものであると主張して，同条に基づく損害賠償請求として，Ｘに対して4,635万781円の支払を求めた事案である。

(2)　裁判所の判断

裁判所は，Ｙが期限までに成果物を納品できなかった主な原因は，Ｘが本件システム開発の一時停止を要請し，本件システム開発契約締結時に予定されていなかった性能評価を求め，Ｙにその準備をさせたにもかかわらず，その後，何の対応もしなかったＸにあるから，Ｙの帰責性は認められず債務不履行は成立しないとしてＸの請求を全部棄却したのに対し，Ｘの対価不払の債務不履行責任を認めるなどして，Ｙの反訴請求のうち主位的請求を1,560万円の限りで一部認容した。

- Ｙは，Ｘから本件システム開発の一時停止を要請され，○○の性能評価の実施を求められたことに対しても同意し，平成28年２月２日の時点において，性能評価のためのＹ側の準備を完了させ，Ｘにおいて性能評価を実施できるインフラの整備を完了すれば，Ｘが希望する性能評価を実施できることや，説明会の準備もあることなどを伝えていたにもかかわらず，Ｘは，同年３月10日になって，Ｙは○○エンジンの性能評価の趣旨を正しく理解していないなどと述べた上，同月31日までにＹが本件システム開発を完成させて納入することを待つとのみ回答し，その後，何の対応もしなかった。
- Ｘは，平成27年９月末日支払期限の同年８月分から人件費及び分析ツール費用の支払を遅滞しており，Ｘ自身が支払を約束した同年12月20日が迫った同年11月30日になって，Ｙに対し，契約内容の見直しのための協議を申し入れた。

- 平成28年3月31日までに本件システムが完成しなかった主な原因は，本件システム開発の一時停止を要請し，本件システム開発契約締結時に予定されていなかった性能評価を求め，被告にその準備をさせたにもかかわらず，その後，何の対応もしなかった原告にあり，被告には帰責性はないというべきである。
- XとYは，平成27年5月19日から同月21日まで，韓国の被告事務所において，打合せを行い，日本システム技術とYの開発担当部分の確認をしたほか，Yの点検システムのデモを行っている。また，Yは，平成28年3月31日の納期までに完成させることを目標として，Xが求める○○の性能評価の準備を整えたり，説明会の実施の準備があることをXに伝えていたりした。このほか，平成29年4月とはいえ，Yは，他社との間で○○の利用契約を締結している。他方で，本件システム開発契約上，Yは，Xに対し，○○の設計資料や技術資料を開示する義務まで負ってはいない。これらのことなどからすると，○○が存在しなかったと認めるに足りる証拠はない。
- Xは，支払を拒む理由が見当たらない平成27年9月末日を支払期限とする同年8月分の支払から遅滞しており，その後，原告自身が被告に遅滞している3か月分（同年8月分から10月分）を同年12月20日までに支払うと約束したにもかかわらずこれを支払わなかったというのであるから，Xに債務不履行が認められる。
- Xに債務不履行が認められることから，これを理由とするYの解除が有効であると認められる一方で，Yは，Xに対し，民法415条に基づき，損害の賠償を請求することもできる（同法545条3項）。

(3)　コメント

本件では，Xからの一方的な開発の業務の停止の要請や，Xからの当初のシステム開発契約では予定されていなかったシステムの性能評価を要請して準備させておきながら，結局，Xとして必要な対応をとることなく，性能評価が行われなかったという点を重視して本件システムが完成しなかったのはXに原因があるとして，Ｘの請求を棄却しＹの反訴請求を一部認容したものである。

システム開発においてユーザー側からの懸念や要望を伝えることは大切であるものの，一方的な開発停止の要求や，当初の契約の中に含まれていない事項を要求することは，本件判決のように，共同研究開発契約に適合的ではないと判断される可能性がある。システム開発契約を締結し，開発を進めていく中でどうしても仕様がユーザーと適合しないというケースは想定されるところ，ベンダーが開発するシステムの適合性に不安が見込まれる場合には，本契約の締結前にフィージビリティスタディやPoCを行う契約を締結し，仕様が適合することの確認を前もって行うことなどが重要であろう。

裁判例15　**システム開発案件において，ベンダーの債務の内容としてシステムを最終的に完成させて営業稼働させることやビジネスの目標日を稼働開始の確定期限とすることが合意されたとはいえないと判断された事例（「証券業務システム事件」）**

東京高判令３・４・21判タ1491号20頁，東京地判平31・３・20（平成25年（ワ）31378号・平成26年（ワ）9591号）

⑴　事案の概要

本件は，持株会社であるX_1とその子会社であるX_2が，X_2が投資一任業務に使用するコンピューターシステムの開発について，コンピューターシステム開発業者であるＹとの間でシステム開発委託にかかる開発段階ごとの複数の契約（以下「本件各個別契約」という）を締結し，平成25年１月４日をシステムの完成稼働開始のビジネス上の目標として定めたが，平成25年１月の稼働開始実現が困難な見込みとなったので，平成24年８月下旬に開発が一時中断され，同年11月にX_1が開発を断念し，X_1らがＹに対して本件各個別契約の債務不履行および不法行為に基づき総額約36億円の損害賠償を請求したのに対し，ＹはX_1らに対して，各個別契約の未払報酬等として約５億6,000万円の支払を請求した事案である。

原審は，X_1らの主張のうち本件各個別契約の一部がYの帰責事由により履行不能になったと判断し，X_1らの請求を16億2,078万円の限度で認容し，X_1らの残りの請求およびYの反訴請求を全部棄却した。

(2)　裁判所の判断

控訴審判決は，「本件開発業務や本件各個別契約の締結が，平成25年1月4日に本件システムをSTARのサブシステムの一つとしてSTARと同時に稼働開始することをビジネス上の目標として行われたことは，容易に推認することができる。また，このビジネス上の目標を達成することは契約当事者双方にとって大きな実績と信用となり，逆に目標不達成は不名誉なことであるばかりか信用の低下につながるものであって，双方が目標達成に向けて真剣に努力を続けていたことも，同様に推認することができる。」と認定しつつも，原審と異なり，以下に判示するとおり，Yによる債務不履行と不法行為のいずれも否定しX_1らの請求を全部棄却する一方で，YのX_1に対する請求を1億1,224万5,000円の限度で一部認容した。

- ビジネス上の目標が重要であるからといって，ビジネス上の目標がそのまま契約上の債務として合意されるとは限らない。ビジネス上の目標をそのまま契約上の債務とすることに合意した後に，目標の実現が予定日より遅れたり，目標の実現が不可能になったりした場合には，履行遅滞や履行不能による損害賠償の問題が生じてしまう。そこで，目標の実現可能性やその確実さの度合い，逆に予定日に遅れるリスクや実現不能となるリスクの度合いに応じて，さまざまな対応をとることになる。ビジネス上の最終目標の実現に無視できないリスクがある場合には，ビジネス上の最終目標の実現を契約上の債務としないことも，リスク回避の一つの方法である。
- 最初の個別契約の締結前にYがX_1らに示した提案書には，最終的なプロジェクトの遂行を約束するものではなく，フェーズごとに分けて別途見積りの上Y所定の契約書を使用して契約する旨が明記されていた。

- 本件各個別契約の契約書には，本件システムを完成して稼働させることや，その履行期限を平成25年１月４日とすることは，Ｙの債務の内容としては記載されたことはない。
- 本件システムを最終的に完成させることや，本件システムを平成25年１月４日にSTARのサブシステムの一つとしてSTARと同時に稼働開始させることが，契約当事者双方のビジネス上の目標であったという事実は認定できるものの，これらが契約上のIBMの債務として合意されたという事実を認定するには，無理がある。
- Ｙは，平成24年７月27日までに納品基準を満たして成果物を納品するなど本件個別契約13及び15に基づく債務を全部履行し，債務不履行（履行遅滞・不完全履行）もなかったものというべきである。
- 本件個別契約14自体は，平成25年１月稼働開始を前提とする支援作業を行う契約であることになる。そして，ＹがSTARとの総合テスト中止及び平成25年１月稼働開始断念自体を容認したことにより，平成25年１月４日までに行うことのできる作業の総量も客観的に減少したことから，本件個別契約14の報酬体系については，Ｙが履行した分だけを支払う出来高払い制に変更する旨の黙示の合意があったものと推認するのが相当である。

⑶　コメント

本件では，裁判所がビジネス上の目標期限の重要性については一定の理解を示しつつも，その実現可能性については当事者間で無視できないリスクが存在するところ，そのような目標期限を債務の一部としないことも選択肢の一つであるとして，契約書に本件システムの稼働日について明確な記載がないことからＹが完成義務を負わないと判断した点が参考になる。

契約書において，当事者の義務について開発期間等も明確に定めることの重要性は，裁判例11等で述べたとおりであるが，本件のように段階ごとで個別契約が締結される場合においても，Ｘとしては，最初の個別契約やいずれかの段階における個別契約で完成義務や完成期限を明確に記載しておく必要があった。

もっとも，両者においてプロジェクト完成時期の確実性や実現可能性の見通しについては見解が異なることもあると思われるが，かかる期限を契約の義務内容の一部とするか否かについては，十分な協議を行って当事者間での認識をすり合わせておくことが，後のトラブルの防止には役立つものと思われる。

第３節　成果の帰属・利用に関する争い

裁判例16　大学と企業との共同研究開発案件において，発明の発明者性が争われた事例（その１）（「高知大学共同研究事件」）

知財高判平20・５・29判時2018号146頁，東京地判平19・３・23（平成17年（ワ）8359号・平成17年（ワ）13753号）

⑴　事案の概要

本件は，Ｘ（Ｂ大学元教授）が，Ａ社とＢ大学との共同研究契約に基づく研究の過程で生じた発明（以下「本願発明」という）について，Ｙ（Ｂ大学助教授）がＡ社およびＸに無断でＹらを発明者として第三者に特許を受ける権利を譲渡し，当該第三者に特許出願させたこと等により，Ｘの発明者名誉権および名誉感情を侵害したと主張して，Ｙに対し，不法行為に基づく損害賠償を請求した事案である。

⑵　裁判所の判断

東京地裁は，Ｘの請求を100万円の限度で認容したことから，Ｙが控訴したところ，知財高裁は，以下のとおり判示して，発明者はＸを指導教官とする修士課程学生ＭとＹであり，Ｘは本願発明の発明者ではないから，Ｙの行為がＸとの関係において不法行為を構成することはないと判断した。

- 発明とは，自然法則を利用した技術的思想の創作のうち高度なものをいうと規定され（特許法２条１項），産業上利用することができる発明をした者は，…その発明について特許を受けることができると規定され（同法29条1項柱書き），また，発明は，その技術内容が，当該の技術分野における通常の知識を有する者が反復実施して目的とする技術効果を挙げることができる程度にまで具体的・客観的なものとして構成されたときに，完成したと解すべきであるとされている（最判昭52・10・13民集31巻6号805頁参照）。したがって，発明者とは，自然法則を利用した高度な技術的思想の創作に関与した者，すなわち，当該技術的思想を当業者が実施できる程度にまで具体的・客観的なものとして構成する創作活動に関与した者を指すというべきである。当該発明について，例えば，管理者として，部下の研究者に対して一般的管理をした者や，一般的な助言・指導を与えた者や，補助者として，研究者の指示に従い，単にデータをとりまとめた者又は実験を行った者や，発明者に資金を提供したり，設備利用の便宜を与えることにより，発明の完成を援助した者又は委託した者等は，発明者には当たらない。もとより，発明者となるためには，一人の者がすべての過程に関与することが必要なわけではなく，共同で関与することでも足りるというべきであるが，複数の者が共同発明者となるためには，課題を解決するための着想及びその具体化の過程において，一体的・連続的な協力関係の下に，それぞれが重要な貢献をなすことを要するというべきである。

• 本願発明は，Mが，白金坩堝（るつぼ）を使用して750℃まで加熱した際に多孔性現象を発見したことが端緒となったこと，Mは，多孔性現象の効果及び有用性などを確認し，検証するために，Yの指導を受けながら，水熱ホットプレスをする条件等を変え，実験を重ねて，有用性に関する条件を見いだし，その結果に基づいて，修士論文を作成したことが明らかである。
• 本願発明と修士論文の内容とを対比すると，修士論文には本願発明のすべての請求項について，その技術的思想の特徴的部分が含まれているので，遅くともMが修士論文を作成した時点において，当業者が反復実施して技術効果を挙げることができる程度に具体的・客観的な構成を得たものということができ，本願発明が完成したものということができる。

• XのMに対する指導，説明，指示等の具体的内容としては，①水熱化学の分野ないし水熱ホットプレス法について一般的な説明をし，本件共同研究において行うべき実験の手順を説明したこと，②DTA分析を指示したこと，③多孔性現象発見の後にSEM写真の撮影を指示したことであるが，①，②については，本願発明とは直接な関係はなく，③についても一般的な指導にとどまる。そうすると，Xは，本願発明に至るまでの過程において，Mから実験結果の報告を受けていたにとどまり，本願発明の有用性を見いだしたり，当業者が反復実施して技術効果を挙げることができる程度に具体的・客観的な構成を得ることに寄与したことはない。Xは，Mに対して，管理者として，一般的な助言・指導を与えたにすぎないので，本願発明の発明者であると認めることはできない。

⑶　コメント

共同研究開発案件においては，研究開発の過程で発明等の技術的成果が生じることが想定される。本件は，企業と大学との間の共同研究開発が実施され，共同研究開発過程で発明が生じたところ，大学における研究者の間で誰が発明者であるかが争われた事案である。

共同研究開発契約書において，当事者（本件でいえばA社とB大学）間の成果帰属に関する取決めがされることは少なくない。他方，一方当事者の内部関係（本件でいえば，XとY）における発明者性の取扱い等については，その性質上，契約による手当てが難しい。なぜならば，発明行為は事実行為であることから，発明者性を合意によってコントロールすることはできないからである。しかし，安定的に成果を利用することができるように成果帰属の決定方法（ルール）を事前に明確化しておくことが重要である。この発明者性のクリアランス作業の例として，発明届が提出された場合に，発明に関するプロジェクトに関与した研究者全員に対して発明者性を確認するとともに，研究者間にて発明者性および（発明者である場合には）持分割合を協議して決定させ，協議結果を書面化して研究者全員の署名等を取得しておくことが考えられる。

また，企業の立場からすれば，本件のように，共同研究開発のパートナーである大学の内部にて発明者性に関する争いが生じた場合には，共同研究開発の成果としての発明を安定的に利用して事業化を図ることに支障を来たしかねない。企業とすれば，共同研究開発契約上の手当てとして，大学に対し，①所属する研究者から適法に発明の成果帰属を得ること，②企業に対して，大学が発明者であると認定した所属研究者が真実発明者であることを表明保証すること，③所属研究者間で発明者性および権利帰属に関する紛争が生じた場合には，自己の費用と責任において解決するとともに，企業が被った損害および費用を補償するよう要求することを検討して然るべきである（もっとも，大学がかような条件を受諾することに難色を示すであろうことからすれば，実務上は上述した発明者性のクリアランス作業を大学にも行わせることで対処せざるを得ないことが少なくない）。

裁判例17　**大学と企業との共同研究開発案件において，発明の発明者性が争われた事例（その2）（「モノクローナル抗体共同研究開発事件」）**

大阪地判平21・10・8判タ1333号244頁（第1事件）・大阪地判平22・2・18判タ1339号193頁（第2事件）

(1)　事案の概要

X大学とY社が，抗体開発に係る共同研究を行っていたところ，その過程で得られた抗体について，Y社は，Y_1ら（X大学の研究員を含まない）を発明者として，Y社単独で特許出願を行い（Y出願），他方，X大学は，X大学の研究員X_1，X_2を発明者として，X大学単独で特許出願およびこれを優先権の基礎とする特許出願を行った（X出願）。

〈第1事件〉

X大学は，Y社に対し，Y出願が，これに後れるX出願に対して先願たる地位を有しないことの確認，Y出願に係る発明（以下「本件発明」という）の特許を受ける権利の共有持分5分の4を有することの確認などを求め（本訴），Y社は，X大学に対し，本件発明の特許を受ける権利をすべて有することの確認などを求めた。

〈第2事件〉

X出願およびY出願の明細書には，いずれも，共同研究中にY_1が行った作業（以下「本件作業」という）の結果が記載されていた。

Y社らは，X出願は，Y_1の研究成果である本件作業の結果を盗用したものであるとして，X_1，X_2に対しては不法行為に基づき，X大学に対しては使用者責任に基づき，それぞれ50万円の損害賠償を請求した。

(2)　裁判所の判断

〈第1事件〉

裁判所は，「発明者（共同発明者）とは，特許請求の範囲の記載から認められる技術的思想について，その創作行為に現実に加担した者ということになる。また，現実に加担することが必要であるから，具体的着想を示さずに，当該創作行為について，単なるアイデアや研究テーマを与えたり，補助，助言，資金の提供，命令を下すなどの行為をしたのみでは，発明者ということはできない。」としたうえで，共同研究の過程において各人が果たした役割を詳細に事実認定し，本件発明に係る特許を受ける権利の共有持分は，X大学が3分の2，Y社が3分の1であるとした。

〈第2事件〉

裁判所は，X_1，X_2による本件作業の結果の利用は違法ではないとしながらも，発明者の一人と認められるY_1を発明者として表示しなかったことは，Y_1の発明者としての名誉を侵害するものであるとして，Y_1を発明者とすることなくX大学への発明届出行為を行ったX_1，X_2の不法行為責任およびX大学の使用者責任を認め，それぞれ10万円の限度でY_1の損害賠償請求を認容した。

- 通常，共同研究においては，各人の担当した作業に係る個々の研究成果は，原則として，共同研究チーム全体の研究成果であり，共有になると考えるのが相当である。本件において，本件作業の結果を，例外的にＹ社やY_1個人に単独で帰属する研究成果とすることが相当であるような事情は窺われない。したがって，本件共同研究チームのメンバーであるX_1，X_2が，本件共同研究に係る特許出願に関し，本件作業の結果を利用すること自体を，盗用であって不法行為としての違法性を有する行為であるとはいえない。
- Y_1がＸ出願に係る発明の発明者に該当するかを検討するに，マウス抗体を取得することは，Ｘ出願に係る発明の創作行為部分に該当するところ，同マウス抗体は，Y_1が本件作業の中で取得したものであり，同作業においては，本件共同研究における抗体作製の責任者として携わっていることなどの事情に鑑みると，Y_1は，Ｘ出願に係る発明の発明者の１人である。
- Y_1を発明者として記載しないまま，本件作業の結果を利用して行われたＸ出願は，Y_1の発明者としての名誉を侵害するものである。よって，Y_1を発明者とせずに発明届出を行ったX_1，X_2の行為は，不法行為としての違法性を有する行為である。Ｘ大学を出願人として，Ｘ出願を行うことは，Ｘ大学の事業の範囲に含まれ，X_1，X_2が，Ｘ出願に関与したことは，Ｘ大学の事業の執行についてなされたものであるから，Ｘ大学は，X_1，X_2の不法行為について使用者責任を負う。
- Ｘらは，Ｘ出願は，Ｙ出願が冒認出願であったため，Ｘ大学の特許を受ける権利を防衛するため行ったものであるから，違法性が阻却されると主張するが，Ｘ大学が，Ｙ出願と同内容の発明について，Y_1を発明者とせずに，Y_1から特許を受ける権利の承継もなく，特許出願することもまた，同じく共同出願違反になり許されないと解すべきであり，違法性阻却事由となるとする被告らの主張は採用できない。仮に，共同出願違反であるＹ出願に対抗する措置として，Ｘ大学が別途特許出願をすることが許されるとしても，発明者が誰であるかは，出願時において既に決まっている客観的事実であるから，願書にはその客観的事実に従った記載をすべきであり，Ｙ出願が冒認出願であるからといってＸ出願においてY_1を発明者から除外することが許される理由とはならない。

⑶　コメント

本件においては，Ｘ大学とＹ社との共同研究契約書14条３項には，「知的財産権の出願等」につき，「Ｘ大学又はＹ社に属する研究担当者が，共同研究の結果，共同して知的財産の創作を行い，当該創作に係る知的財産権の出願等を行おうとするときは，当該知的財産権に係る持分を協議して定めた上で，共同して出願等を行う。」との定めが置かれており，成果の帰属，持分割合は協議して定めることとされていた。しかし，そのような協議が行われることなく，Ｙ社が共同研究成果に係る発明について単独で特許出願（Ｙ出願）を行い，かかるＹ出願を知ったＸ大学が対抗措置として同発明について単独で特許出願（Ｘ出願）を行うという状況に至っている。

共同研究開発契約締結時点で，成果が帰属する当事者，共有に帰属する場合の共有持分割合を具体的に取り決めることは困難であることが多く，次善の策として，本件のように「協議」とする例も少なくない。実際に「協議」が行われずに一方当事者が単独出願をしてしまった場合は，本件のように冒認出願や共同出願義務違反，発明者名誉権侵害が問題となりうることから，成果の創出の有無やその取扱いについて常日頃意識すべく，共同研究開発の当事者間で密にコミュニケーションをとり，適切なタイミングで成果の帰属等についての「協議」を行うという運用を行うことが肝要である。

契約において成果の帰属等について定めがない場合には，裁判所は，本件のように，特許法の原則論に従って，当該成果に係る発明の発明者が誰であるかを認定し，認定された発明者が当該発明の創作にどの程度貢献したのかを判断することとなるが，発明者や共有持分割合の認定は容易ではなく，事件が複雑化，長期化し，当事者にとっても負担が重くなることが多い。この観点からも，成果の帰属等について紛争に発展しないよう共同研究開発の実際の運用を工夫することが重要であるといえる。

裁判例18　共同研究開発契約終了後の成果帰属条項の有効性が争われた事例（「浄水器開発委託事件」）

大阪地判平20・8・28（平成18年（ワ）8248号）

(1)　事案の概要

浄水器などの製造販売等を業とするＹは，プラスチック製品の製造販売等を業とするＸに対し，浄水器の基本設計，試作および性能評価，金型の設計および制作業務，ならびに，量産準備と開始の業務を委託し，かかる業務の受委託についてＸＹ間で開発委託契約（以下「本件開発委託契約」という）が締結された。

本件開発委託契約は，次のとおりである。

６条（工業所有権）
1　本開発品に関しての工業所有権を取得する権利は次の通りとする。
(1)　商標および意匠登録は被告が取得し，被告が単独で所有する。
(2)　特許および実用新案は被告と原告の共同出願とし，被告と原告の共有とする。

（中略）

８条（有効期間）
1　本契約の有効期間は，本契約締結の日から第２条の委託業務の終了日までとする。
2　前項の定めに関わらず，第５条（秘密保持）に関する定めは，この契約終了後５ヵ年有効とし，第６条（工業所有権）に関する定めは，当該工業所有権の存続期間中有効とする。

その後，本件開発委託契約は解約されたが，解約後，Ｘは発明の名称を「ツインカートリッジ型浄水器」とする発明について単独で特許出願を行い，特許権（以下「本件特許権」という）を取得した。そのうえで，Ｘは，Ｙに対して，本件特許権に基づき，Ｙが製造販売する浄水器の製造販売等の差止等を求めた。

これに対して，Ｙは，本件特許権に係る特許（以下「本件特許」という）は本件開発委託契約において定められた共同出願条項に違反してなされたものであるなどして，特許法123条１項２号，38条の無効理由があると主張した。かかるＹの主張に対し，Ｘは，本件開発委託契約をＹの債務不履行を理由に解除したから，上記第６条（本件共同出願条項）は遡及的に失効した，したがって，本件特許は共同出願義務に違反してされたものではないから，同法123条１項２号の無効理由には当たらないと反論した。

⑵　裁判所の判断

裁判所は，本件開発委託契約が合意解約されたことを認定したうえで，合意解約によっても本件共同出願条項は当然に失効したものではないと判断した。

そのうえで，本件特許出願当時も，同条項に基づき，本件特許権はＸとＹとの共有に係るものであったのであるから，ＸとＹは，本件特許を共同して出願すべき義務を負っており，これに違反してなされたＸの本件特許の出願は特許法38条に違反しており，本件特許は，同法123条１項２号により，特許無効審判で無効とされるべきものであると判断し，Ｘの請求を棄却した。

- 特定の契約を合意解約する際に，同契約中の一部の合意を存続させるにはその旨の合意をするのが通常であり，そのような特段の合意がない限りは，当該契約の全部を消滅させることが合意されたものと解釈すべきである。しかし，合意解約の対象となった契約中に契約の終了後も特定の条項の効力を存続させる旨の条項が存する場合には，その条項の適用を特に排除する合意をするなど特段の事情が認められない限り，同条項に従って契約を終了させるとの合意がされたものと推認するのが，当事者の通常の合理的意思に合致する。
- 本件共同出願条項を当該工業所有権の存続期間中有効とさせる条項の趣旨は，本件開発委託契約が終了しても，Ｙの開発費用負担の下にＸが遂行した開発業務の成果については，Ｘ・Ｙ双方がこれに寄与していることに鑑み，双方に特許権を取得させることとし，その特許出願も共同して行わせることとして，本件開発委託契約の契約当事者であるＸ・Ｙ双方の開発成果に対する利益を公平に分配し，当事者間の対価的権衡を保つことにあると解される。

- 本件開発委託契約は，一応はＹが本開発品の量産に至るまでの業務をＸに委託することをその内容とするものではあるが，金型の製作委託及び量産委託に係る業務は，それに至るまでの純然たる開発業務とはその性質を異にし，その実際の遂行に当たっては，別途の協議が行われ，別途の契約が締結されることが予定されている。そして，本件においては，量産及びその準備段階に位置づけられる金型製作業務の委託契約及び量産に向けた製造委託契約の内容を交渉したが，その合意が得られないまま，全体としての本件開発委託契約が合意解約されたものである。以上の経緯に照らせば，本件浄水器の本来の開発業務は，すでに少なくとも本件特許出願が可能な程度に完成していたものと推認することができる。他方，Ｙは，これに対する開発費用をすべて負担し，Ｘに支払っているから，そうである以上，上記開発の成果については，Ｙも一定の寄与を行っていると評価することができる。以上によれば，上記の開発成果に係る本件特許権をＸとＹの共有とすることは，合理的に基礎づけられているものというべきであり，したがって，本件共同出願条項の効力を本件開発委託契約終了後も維持することも合理性を肯定し得るものというべきである。
- 本件合意解約により，本件開発委託契約は終了したものであるが，本件共同出願条項は当然に失効するものではなく，その後，本件特許出願に至るまでの間に，同条項を失効させる旨の特段の合意がされたものと認めるに足りる証拠はないから，本件特許出願当時も，同条項に基づき，本件特許権はＸとＹとの共有に係るものであったというべきであり，ＸとＹは，本件特許を共同して出願すべき義務を負っていたものというべきである（特許法38条）。しかるに，Ｘは，単独で本件特許を出願し，その特許を得たものであるから，本件特許は，特許法38条に違反してされたものであり，同法123条１項２号により，特許無効審判で無効とされるべきものである。

(3) コメント

本件は開発委託契約の事案ではあるが，その成果である特許等の帰属を両当事者の共有とする本件共同出願条項が定められている場合において，当該条項が契約終了後も有効に存続するかが争われた。契約書中では，本件共同出願条項は，当該工業所有権の存続期間中有効であるとされているものの，契約が終了しても当該条項が有効に存続するかが定められていなかった。そこで，裁判所は，本件共同出願条項を当該工業所有権の存続期間中有効とさせる条項の趣旨，開発委託契約に基づく開発の経緯と開発業務の完成の程度，委託者の費用負担等を考慮し，合意解約により，本件開発委託契約が終了しても，本件共同出願条項は当然に失効するものではない旨判断した。

特に，共同研究開発が開発途中で頓挫し，契約を終了せざるを得ない事態になった場合，開発中止時点までに創出された成果の帰属や取扱いが問題になるおそれがある。本件のような争いを避けるためには，開発中止時点でいかなる成果が創出されているかを確認し，契約終了時にその帰属や取扱いにつき両当事者間で確認しておくことが理想であるが，最低限，共同研究開発契約書において成果の帰属や取扱いに関する条項が契約終了後も有効に存続する旨の条項（残存条項）を適切に定めることが重要である。

裁判例19　成果に関する知的財産権の侵害告知が不正競争に該当するかが争われた事例（「ソフトブラスター事件」）

知財高判平17・12・27（平成17年（ラ）10006号）

(1) 事案の概要

本件は，いずれも日本法人であるＸとＹとの間で平成２年７月に締結された製品共同開発契約（以下「本件共同開発契約」という）が合意解除（約）された後，Ｘが共同開発された製品を中国内で販売していたことに対し，ＹがＸに対し，前記販売はＹが中国において有する特許権を侵害する旨の通知をする等として販売妨害行為を行ったので，Ｙによる前記販売妨害行為は不正競争防止法２条１項14号（現21号）に該当するとして，同法３条に基づき，民事保全法に基づく仮処分として販売妨害行為の差止めを求めた事案である。

本件共同開発契約においては，本件共同開発に係る発明，考案等の工業所有権を受ける権利は，ＸおよびＹの共有（持分各２分の１）とする旨が定められていたところ，本件共同開発契約に基づき開発した本件装置に関する特許出願の協議において，Ｘが中国で特許出願をする意向を有していない旨を回答したことから，Ｙは中国において平成５年11月に単独で特許を出願し，平成13年10月に中国特許権（以下「本件中国特許権」という）の効力が発生した。

ＸとＹは，平成７年12月，ＹがＸに対して本件装置の製造を委託し，Ｘが本件装置を製造してＹにこれを供給すること等を内容とする本件装置に関する製造委託契約（以下「本件製造委託契約」という）を締結したが，本件製造委託契約は，平成15年10月に合意解除（約）され，本件装置を，ＸおよびＹのそれぞれが独自に製造し，販売できることとされた。

本件製造委託契約の合意解除（約）の頃から，Ｘは中国に対する本件装置の輸出を開始し，上海玉山社が中国におけるＸの代理店となったが，Ｙは，平成15年12月，上海玉山社に対し，類似する製品を輸入し，販売する行為は，Ｙが有する本件中国特許権を侵害する行為であるから，類似製品の広告，宣伝および販売を即時停止するよう求める旨の本件文書を送付した。

⑵　裁判所の判断

裁判所は，本件においては，ＸおよびＹはいずれも日本に本店所在地および常居所を有すること，本件差止請求は日本国内で締結された両者間の共同開発契約またはその合意解除（約）に付随する法律関係であること等の事情に照らすと，日本法が本件差止請求に関して最も密接な関係を有する法域の法として，準拠法になるとしたうえで，相手方が本件文書を送付した行為の不正競争防止法２条１項14号（現21号）該当性について，以下のとおり，当該行為が，法２条１項14号（現21号）に定める虚偽の事実の告知に該当することについての疎明はないと判断した。

- 本件文書は，その文面からすれば，Xが製造・輸出し，上海玉山社が中国内で輸入・販売していた本件装置について，その輸入・販売がYの本件中国特許権を侵害するとの趣旨のものである。そして，本件装置が本件中国特許権を実施した製品であり，かつYは本件中国特許権を有しているから，Yが本件文書を送付したことが，虚偽の事実の告知に当たるということはできない。
- Xは，本件中国特許権は，YがXに秘匿して取得したものであるから，本件共同開発契約に違反して取得されたものであって無効であると主張するが，本件中国特許権の出願についてXは同意していたと認められる。
- 本件文書の名宛人は中国国内の輸入・販売者である上海玉山社であるところ，特許権の効力については属地主義の原則が採用されており，本件中国特許権の効力が制限され，中国国内における輸入・販売行為に対する権利行使が制限されるか否かは，中国法によって決せられるべき事項である。そして，中国の特許関連法制について疎明はなされていないから，本件中国特許権の効力が本件装置の輸入・販売行為に及ぶとする本件文書の記載が虚偽であるとまでいうことはできない。

⑶　コメント

本件の共同開発契約においては，本件共同開発に係る発明等の工業所有権を受ける権利は，両当事者の共有とする旨が定められていた。それにもかかわらず，中国における共同開発成果に係る発明の特許をYのみで出願，取得することにXが同意したことが認められ，Xの中国における共同開発成果に係る事業が妨げられうる状況が生じている。

Xとしては，中国における特許出願の協議の際に，将来における中国における事業展開を念頭に置き，共同開発契約の定めに従って，共同で出願を行うか，少なくとも，Y単独で出願するとしても，Xに対する実施許諾を取り付けておくべきであったと考えられる。また，製造委託契約の合意解除（約）の際に，中国における本件装置の輸入，販売活動を念頭に置いた合意を行うこともX側の対応策となるであろう。

中国における共同開発成果に係る発明の特許をＹのみで出願，取得することにＸが同意した経緯については必ずしも明らかではなく，Ｘとしては，Ｙが本件装置に係る発明について中国における特許出願を単独で行ったことを明確に把握していなかったように思われる。成果の取扱いが問題となった際には，明確な合意をしておかなければ，本件のように事業展開に支障が生じうるということには留意しておく必要がある。

裁判例20　共同研究開発に関連する発明の共同発明者性・持分割合が争われた事例（「ポカラ事件」）

東京高判平14・3・29（平成13年（ネ）2876号），東京地判平13・4・26（平成11年（ワ）10306号）

(1)　事案の概要

Ｘ，Ｙおよび訴外Ｚは，３社の共同開発によりポカラＡと呼ばれる発明をなし，平成９年６月17日，特許出願を行った。出願手続中に訴外Ｚがポカラ Ａの特許を受ける権利の共有持分３分の１を放棄したため，ＸおよびＹの各共有持分を２分の１ずつとする出願人名義変更届がなされた。ＸとＹは，平成９年８月19日，ポカラＡの共同出願に関する覚書（本件覚書）を締結した。

①　ポカラＡの特許を受ける権利を各共有持分２分の１とする（本件覚書１条）。
②　ポカラＡのＸ・Ｙによる実施及び第三者への実施許諾については，必要の都度，Ｘ・Ｙが相互の利益になるように配慮することを前提として協議の上，決定する（同３条）。
③　Ｘ・Ｙは，ポカラＡの改良について特許又は実用新案登録の出願をしようとする場合には，あらかじめ一方当事者にその内容を通知し，この場合の取扱いについてはＸ・Ｙが協議の上，決定する（同７条）。

Ｙは，ポカラＡに係る特許出願とは別に，ポカラＡと同分野の別の複数の発明（以下「本件各発明」および「上記各発明」という）につき単独で特許出願をなし，全く別の第三者に実施許諾を行って実施料を得たところ，Xは，本件各発明は，Yとの共同発明であるか，またはYとの間で特許を受ける権利を各2分の1の割合の共有とする旨合意したとして，当該特許を受ける権利につき共有持分2分の1の確認を求めるとともに，本件各発明等の実施料としてYが受領した金員の2分の1について支払を求めた。

(2)　裁判所の判断

原判決は，上記各発明について，XおよびYの共同発明であるとも，XがYとの間で特許を受ける権利を各2分の1の割合の共有とする旨合意したとも認められないとして，Xの請求を棄却した。控訴審判決も以下のとおり判断して，原判決を支持し，控訴を棄却した。

- ポカラAについては，XとYが共同開発を進め，同年6月17日，共同出願人として特許出願をした経緯はあるが，ポカラ十字ブロック，ポカラB及びポカラDについては，X社員に共同発明者といえるだけの実質的な関与があったということはできないから，ポカラAを除く上記各発明が，共同開発の合意に基づくXとYによる一連の共同開発行為の中で行われたとしても，X社員が上記各発明の共同発明者であるとするXの主張は採用することができない。
- 本件覚書は，「本発明」をポカラAに特定した上，1条において，「本発明」について特許を受ける権利をX及びYの共有とすることを明記し，7条において，本発明の改良について特許又は実用新案登録の出願をしようとする場合に，あらかじめ一方の当事者にその内容を通知し，この場合の取り扱いについてX及びYが協議の上決定することを明記している。そうすると，本件覚書は，ポカラAとその余の発明とを明確に区別して記載した上，1条において，ポカラAの特許をXとYの共有とし，7条において，その改良発明について通知義務及び協議義務を定めていることが明らかである。加えて，本件覚書が作成された平成9年8月19日に先立って，同年7月17日，ポカラ十字ブロックが既にＹにより特許出願されており，このことがＸにも知らされたことを契機に本件覚書の締結に至ったことは原判決の認定するとおりであるから，既にポカラ十字ブロックの特許出願がＹ単独でされたことを知りながら，本件覚書においてポカラＡのみを「本発明」として共有と明記している以上，その余の本件各発明に係る権利をＸとＹの共有にする合意がされたと認めることはできない。

⑶　コメント

本件では，共同開発によりなされた発明と同一分野の他の発明について，共同開発の成果であるか否かが争われた。裁判所は，当該他の発明の内容，発明がなされた経緯を詳細に検討し，当該共同開発の当事者間でなされた共同発明とはいえない旨判断した。また，当該他の発明の特許を受ける権利を共有とする旨の合意も認められないと判断した。

共同研究開発の当事者が当該共同研究開発と同一の分野の研究開発を独自に実施する場合，本件のように，独自の研究開発により創出された発明が共同発明であるのではないかという疑義が生じうる。共同研究開発と同一，類似するテーマについて別に独自に研究開発を行う当事者においては，自社独自の研究開発の経緯，内容に関する資料を，発明が自社独自でなされたものであることを立証できるよう予め準備しておくことが望ましい。

なお，このような場合，共同研究開発において相手方から提供された技術情報などの秘密情報について秘密保持義務・目的外使用禁止義務違反も問われることもありうることから，開示を受けた秘密情報を自社独自の研究開発に利用しないよう情報管理について細心の注意を払う必要もある。

裁判例21　共同研究開発の一方当事者に属する研究者による相手方当事者に対する職務発明対価請求が否定された事例（「自由発明対価等請求事件」）

知財高判令元・5・28（平成30年（ネ）10090号），大阪地判平30・11・26（平成29年（ワ）6494号）

(1)　事案の概要

本件は，発明の名称を「器質的脳障害に起因する高次脳機能障害の低下に対する改善作用を有する組成物」とする発明の特許（以下「本件特許」という）の発明者の一人でA大学の助教授であったXが，本件特許の特許を受ける権利をA大学の共同研究相手方であるS社に譲渡したと主張して，S社から会社組織改編に伴い本件特許の特許権も承継したYに対し，職務発明の対価として，または，特許を受ける権利の譲渡に伴う合理的意思解釈ないし信義誠実の原則による合理的な譲渡対価等として，1億3,500万円および平成27年4月以降の国内販売分および平成15年以降平成29年までの国外販売分に対する発明対価の支払を請求した事案である。

(2)　裁判所の判断

原審は，本件訴えのうち，Xの平成27年4月以降の国内販売分および平成15年以降平成29年までの国外販売分に対する発明対価の支払を求める部分については，給付を求める内容が特定されていないから不適法であるとして却下し，Xのその余の部分をいずれも棄却した。控訴審判決も原判決を支持し，以下のとおり，控訴を棄却した。

- 認定事実によれば，①本件共同研究契約の研究目的である「アラキドン酸含有油脂の高次脳機能に及ぼす影響を検討する」ことは，本件発明の対象と同じものであること，②Yは，本件発明に関する記事が新聞に掲載されて本件原出願の手続を早急に進めることとした当初から，本件発明が本件共同研究契約によるものであることを前提とする指示をP_3（本件特許の発明者の一人）にしていたこと，③Ｘも，Ａ大学に発明届出書を提出するに当たり，自ら，本件発明が本件共同研究契約によるものである旨を記載し，その契約書を添付したこと，④Ａ大学もＸからの発明届出書やＹからの早期出願の申入れに異議を述べずに，本件原出願の手続を進めたこと，⑤本件共同研究契約上の研究代表者であるP_4がＹに提出した共同研究報告書の内容も，本件原出願及び本件出願に係る明細書の記載と同じ内容であることが認められ，これらからすれば，本件発明は，本件共同研究契約の成果としてされた発明である。

- 本件共同研究契約における共同研究による発明の取扱いに関する定め，特に，各発明者に対する補償は，Ａ大学とＹがそれぞれに属する発明者に対してのみ，自己所定の規定に基づき行うものとすると定められていることからすると，本件共同研究契約においては，Ａ大学とＹは，それぞれに属する発明者からのみ特許を受ける権利の譲渡を受けて出願することが想定されていたと認められる。このことからすると，Ｙが，本件共同研究契約の成果である本件発明に係る特許を受ける権利について，自己の従業員であるP_3の持分以外にＸの持分の譲渡も受ける意思を有していたとは考え難いことである。
- Ｘも，Ａ大学側から，本件発明に係るＸの持分100％をＡ大学に譲渡したことを確認する旨の譲渡証書の提示を受けて，これに署名押印して交付しているのであるから，Ｘも本件発明に係るＸの持分をすべてＡ大学に譲渡する意思を有していたと認められる。

⑶　コメント

本件は共同研究開発の一方当事者の従業員が，その所属する当事者に対してではなく共同研究開発の相手方に対して職務発明の対価を求めたという事案である。本件では，共同研究契約書においても各発明者に対する補償は，各当事者が行うという定めが置かれており，各当事者で各発明者から譲渡証書の提出を受けていたことなどから，Ｙに対してＸの発明に関する権利が譲渡された事実は認められないとされた。裁判例16のように，一方当事者の内部関係における発明者の取扱い等については，その性質上，契約による手当が難しいことは先に述べたとおりであるが，本件のように成果の帰属について契約やその後の手続きにおいて適切に手当しておくことで，事業の安定的な遂行を図るべきである。

裁判例22　共同出願契約の記載に基づき特許権の持分が喪失したと判断された事例（「靴ひも事件」）

知財高判令２・８・20（令和２年（ネ）10016号），東京地判令２・１・30（平成31年（ワ）4944号）

(1)　事案の概要

本件は，発明の名称を「チューブ状ひも本体を備えたひも」とする本件特許権１および「チューブ状ひも本体を備えた固定ひも」とする本件特許権２を有するXが，本件各特許権の共有特許権者であるAおよび同人が代表取締役を務めるYに対して，Y製品の製造・販売行為が本件特許権１の侵害行為に該当するとして，Y製品の輸入・販売等の差止めを求めるとともに損害の一部である金銭の支払等を求めた事案である。

X，Yらは，本件各特許の出願に際して，本件各特許の共有者とともに，本件各特許権の出願及び実施品の販売に関して以下の条項を含む共同出願契約（以下「本件共同出願契約」という）を締結していた。

第８条（権利の譲渡等制限）
X，Y，B及びAが他の全ての当事者の同意を得なければ，本件特許権を，Y，B及びAが自ら経営する法人以外の第三者に譲渡し，あるいは本件発明の実施を許諾してはならない。

（中略）

第13条（違反行為）
事前の協議・許可なく，本件の各権利を新たに取得し，又は生産・販売行為を行った場合，本件の各権利は剥奪される。（X，Y，B及びAの全員が対象である）（本件定め）

⑵　裁判所の判断

原審は，Xによる平成28年４月以降の販売行為によりXは本件共同出願契約における本件定めに違反しており，同条項の定めに基づき本件各特許権の共有持分を喪失したものであるとして，Xの請求を棄却した。控訴審判決も原判決を支持し，以下のとおり控訴を棄却した。

- 本件共同出願契約がされた当時，日本市場に向けた販売と異なり，海外市場に向けた販売については，誰がどのように行うかについて合意が形成されていなかった。Yは，海外市場においても本件特許の共有者４者の協調関係の下で販売活動を行ったほうがよいと考え，４者全員が参加するR法人を設立した上で，当該法人を通じて海外市場での販売活動を行うという形で進めるべく準備を行い，Xもこれに同調していた。しかし，Xは，海外販売を自分の意のままに管理したいと述べて翻意し，平成27年４月にR法人への関与から事実上脱退した。このことを契機として，以後，R法人とXがそれぞれ独自に海外市場で販売を行うこととなり，Xは，米国等において製品の販売を行った。
- Xは，平成28年４月以降，他の共有者であるY，B及びAの同意ないし許可を得ることなく，日本において，独自に原告製品を製造し，「キャタピラン」等の名称で販売している（原告販売行為）。
- 特許法73条２項によれば，各共有者が自らする特許発明の実施については，他の共有者の同意を要しないことをもって原則とした上，共有者間の合意によってこれと異なる定めをすることができる。そこで，X，Y，B及びAの間において締結された本件共同出願契約についてみると，同契約は，上記４名の間において，既に平成24年７月から共同事業が開始されている製品のほか，今後，事業を行うものも含めて，結ばない靴ひもの製造販売に関し，その権利関係等について取り決めるため締結されたものであると解される。

- 本件共同出願契約が締結された経緯や，靴ひもの製造販売に関する共同事業の前提となる権利関係等を確認するための法的合意文書であるという契約書の性格にも照らせば，各共有者は，既に明示又は黙示的に合意されている事業形態（商流）に沿って発明を実施することは，各共有者においてすることができる一方，それと異なる態様での自己実施については，別途の協議，すなわち，事前の協議・許可を要し，これをすることなく，既に取得された特許権の実施として製品の生産・販売行為をすることは許されないとして制約したものと解される。また，本件定めの「剥奪される。」との文理からすると，他の共有者の事前の協議・許可を経由することなく，本件各特許権に係る発明を，自ら実施して，製品の生産又は販売をした共有者は，本件各特許権に係る自己の持分権を喪失するものと解するのが相当である。

(3)　コメント

本件では，共同出願契約で定める一定の行為を行った場合には共有持分が剥奪される旨の定めがあったところ，裁判所がXの契約に違反する行為を認定して契約書の記載に基づきXの持分が喪失したと判断した点が参考になる。成果の帰属や成果の実施については，発明の事業化に大きな影響を与えるが，契約の定めに違反した場合に持分を喪失するという規定も当事者間の合意として有効と判断されていることからも，Xとしては将来の事業化に支障が生じないような契約書の条件となるよう留意すべきであったといえる。もっとも，Yからすれば共有特許権者が協調して事業を行うことを志向していたものであり，共有持分権者が将来的にそれぞれ独自の販売活動をすることを阻止するという意味では，効果的な文言を契約書に盛り込めたという評価が可能である。共同研究成果の実施（事業化）の仕組みを契約条項化するに際して示唆に富む事件である。

巻末資料

書式１　秘密保持契約書

秘密保持契約書

Ａ株式会社（以下「Ａ社」という。）とＢ株式会社（以下「Ｂ社」という。）とは，Ａ社が製造技術を有するＸ物質を採用したＢ社のＹ製品開発についての共同研究開発の可能性を検討する目的（以下「本目的」という。）のため，各々が保有する情報を相互に開示するにあたり，本秘密保持契約（以下「本契約」という。）を締結する。

第１条（秘密情報）

1　本契約において「秘密情報」とは，本目的のために，本契約に基づいて情報を開示する当事者（以下「開示当事者」という。）から本契約に基づいて情報の開示を受ける当事者（以下「受領当事者」という。）に対して開示される次の各号に定める情報，並びに，本契約締結の事実及び本契約の内容をいう。

⑴　有体物（書面，電子メール，電子ファイル，試作品等を含む。）で開示される場合には，開示の際に開示当事者が秘密情報である旨を明示した情報

⑵　口頭又は映像など無形的な方法で開示される場合には，(i)開示の際に開示当事者が秘密情報である旨を明示し，かつ，(ii)当該開示の時点から10営業日以内に開示当事者が受領当事者に送付した秘密情報である旨を明示した書面に記載された情報

2　次の各号のいずれかに該当することが受領当事者によって書面により証明される場合には，当該情報は前項の秘密情報に含まれない。

⑴　受領前にすでに公知であった情報

⑵　受領後に受領当事者の責によることなく公知となった情報

⑶　受領時に受領当事者が秘密保持義務を負うことなく適法に保有していた情報

⑷　受領当事者が権限を有する第三者から秘密保持義務を負うことなく適法に入手した情報

⑸　受領当事者が秘密情報を利用することなく独自に開発又は知得した情報

第２条（秘密保持義務）

1　受領当事者は，善良な管理者の注意義務をもって秘密情報を管理し，秘密情報について厳に秘密を保持するものとし，開示当事者の事前の書面承諾を得ることなく，

秘密情報を第三者に開示又は漏洩してはならない。

2　受領当事者は，開示当事者の事前の書面承諾を得ることなく，秘密情報について，リバースエンジニアリング・逆コンパイル・分解その他類似の行為を行ってはならない。

3　受領当事者は，本目的のために必要な範囲の役員，従業員，弁護士，公認会計士，税理士及びその他外部専門家（以下「開示対象従業員等」という。）にのみ秘密情報を開示することができるものとする。この場合，受領当事者は，開示対象従業員等に対し本契約に基づく義務と同様の義務を課し，遵守させるものとし，開示対象従業員等による義務の違反があった場合には，受領当事者による義務の違反として開示当事者に対して直接責任を負う。

4　本契約は，受領当事者が，法律に基づく政府又は裁判所の命令により秘密情報の開示を強制された場合に，当該強制された範囲内で秘密情報を開示することを妨げるものではない。但し，受領当事者は，当該命令を受領後速やかに開示当事者へ通知し，保全命令等の取得その他の適切な秘密保持措置を講じることにつき開示当事者に協力する。

第３条（目的外使用禁止）

受領当事者は，開示当事者の事前の書面承諾を得ることなく，秘密情報を本目的以外の目的に利用してはならない。

第４条（秘密情報の複製）

受領当事者は，本目的のために必要な範囲において秘密情報を複製（文書，電磁的記録媒体，光学記録媒体その他一切の記録媒体への記録を含む。）することができるものとする。

第５条（秘密情報の返還・廃棄）

受領当事者は，本契約の有効期間中であるか，本契約の終了後であるかを問わず，開示当事者の要請がある場合には，開示当事者の指示に基づき，直ちに，秘密情報の原本，複製，要約を含む一切を開示当事者に返還し，又はそれらを廃棄するものとする。

第６条（表明保証・瑕疵担保責任）

1　開示当事者は，秘密情報の開示に際し，当該秘密情報の開示につき必要な権限，権利及び能力を有すること，並びに，本契約に基づく秘密情報の開示が適法であり，第三者との契約違反を構成しないことを表明し，保証する。

2　開示当事者は，受領当事者に対し，開示する秘密情報に何らかの誤り又は瑕疵があった場合でも，何らの責任を負わないものとし，秘密情報の正確性及び完全性について，前項に規定するほか一切の明示又は黙示の保証をしないものとする。

第７条（知的財産権）

1　秘密情報にかかる一切の権利は開示当事者に単独に帰属し，開示当事者による秘密情報の開示は，本契約で明示的に認められたものを除き，受領当事者に対して，秘密情報にかかる特許権，実用新案権，意匠権，著作権，商標権，ノウハウ，その他一切の知的財産権の譲渡や実施・使用許諾を行うものではない。

2　受領当事者は，秘密情報に基づき発明，考案，意匠，著作物，その他の知的財産を創作した場合には，直ちに開示当事者に対してその旨通知しなければならない。当該知的財産にかかる権利の帰属及び当該知的財産の利用，権利化，公表，その他取扱いについては，当事者間で別途協議のうえ決定する。

第８条（有効期間）

1　本契約の有効期間は，本契約の締結日から１年間とする。

2　A社及びB社は，相手方に対し，１か月以上の予告期間をもって書面で通知することにより，本契約を解約することができる。

3　本契約第５条，第６条，第７条及び第９条の規定は，本契約終了後（終了の理由を問わない。以下同様とする。）も有効に存続する。なお，本契約第２条及び第３条に定める受領当事者の義務は，本契約終了後もさらに２年間有効とする。

第９条（準拠法・紛争解決）

1　本契約の準拠法は日本法とし，日本法によって解釈される。

2　本契約に基づく一切の紛争は，■■地方裁判所を第一審の専属的合意管轄裁判所と定める。

第10条（協議）

本契約に定めのない事項が生じたとき，又は，本契約の条項の解釈若しくは運用に疑義を生じたときは，A社及びB社が誠実に協議の上，これを処理及び解決するものとする。

以上を証するため，本契約書２通を作成し，各当事者が記名捺印の上，各１通を保有する。

○○年○月○日

A社：

B社：

書式２　フィージビリティ・スタディ契約書

フィージビリティ・スタディ契約書

Ａ株式会社（以下「Ａ社」という。）とＢ株式会社（以下「Ｂ社」という。）とは，Ａ社及びＢ社の協働による製品の事業化などの実行可能性を互いに調査することにつき，以下のとおり，フィージビリティ・スタディ契約（以下「本契約」という。）を締結する。

第１条（目的）

Ａ社及びＢ社は，Ａ社が製造技術を有するＸ物質を採用したＢ社のＹ製品（以下「本製品」という。）の事業化のため，各々が保有する技術情報等を相互に補完する可能性とその具体的スキームを調査・検討するためのフィージビリティ・スタディ（以下「本調査」という。）を共同して行う。

第２条（情報交換）

1　Ａ社及びＢ社は自己が保有する以下の技術情報であって，本調査のために必要な範囲のもの（以下「本技術情報」という。）を相互に開示する。
　Ａ社の技術情報：Ｘ物質に関する技術情報
　Ｂ社の技術情報：Ｙ製品に関する技術情報
2　Ａ社及びＢ社は相手方が開示する本技術情報について，Ａ社及びＢ社が締結した■年■月■日付「秘密保持契約書」において規定する秘密情報として取扱う。

第３条（役割分担）

本調査におけるＡ社及びＢ社の各役割分担は，以下に定めるとおりとする。
①　Ａ社の役割分担
　Ｂ社から開示を受けた本技術情報に基づく◆◆◆の評価・検討
②　Ｂ社の役割分担
　Ａ社から開示を受けた本技術情報に基づく◇◇◇の評価・検討

第４条（スケジュール）

1　A社及びB社は，前条にて定めた自己の役割分担を本契約別紙に定めたスケジュール（以下「本スケジュール」という。）に従って遂行し，遅くとも■年■月■日までに本調査を完了させることに合意する。

2　A社又はB社は，本スケジュール又は本調査の完了時期を変更する必要が生じた場合，相手方に直ちに通知し，本スケジュールの変更の可否及び変更内容等について相手方と誠実に協議する。

第５条（費用分担）

A社及びB社は，第３条にて定めた自己の役割分担を遂行するための費用を各々負担する。但し，いずれの役割分担及び費用負担であるかが明らかでない役割及び費用が発生する見込みが生じた場合には，A社及びB社が誠実に協議の上，その役割及び負担の別及び割合を決定する。

第６条（連絡・報告）

A社及びB社は，本調査に関して相互に緊密な連絡を取り合うものとし，随時相手方に本調査の進捗状況の報告を求めることができる。

第７条（技術的成果）

1　A社及びB社は，本調査の遂行の結果何らかの技術的成果（以下「本成果」という。）を得た場合には，速やかに相手方に通知する。

2　A社及びB社は，本成果は原則としてA社B社の共有とすることに合意する。但し，A社又はB社が，相手方から開示を受けた本技術情報によることなく，自ら単独で本成果を得た場合には，当該本成果は単独で本成果を得た当事者に帰属するものとする。

第８条（本調査終了後の措置）

1　A社及びB社は，本調査の結果，本製品の事業化が実行可能と判断した場合は，別途，共同研究開発契約等必要な契約（以下「正式契約」という。）の締結に向けて，誠実に協議，交渉する。但し，A社及びB社は，本契約の締結が正式契約の締結を確約又は保証するものではないことを相互に確認する。

2　本調査の結果如何を問わず，A社及びB社が正式契約の締結に至らなかった場合，

A社及びB社は，自己単独で又は第三者と共同して，本製品と同一又は類似する製品の事業化を検討，実施することを妨げられない。

第９条（有効期間）

1　本契約の有効期間は，■■年■月■日から■■年■月■日までとする。但し，有効期間満了日前であっても，下記各号のいずれかの手続がとられた場合，本契約は当該手続の完了日に終了する。

①　A社及びB社が，本製品の事業化が実行可能であることに合意したとき

②　A社及びB社が，本製品の事業化が実行不能であることに合意したとき

2　A社及びB社は，本契約の有効期間満了日の１か月前までに書面により合意することにより，６か月を超えない期間において本契約の有効期間を延長することができる。

第10条（解約）

1　A社又はB社は，不測の事態の発生により，やむを得ず本調査を中止又は大幅に遅延せざるを得なくなった場合には，相手方にその事情，理由を説明し，相手方の同意を得ることによって，本契約を解約することができる。

2　A社又はB社は，相手方が以下の各号のいずれかに該当するときは，本契約を解除することができる。

①　本契約に違反し，相当期間を定めた違反是正の催告を受けた後も，当該相当期間内に違反を是正しないとき

②　監督官庁から営業停止又は営業取消の処分を受けたとき

③　差押，仮差押，仮処分，強制執行，担保権の実行としての競売，租税滞納処分その他これに準じる手続が開始されたとき

④　破産手続開始又は民事再生手続，会社更生手続開始の申立ての事実が生じたとき

⑤　手形交換所から手形不渡り処分を受け，金融機関から取引停止処分を受け，又は支払停止状態に陥ったとき

⑥　解散の決議又は他の会社との合併を行ったとき

第11条（協議）

本契約に定めのない事項が生じたとき，又は本契約の条項の解釈若しくは運用に疑義を生じたときは，A社及びB社が誠実に協議の上，これを処理及び解決するものとする。

以上を証するため，本契約書２通を作成し，各当事者が記名捺印の上，各１通を保有する。

○○年○月○日

A社：

B社：

書式3　レター・オブ・インテント

Letter of Intent

This Letter of Intent (this "LOI") is made and entered into as of MM DD, YYYY (the "Effective Date") by and between A Company ("A") and B Co. Ltd. ("B"), and confirms the discussions between the parties with respect to the following:

(a) A has been researching and developing technology in the field of compound X ("A's Technology");

(b) B has been researching and developing technology in the field of Y product ("B's Technology");

(c) The parties intend and desire to collaborate with each other to develop and commercialize products utilizing and integrating A's Technology and B's Technology (the "Products"); and

(d) The parties wish to discuss and negotiate in good faith to set forth the terms and conditions of the collaborative research and development to develop and commercialize the Products.

Article 1. Purpose of this LOI

This LOI summarizes, as shown in the Exhibit hereto, the preliminary and tentative understanding and agreement of the parties with respect to the collaborative research and development of the Products. Upon the execution of this LOI by both of the parties, it is anticipated that representatives of A and B will promptly negotiate a definitive agreement (the "Definitive Agreement") in good faith, embodying the terms and conditions of the collaborative research and development contained in this LOI.

Article 2. Non-Binding

The parties acknowledge and agree that, except for Article 3 (Exclusivity) and Article 4 (Term) of this LOI, this LOI merely constitutes an expression of the current intent of the parties, but under no circumstances is it to be construed as creating any legal obligation for either party until such time as the Definitive

Agreement, based on the intentions contained in this LOI, has been executed by the parties.

Article 3. Exclusivity

Until the termination of this LOI, the parties shall not enter into discussions with any third party regarding subject matter identical or similar to this LOI.

Article 4. Term

This LOI shall enter into force on the Effective Date, and shall terminate on the earlier of: (i) the date of execution of the Definitive Agreement, or (ii) MM DD, YYYY. The parties shall have no claim against each other as a result of the termination of this LOI for any reason.

(Signature)

(Exhibit)

1. Roles of Each Party

   A's Roles:

   ・・・

   B's Roles:

   ・・・

2. Cost Allocation of Each Party

   ・・・

3. Schedule of the Collaborative Research and Development

   ・・・

（和訳）

レター・オブ・インテント

本レター・オブ・インテント（「本LOI」）は，YYYY年MM月DD日（「効力発生日」）にA株式会社（「A社」）及びB株式会社（「B社」）との間で締結され，以下の事項に関する両当事者の協議内容を確認するものである。

(a)　A社は物質Xにおける技術（「A技術」）の研究開発を実施してきた。
(b)　B社はY製品の分野における技術（「B技術」）の研究開発を実施してきた。
(c)　両当事者は，A技術及びB技術を利用・統合した製品（「本製品」）の開発及び商業化を意図し，希望している。
(d)　両当事者は，本製品の開発及び商業化のための共同研究開発に関する条件を定めるために誠実に協議・交渉することを望んでいる。

第１条　本LOIの目的

本LOIは，別紙に示すとおり，本製品の共同研究開発に関する両当事者の予備的な理解及び合意事項を要約するものである。両当事者が本LOIを受諾することで，A社及びB社の代表者が，本LOIの共同研究開発に関する契約条件を具体化する最終合意について誠実に協議を実施することが期待されている。

第２条　法的拘束力の否定

両当事者は，本LOI第３条（独占性）及び第４条（有効期間）を除き，本LOIは単に両当事者の現時点における意図を表明するものであり，いかなる場合においても，本LOIに含まれる意図に基づいた最終合意に係る契約が両当事者間で締結されるに至るまで，いずれの当事者にもいかなる法的義務を生じさせると解釈されるべきものではないことを認識し，合意する。

第３条　独占性

本LOIが終了するまで，両当事者は，本LOIと同一又は類似する主題に関して，いかなる第三者とも協議を開始してはならない。

第４条　有効期間

本LOIは，効力発生日に効力を生じ，ⅰ最終合意に係る契約の締結日，又は，ⅱ

YYYY年MM月DD日のいずれか早い日に終了する。両当事者は，いかなる理由であれ，本LOIの終了の結果を受けて，他方当事者に対して何ら主張を行うことはできない。

（署名）

（別紙）

1．各当事者の役割

A社の役割：

・・・

B社の役割：

・・・

2．各当事者の費用負担

・・・

3．共同研究開発のスケジュール

・・・

書式４　共同研究開発契約書

共同研究開発契約書

A株式会社（以下「A社」という。）とB株式会社（以下「B社」という。）とは，■■に係る製品（以下「本製品」という。本製品の定義の詳細は本契約第２条に定めるとおり。）の製品化を行うための研究開発を共同して遂行する目的（以下「本目的」という。本目的の定義の詳細は本契約第２条に定めるとおり。）で，以下のとおり，本契約を締結する。

第１条（定義）

本契約において，本条各号に定める各用語は，別段の定めのない限り，以下の本条各号に定める意味を有するものとする。

1　「研究成果」とは，本契約の履行又は本共同研究開発の遂行の過程で得られた発明等を含む一切の技術的成果をいう。

2　知的財産権の「実施」とは，特許法第２条３項に定める行為，実用新案法第２条３項に定める行為，意匠法第２条３項に定める行為，著作物の利用行為及びノウハウの使用をいう。

3　「知的財産権」とは，次に掲げるものをいう。

イ　特許権，実用新案権及び意匠権並びに外国における特許権，実用新案権及び意匠権に相当する権利

ロ　特許を受ける権利，実用新案登録を受ける権利及び意匠登録を受ける権利並びに外国における特許を受ける権利，実用新案登録を受ける権利及び意匠登録を受ける権利に相当する権利

ハ　秘匿することが可能な営業上又は技術上の情報であって，かつ，財産的価値のあるもの（以下「ノウハウ」という。）

4　「発明等」とは，発明，考案，意匠，著作物及びノウハウをいう。

第２条（本共同研究開発の遂行）

A社とB社は，共同して下記の研究開発（以下「本共同研究開発」という。）を行うものとする。

記

① 共同研究開発テーマ：■■■■

② 本目的：■■■■

③ 本製品：■■■■

第３条（役割分担）

１　本共同研究開発におけるＡ社及びＢ社の各役割分担は，以下に定めるとおりとする。Ａ社及びＢ社は，本共同研究開発において各自の役割を誠実に遂行するものとする。

⑴　Ａ社の役割

① 本製品の仕様の検討・設計・提案・修正・完成

② 本製品の試作品の製作・提供・修正・完成

③ 本製品の最終設計図面の製作・提供・修正・完成

④ 本製品の製造

⑵　Ｂ社の役割

① 本製品の仕様の評価

② 本製品の試作品の試験・評価

③ 本製品の最終設計図面の評価

④ 本製品の試験・評価

２　Ａ社及びＢ社は，本共同研究開発に関して，前項に定める役割以外の業務を行う必要が生じた場合には，当該業務の内容，役割及び遂行条件を協議して定めるものとする。

３　Ａ社及びＢ社は，本条第１項に定める自己の役割分担の全部又は一部を第三者に委託しようとする場合には，相手方の書面による事前承諾を得なければならない。

４　Ａ社及びＢ社は，前項に基づく相手方の承諾を得て第三者に再委託を行う場合には，自らが本契約において負担する義務と同一の義務を当該第三者に課すとともに，当該第三者による義務違反に基づく責任について，当該第三者と連帯して責任を負うものとする。

第４条（第三者との共同研究開発の制限）

Ａ社及びＢ社は，本共同研究開発期間中，相手方の書面による事前承諾を得ることなく，本共同研究開発と同一又は類似する研究又は開発を第三者と共同で行ってはならない。

第５条（情報・資材等の提供）

1　A社及びB社は，自己が保有する秘密情報のうち，本共同研究開発を遂行するために必要なものについて，相手方に対して無償で開示するものとする。但し，自らが第三者との契約又は法規則によって秘密保持義務を負っている秘密情報についてはこの限りでない。
2　A社及びB社は，本共同研究開発を遂行するために必要な資材・原材料・設備等について，相手方に対して提供するものとする。
3　A社及びB社は，本条１項に基づいて相手方から開示を受けた秘密情報並びに本条２項に基づいて相手方より提供を受けた資材，原材料及び設備等を，相手方の書面による事前承諾を得ることなく本共同研究開発を遂行する目的以外の目的で使用してはならない。
4　A社及びB社は，本共同研究開発が終了又は中止した場合には，相手方から開示又は提供を受けた秘密情報（複製物を含む）並びに未使用の資材・原材料及び設備について，開示者の指示により速やかに返還又は破棄する。また，破棄を行った場合には，当該廃棄を証する書面を，当該廃棄をした後，速やかに開示者に対して交付するものとする。

第６条（秘密保持）

1　A社及びB社は，本契約の内容並びに本共同研究開発に関連して相手方より提供又は開示を受けた情報であって提供又は開示の際に相手方より秘密である旨の表示がされ，又は口頭で開示された場合には開示後■日以内に書面で相手方に対して秘密である旨が通知されたもの（以下「秘密情報」という。）について，相手方の事前の書面による承諾を得ることなく，第三者に対して開示若しくは提供せず，又は本共同研究開発を遂行する目的以外の目的で使用してはならない。但し，以下の各号のいずれかに該当する情報については，この限りではない。
　①　提供又は開示を受けた際，既に自己が保有していた情報
　②　提供又は開示を受けた際，既に公知となっている情報
　③　提供又は開示を受けた後，自己の責めによらずに公知となった情報
　④　正当な権限を有する第三者から秘密保持義務を負わずに適法に取得した情報
　⑤　秘密情報によることなく独自に開発・取得した情報
　⑥　書面により事前に相手方の同意を得た情報
2　A社又はB社は，前項の定めによって相手方の事前の書面による承諾を得て秘密情報を第三者に開示又は提供する場合には，当該第三者に対して本契約により自らが負うのと同等の義務を課すものとし，当該第三者による秘密保持義務違反に基づく責任について当該第三者と連帯して責任を負うものとする。

3　A社及びB社は，本共同研究開発を遂行する目的の下で本共同研究開発を遂行するために当該秘密情報を知る必要のある自らの役員及び従業員に対し，秘密情報を開示して利用させることができる。但し，A社及びB社は，当該役員及び従業員に対して秘密情報の秘密保持を誓約させるとともに，当該役員及び従業員による秘密保持義務違反に基づく責任について当該役員及び従業員と連帯して責任を負うものとする。
4　本契約における他の定めにもかかわらず，A社及びB社は，裁判所，行政機関等から法規則に基づいて秘密情報の開示を要請された場合には，速やかに相手方に通知するとともに，適切な秘密保持措置を講じたうえで当該秘密情報を必要な範囲で開示することができる。
5　A社及びB社は，本共同研究開発に先立って締結した■■年■■月■■日付け秘密保持契約書（以下「本件秘密保持契約」という。）について，特段の定めのない限り，本件秘密保持契約が本契約に優先して適用されることに合意する。

第7条（研究費用の負担）

A社及びB社は，本契約第3条にて定めた自己の役割分担を遂行するための費用を各々負担するものとする。但し，いずれの役割分担及び費用負担であるかが明らかでない役割及び費用が生じる見込みが生じた場合には，A社及びB社が誠実に協議の上，その役割及び負担の別及び割合を決定する。

第8条（進捗状況の報告）

1　A社及びB社は，本契約に基づく共同研究開発期間中，毎月末日までに当月における本共同研究開発の進捗状況を互いに書面で報告するものとする。
2　A社及びB社は，前項に定める月次報告のほか，相手方より本共同研究開発の進捗状況に関する照会を受けたときは，速やかに当該照会に対して回答するものとする。
3　A社及びB社は，前2項の報告を受けた場合において，本共同研究開発の目的を達成するために必要と認めるときは，相手方に対して研究開発活動の改善又は改良を含めた適切な措置を講じるよう要請することができる。この場合，A社及びB社は，講じるべき措置の内容を含め，誠実に協議して決定するものとする。

第９条（本共同研究開発の変更・中止）

1　A社及びB社は，本共同研究開発の進捗状況を考慮したうえで必要かつ相当であると判断した場合，相手方に対して本共同研究開発の内容変更又は中止を要請することができ，以後，両者は誠実に協議して本共同研究開発の内容変更又は中止の可否等を決定する。
2　前項に定める本共同研究開発の内容の変更によって本共同研究開発に関する追加費用が生じた場合，A社及びB社は協議してその取扱いを決定するものとする。

第10条（研究成果の帰属）

1　A社及びB社は，自己に所属する本共同研究開発責任者・担当者等が本共同研究開発に関して研究成果を得た場合には，速やかに相手方に通知するものとする。
2　A社及びB社は，研究成果は原則としてA社B社の共有とすることに合意する。但し，A社又はB社が，相手方から開示を受けた秘密情報並びに相手方から提供された資材，原材料及び設備等によることなく，自ら単独で研究成果を得た場合には，当該研究成果は単独で研究成果を得た当事者に帰属するものとする。
3　A社及びB社は，前項本文に定める共有の研究成果にかかる自己の持分について，協議の上，決定するものとする。但し，協議がなされない場合又は協議が調わない場合にはA社とB社の持分は均等とする。
4　A社及びB社は，本条第２項但し書きに定める単独の研究成果について相手方から実施許諾の希望を受けた場合には，これに応じるものとし，その条件等については両者が別途協議して決定するものとする。

第11条（知的財産権の取扱い）

1　A社及びB社は，本共同研究開発の遂行に関して研究成果に係る発明等が生じた場合には，遅滞なく相手方に対して通知し，その取扱いについて決定するものとする。
2　A社及びB社は，両者が共有する研究成果に係る発明等について，知的財産権（ノウハウを除く）の登録出願及び権利化を行う場合には，両者協議のうえで別途に共同出願契約書を締結し，当該契約において登録出願及び権利化の条件を決定するものとする。
3　A社及びB社は，研究成果に基づく改良，改善等がなされた場合でも，前２項の定めを適用して当該改良，改善等に係る成果を取り扱うものとする。

第12条（研究成果の公表）

1　A社及びB社は，両者共有に係る研究成果を公表しようとするときは，研究成果の公表を行おうとする日の■日前までにその公表内容を書面にて相手方に通知するものとする。
2　前項に基づいて通知を受けた相手方は，当該通知を受けた日から■日以内に公表内容の公表の可否・内容等に関する意見を書面にて公表希望当事者に通知するものとし，以後，A社及びB社は，誠実に協議して公表の内容を定めるとともに，必要に応じて知的財産権の出願等の条件についても定めるものとする。

第13条（研究成果の実施）

A社及びB社は，両者の共有の研究成果が得られたときは，当該研究成果が得られた後速やかにその実施条件について協議して決定するほか，必要に応じて別途研究成果実施契約書を締結するものとする。

第14条（本共同研究開発期間）

1　本共同研究開発の開発期間（「本共同研究開発期間」）及び本契約の有効期間は，本契約第９条及び第15条によって中止又は終了されない限り，■■年■月■日から■■年■月■日までとする。但し，両当事者は，書面による合意によって本共同研究開発期間を延長することができる。
2　本契約の終了又は中止にかかわらず，本契約の第５条４項，第６条，第10条，第11条，第12条，第16条，第17条，第19条の各規定は本契約の終了又は中止後もなお有効に存続するものとする。

第15条（本契約の解除）

A社又はB社は，相手方が以下の各号のいずれかに該当するときは，本契約を解除することができる。

①　本契約に違反し，相当期間を定めた違反是正の催告を受けた後も，当該相当期間内に違反を是正しないとき
②　監督官庁から営業停止又は営業取消の処分を受けたとき
③　差押，仮差押，仮処分，強制執行，担保権の実行としての競売，租税滞納処分その他これに準じる手続が開始されたとき
④　破産手続開始又は民事再生手続，会社更生手続開始の申立ての事実が生じたとき

⑤　手形交換所から手形不渡り処分を受け，金融機関から取引停止処分を受け，又は支払停止状態に陥ったとき
⑥　解散の決議又は他の会社との合併を行ったとき

第16条（契約終了・中止時の措置）

Ａ社及びＢ社は，本共同研究開発が終了又は中止された場合には，以下の各号の取決めを行うものとする。
①　終了又は中止時点における研究成果について検証・評価の上，取扱いの決定
②　相手方より開示された秘密情報，資材，原材料及び設備等の返還又は破棄（但し，本契約第５条４項に準じるものとする）
③　終了又は中止時点における費用の精算

第17条（損害賠償責任）

Ａ社及びＢ社は，本契約に違反して相手方に損害を与えたときは，当該違反によって相手方に発生した損害を賠償する責任を負う。

第18条（権利義務の譲渡禁止）

Ａ社及びＢ社は，事前に相手方の書面による承諾を得ることなく，本契約に定める自己の権利又は義務を第三者に譲渡してはならない。

第19条（準拠法及び専属的合意管轄裁判所）

本契約に関する準拠法は日本法とし，本契約は日本法に則って解釈されるものとする。本契約の成立，内容及び解釈に関して紛争が生じたときは，■■地方裁判所を第一審の専属的合意管轄裁判所とする。

第20条（協議）

本契約に定めのない事項又は本契約の条項の解釈若しくは運用に疑義を生じたときは，両者が誠実に協議の上，これを処理及び解決するものとする。

本契約の成立を証するため，本書２通を作成し，両者記名捺印の上，各自１通を保有する。

〇〇年〇月〇日

A社

B社

書式5　共同研究開発契約書（英文）

JOINT RESEARCH AND DEVELOPMENT AGREEMENT

This JOINT RESEARCH AND DEVELOPMENT AGREEMENT (this "Agreement") is made and entered into as of MM DD, YYYY (the "Effective Date") by and between ABC Corporation, a corporation duly organized and existing under the laws of ______, having its principal office at __________ ("ABC"), and XYZ Corporation, a corporation duly organized and existing under the laws of Japan, having its principal office at ______, Japan ("XYZ"). The Parties hereto are hereinafter collectively referred to as the "Parties" and individually as a "Party".

RECITALS

WHEREAS, ABC is the owner of patents, technologies and know-how regarding [Content of Technology], and wishes to jointly conduct development of the Products and the Parts (defined below) with XYZ; and

WHEREAS, XYZ is the owner of patents, technologies and know-how regarding [Content of Technology], and wishes to jointly conduct development of the Products and the Parts (defined below) with ABC.

NOW, THERFORE, the Parties hereto agree as follows:

Article 1. Purpose of this Agreement

The purpose of this Agreement is to set forth the terms and conditions under which the Parties agree to jointly conduct the development (the "Joint Development") of _________ (the "Products") and the _________ which are to be incorporated into the Products (the "Parts").

Article 2. Roles of the Parties in Performing the Joint Development

2.1　Each Party shall be responsible for performing the following roles in relation to the Joint Development:

(1) Roles of ABC:
(a) to determine and provide XYZ with technical information including the specifications of the Products;
(b) to test and evaluate the Parts which are incorporated into the Products;
(c) to provide XYZ with a written report on the test and evaluation results/analysis of the Parts and the Products; and
(d) to develop and complete the Products and their specifications.

(2) Roles of XYZ:
(a) to design and provide ABC with the specifications of the Parts;
(b) to manufacture (on a sample basis) the Parts; and
(c) to revise and complete the Parts and their specifications.

2.2 Neither Party shall subcontract any part or all of its roles in the Joint Development set forth in Article 2.1 hereof to a third party without the prior written consent of the other Party. In case either Party subcontracts after obtaining the written consent of the other Party in accordance with the preceding sentence, such subcontracting Party shall impose on such third party the same obligations it owes hereunder, and shall be jointly and severally liable for any and all breaches by such third party of its obligations.

Article 3. Joint Development Schedule

3.1 The schedule of the Joint Development shall be mutually agreed upon by the Parties (hereinafter referred to as the "Development Schedule"), as more particularly set forth in Exhibit A attached hereto.

3.2 The Development Schedule may be modified in the event that each Party proposes, along with reasonably grounds for its necessity, a modification of the Development Schedule. In such case, both Parties shall consult with each other in good faith and mutually agree to the modification of the Development Schedule. Any modification to the Development Schedule shall only be effective when reduced to writing and signed by a duly authorized representative of each Party.

Article 4. Term of the Joint Development

The term of the Joint Development shall be from [MM DD, YYYY] to [MM DD, YYYY], and may be extended by mutual written agreement of the Parties.

Article 5. Costs of the Joint Development

Each Party shall bear the costs incurred by it through its performance of its roles defined in Article 2.1 as part of the Joint Development, and shall not be obligated to bear any costs incurred by the other Party in performing the other Party's roles in the Joint Development.

Article 6. Report of Progress of the Joint Development

Each Party shall report to the other Party on the progress of each Party's development work in writing in English at least on a monthly basis and at times reasonably requested by the other Party. Each Party shall also report to the other Party if such Party finds any issue with its development work which may be considered to cause a delay or difficulty in carrying out its development work. In case such event occurs, both Parties shall discuss the fastest possible solution to such issue.

Article 7. Information Exchange

7.1 The Parties shall exchange with each other the technical information and/or data necessary to ensure the effective performance of the Joint Development. If either Party is reasonably requested by the other Party to disclose any such technical information and/or data, such Party shall not unreasonably reject such request.

7.2 If either Party becomes aware of the existence of a third party's intellectual property right which may become an obstacle to conducting the Joint Development, such Party shall promptly inform the other Party of the existence of such intellectual property right and the Parties shall consult with each other in good faith and determine the necessary action to be taken.

Article 8. Ownership of Results of the Joint Development

Ownership of the Joint Development results, including any invention, idea, design, copyrightable work, know-how or other intellectual property created in the course of the Joint Development (all of which are collectively referred to herein as the "Results") shall vest in the Parties as follows:

(1) If the Results are created or conceived solely by inventor(s), designer(s) or creator(s) ("Inventors") of ABC or XYZ, then they shall be owned by the Party to whom such Inventor(s) belong ("Sole Results") ; or

(2) If the Results are created or conceived jointly by Inventors belonging to both Parties, they shall be jointly owned by the Parties ("Joint Results").

Article 9. Patent Applications

9.1 The Parties shall consult with each other in respect of any application for registration of a patent, utility model or design based on the Joint Results ("Invention") pursuant to Article 8(2) and maintenance of any and all patents, utility models and designs issued on or registered from such applications, to ensure that such rights can be effectively secured and maintained.

9.2 Application for any patent, utility model or design based on the Joint Results as set forth in Article 9.1 may be filed by mutual agreement of the Parties in any country and the details of any such application, including the list of countries where the right of protection is sought, shall be discussed and determined by the Parties before the filing. Article 9.1 hereof shall apply with respect to the application in such country.

9.3 The Parties shall bear any expenses for applications and procedures as set forth in Article 9.1 hereof as well as for applications in any country as set forth in Article 9.2, in proportion to their respective ratio of ownership in such Joint Results.

Article 10. Use and Practice of Joint Development Results

10.1 Either Party may use and practice (including the right to have made) any of the Results, subject to the following conditions:

(a) In case of Sole Results owned by one Party (the "Owning Party"), the Owning Party grants to the other Party a non-exclusive license to use and practice such Sole Results upon request of the other Party;

(b) In case of Joint Results, each Party has the right to use and practice the Joint Results without restriction, provided, however, that each Party shall not use or practice the Joint Results for any purpose other than for the purpose of making, selling, or offering for sale the Parts and/or the Products; and

(c) The detailed terms and conditions of use and practice of Sole Results as set forth in the foregoing paragraph (a) shall be separately discussed and determined by the Parties.

10.2 Neither Party shall, in whole or in part, license, assign or encumber any Joint Results to a third party without the prior written consent of the other Party.

Article 11. Confidentiality

11.1 All tangible and intangible forms of information disclosed by a discloser ("Discloser"), including, but not limited to, data, know-how, processes, improvements, designs, devices, information concerning coating materials, test results, plans, drawings, product specifications, parameters, reports, customer names, pricing information, production information, sales information, application information, inventions and ideas, shall be deemed "Confidential Information" if (1) in the case of a written disclosure, Discloser marks the document "Confidential" or other similar words, (2) in the case of an oral or visual disclosure, Discloser makes a contemporaneous oral statement or delivers to the recipient ("Recipient") a written statement within thirty (30) days to the effect that such disclosure is confidential, or (3) the information is such that a person using reasonable judgment given the circumstances would understand that such information is confidential.

11.2 Recipient shall (1) not use any Confidential Information for any purpose other than the implementation of this Agreement, and (2) keep Discloser's Confidential Information strictly confidential and not disclose the same to any third party other than its directors, officers, employees and consultants who have a need to know the same in order to accomplish the purpose of this Agreement, provided that Recipient shall cause such directors, officers, employees and consultants to comply with the confidentiality and non-use obligations under this Agreement during or after their employment or period of service. Recipient shall have joint and several liability with them for any loss and damage suffered by Discloser arising from their unauthorized disclosure of any Confidential Information of Discloser.

11.3 The aforesaid confidentiality and non-use obligations do not apply to information, which:

(1) is in Recipient's possession prior to its disclosure by Discloser;

(2) is or becomes publicly available without the fault of Recipient;

(3) is lawfully received without restriction by Recipient from a third party having no obligation of confidentiality to Discloser;

(4) is independently developed by Recipient without the use of Discloser's Confidential Information; or

(5) is required to be disclosed by law, an order of any governmental authority or rule of a stock exchange, provided that prior to such disclosure, Recipient shall notify Discloser in advance to provide such Party a reasonable opportunity to take the necessary measures to prevent or otherwise limit such disclosure, and in any event, disclose only the information necessary to comply with such law, order or rule under conditions that will ensure the confidential treatment thereof.

Article 12. Limitation of Joint Development with Third Parties

Neither Party shall conduct joint development with any third party in respect of the Parts and/or the Products without the prior written consent of the other Party during the term of this Agreement.

Article 13. Term

13.1 Unless earlier terminated pursuant to Article 14, this Agreement shall, notwithstanding the date of execution, be effective for the period of the Joint Development as set forth in Article 4 hereof.

13.2 Notwithstanding Article 13.1, the provisions of Articles ____ hereof shall survive the termination or expiration of this Agreement.

Article 14. Termination

14.1 Each Party may immediately terminate this Agreement without notice to the other Party if any of the following events occurs on the part of the other Party:

(1) if the properties and/or rights of a Party are subjected to attachment, provisional attachment, petition for auction, foreclosure, attachment resulting from delinquency in the payment of public charges or any remainder thereof, or any other similar proceeding;

(2) insolvency or petition to commence the procedure for bankruptcy, civil rehabilitation, corporate reorganization, corporate rehabilitation, or any other similar procedure;

(3) report of dishonor or suspension of transactions from a clearing house;

(4) order by a governmental authority for closure or suspension of the business; or

(5) a resolution is passed for the suspension of operations, or dissolution.

14.2 Either Party may terminate this Agreement upon prior thirty (30) days' written notice to the other Party if any one of the following events occurs to the other Party:

(1) breach of any provision of this Agreement; or

(2) any act of disloyalty or misconduct such as infringement of the rights of the other Party.

14.3 Termination of this Agreement under this article shall not preclude the terminating Party from claiming damages against the other for breach of this Agreement.

Article 15. Arbitration

Any and all disputes that may arise out of or in relation to this Agreement shall be amicably settled by ABC and XYZ in good faith. If any such dispute cannot be settled within a period of sixty (60) days (or any other period agreed upon by the Parties in writing), it shall be exclusively and finally settled by arbitration in____, Japan in accordance with the Arbitration Rules of ______ Arbitration Association. The arbitration shall be conducted by one (1) arbitrator. The award shall be final and binding upon both Parties. Arbitration expenses shall be borne by the Party that loses the case, unless otherwise decided by the arbitrator. During arbitration, both Parties shall perform their obligations in accordance with this Agreement except for the matters related to or subject of the arbitration.

Article 16. Force Majeure

Either ABC or XYZ shall, in the case of any force majeure, including natural disaster, fire, flood, strike, war, blockade, civil war, riot or any other event beyond the reasonable control of such Party, immediately notify the other Party, and be relieved from liability for default or delay in the performance of its obligations hereunder, and such default or delay shall not be deemed a breach of this Agreement; provided, however, the Party affected shall have used all reasonable diligence to avoid such force majeure and ameliorate or mitigate its effects, and shall continue to take all actions within its power to comply as fully as reasonably possible with the terms of this Agreement.

Article 17. Severability

In case any provision of this Agreement is or becomes ineffective, invalid or unenforceable, such shall not affect the remaining provisions hereof. The ineffective, invalid or unenforceable provision shall be replaced by a legally valid and enforceable provision, which is as close as possible to the will and intended purpose of the invalid and/or unenforceable provision and/or the will and intended purpose of the Parties. The same shall apply accordingly in case of omissions and/or ambiguities or discrepancies.

Article 18. Assignment

Each Party shall not assign to any third party all or a part of its rights, interests or obligations under this Agreement during or after the term of this Agreement without the prior written approval of the other Party. Any assignment in breach of this article shall be void and of no effect.

Article 19. Amendment and Waiver

Any provision of this Agreement may be amended or waived only if such amendment or waiver is in writing and signed by both of the Parties. Any amendment or waiver in accordance herewith shall be binding on the Parties, including their successors and permitted assigns.

Article 20. Governing Law

This Agreement shall be governed by and construed under the laws of Japan, without reference to its conflict of law principles.

Article 21. Notice

All notices and other communications between ABC and XYZ shall be made in writing in the English language and sent by personal delivery, registered post with return receipt, special courier, or fax transmission/email to the addresses indicated below or to such other addresses as the Parties may from time to time designate in writing. Any Party may change its address for notices upon prior ten (10)-days' written notice to the other Party.

if to ABC:
ABC Corporation.
____
Attention: [●]
Fax: [●]
Email: [●]

if to XYZ:
XYZ Corporation
Attention: [●]
Fax: [●]
Email: [●]

Any notice or other communication sent shall be deemed received, (1) if sent by personal delivery, on the date it is delivered, (2) if sent by facsimile/email, at the time such facsimile/email is transmitted and the appropriate confirmation is received (or, if such time is not during normal business hours, at the beginning of the following business day), or (3) if sent by registered mail or special courier, when delivered at the applicable address specified above.

Article 22. Export Control

Each Party shall be responsible for its compliance with all export laws and regulations applicable to the performance of its obligations hereunder. Such compliance shall include, but not be limited to, obtaining all necessary approvals and licenses from relevant governmental authorities required to export or re-export hardware, software and technology, including data and technical services. Each Party shall cooperate with the other Party as necessary to obtain any such approval or license.

Article 23. Consultation

Any doubt in connection with or any item not provided in this Agreement shall be settled by consultation between ABC and XYZ.
IN WITNESS WHEREOF, this Agreement has been executed in duplicate as of the Effective Date, and each Party has kept one (1) copy.

ABC: ABC Corporation

By____________________________
Name:
Title:

XYZ: XYZ Corporation

By____________________________
Name:
Title:

（和訳）

共同研究開発契約書

本共同研究開発契約（「本契約」）は，______の法律に基づいて適式に設立され，現存し，______にて主たる事業所を有するABC Corporation（「ABC」）と，日本法に基づいて適式に設立され，現存し，日本国の______にて主たる事業所を有するXYZ Corporation（「XYZ」）との間で［月／日／年］（「締結日」）にて締結される。

両当事者は，以下，総称して「当事者ら」として，個別に「当事者」と称する。

前　文

ABCは，［技術内容］に関する特許，技術及びノウハウの所有者であり，XYZとの間で本製品及び本部品（後に定義される）の開発を共同で行うことを希望している。

XYZは，［技術の内容］に関する特許，技術及びノウハウの所有者であり，ABCとの間で本製品及び本部品（後に定義される）の開発を共同で行うことを希望している。

そこで，当事者らは，本契約において以下のとおり合意する。

第１条　本契約の目的

本契約の目的は，当事者が______（「本製品」）及び本製品に組み込まれる______（「本部品」）の開発を共同で遂行することについての条件を定めるものである。

第２条　共同開発を実施する当事者の役割

2.1　各当事者は，共同開発に関連して，次の役割を果たすことについて責任を負う。

(1)　ABCの役割：

(a)　本製品の仕様を含む技術情報を決定し，XYZに提供すること
(b)　本製品に組み込まれている本部品をテスト及び評価すること
(c)　本部品及び本製品のテスト及び評価結果／分析に関する書類レポートをXYZに提供すること，及び
(d)　本製品及びその仕様を開発及び完成すること

(2)　XYZの役割：

(a)　本部品の仕様を設計してABCに提供すること
(b)　（サンプルベースにて）本部品を製造すること，及び

(c) 本部品及びその仕様を修正して完成させること

2.2 いずれの当事者も，相手方当事者の事前の書面の同意を得ることなく第三者に対して本契約第2.1条に定められた共同開発のいかなる一部又はすべての役割をも外注してはならない。いずれかの当事者が前文に則って相手方当事者の書面承諾を得たうえで外注をする場合には，当該当事者は，当該当事者が本契約において負っているのと同じ義務を当該第三者（外注先）に義務付けなければならず，かつ，当該第三者（外注先）のいかなるかつすべての義務違反について連帯して責任を負うものとする。

第３条　共同開発スケジュール

3.1 共同開発のスケジュール（以下「開発スケジュール」と称される）は，当事者によって相互に合意されるものとし，より具体的には別紙Aにて定められる。

3.2 いずれかの当事者がその必要性についての合理的根拠を以て開発スケジュールの修正を提案したときは，開発スケジュールは修正される。この場合，当事者らは開発スケジュールの修正について，相互に誠実に協議を行い，合意する。開発スケジュールのいかなる修正も，書面化されるとともに各当事者の適式な権限を有する代表者によって署名された場合にのみ有効となる。

第４条　共同開発期間

共同開発の期間は，[月/日/年] から [月/日/年] とし，当事者の相互の書面による合意により延長することができる。

第５条　共同開発の費用

各当事者は，共同開発において，本契約第2.1条に定義される自己の役割の遂行を通して負担した費用を負担しなければならない。各当事者は，共同開発における相手方当事者の役割遂行について相手方当事者によって支出された費用を負担する義務を負わない。

第６条　共同開発進捗報告

各当事者は，各当事者の開発作業の進捗に関し，少なくとも月次ベースで，かつ，相手方当事者によって合理的に要求された場合にはその都度，英語作成書面で相手方当事者に報告しなければならない。各当事者はまた，当該当事者が自己の開発作業を遂行する際に遅延又は困難性を生じるであろうと考えられる開発作業に関するいかなる問題を発見したときは相手方当事者に報告しなければならない。当該事象が生じた場合には，当事者らは当該問題の早期かつありうる解決策について討議するものとする。

第７条　情報交換

7.1　当事者は，共同開発の効率的な遂行を確保するために必要な技術情報及び/又はデータを相互に交換しなければならない。いずれか当事者が他の当事者からそのような技術情報及び/又はデータの開示を合理的に要求された場合，当該当事者は当該要求を不合理に拒否してはならない。

7.2　いずれかの当事者が共同開発を行うのに障害となりうる第三者の知的財産権の存在に気づいた場合，当該当事者は，そのような知的財産権の存在を相手方当事者に速やかに通知しなければならないものとし，当事者らは，誠意をもって相互に協議し，とるべき必要な措置を決定する。

第８条　共同開発の本成果の所有権

共同開発の過程で生じた発明，アイデア，デザイン，著作権の保護対象となる創作，ノウハウ，又はその他の知的財産を含む共同開発の結果の所有権（以下，これらすべてをまとめて「本成果」という。）は次のとおり，当事者に帰属するものとする：

⑴　本成果がABC又はXYZの発明者，設計者又は創造者（「発明者」）のみによって創造又は着想されたときは，当該本成果は当該発明者が所属する組織によって所有されるものとする（「単独成果」）

⑵　本成果が当事者らに帰属する発明者によって共同で創造又は着想されたときは，当該本成果は当事者らによって共有されるものとする（「共有成果」）

第９条　特許出願

9.1　当事者らは，本契約第８条⑵所定の共有成果に基づいて生じた特許，実用新案又は意匠登録出願並びに当該出願から発行又は登録されたいかなるかつすべての特許，実用新案及び意匠の維持について，それらの権利が有効に確保及び維持されるように相互に協議するものとする。

9.2　本契約第9.1条に定める共有成果に基づいて生じる特許，実用新案又は意匠出願は，当事者の相互の合意によっていかなる国においてもなされることができるものとし，当該出願の詳細（権利保護が求められる国のリストを含む。）は出願前に当事者によって協議され決定されるものとする。本契約第9.1条の定めは当該国の出願に関して適用されるものとする。

9.3　当事者は本契約第9.1条によって定められた出願及び手続並びに第9.2条で定められたいかなる国における出願においてのいかなる費用につき，当該共有成果に関するそれぞれの所有割合に応じて負担する。

第10条　共同開発成果の使用及び実施

10.1　各当事者は以下に定める条件によって本成果を使用及び実施することができる

(a)　一当事者（「所有当事者」）によって所有される単独成果については，所有当事者は，相手方当事者の要請があったときは，相手方当事者に対して当該単独成果を使用及び実施する非独占ライセンスを付与する

(b)　共有成果については，各当事者は制限なく共有成果を使用及び実施権を有する。但し，各当事者は本部品及び／又は本製品を製造，販売及び販売の申出を行う目的以外のいかなる目的においても共有成果を使用又は実施してはならない。

(c)　前記(a)所定の単独成果の使用及び実施に関する契約条件については，当事者間で別途協議のうえ決定する。

10.2　いずれの当事者も相手方当事者の事前の書面同意を得ることなく第三者に対して共有成果の全部又は一部をライセンス，譲渡又は担保提供してはならない。

第11条　機密性

11.1　開示者（「開示者」）によって開示されるすべての有形及び無形の形式における情報（データ，ノウハウ，プロセス，改善，設計，機器，コーティング材料に関する情報，試験結果，計画，図面，本製品，仕様，パラメーター，レポート，顧客名，価格情報，生産情報，販売情報，アプリケーション情報，発明やアイデアを含むがこれらに限定されない）は，(1)書面による開示の場合には開示者がその書面に「秘密」又はその他の類する用語をマークしたとき，(2)口頭又は視覚による開示の場合，開示者が，受領者（「受領者」）に対し，当該開示が秘密でなされたことについて，当該開示と同時期に口頭で言明をし，又は，開示から30日以内に書面の言明をした場合，(3)状況を考慮して使用者が合理的な判断において，そのような情報が秘密情報であると理解するような情報である場合，「秘密情報」とみなされる。

11.2　受領者は，(1)本契約の履行以外の目的で秘密情報を使用しないこと，及び(2)開示者の秘密情報を厳しく機密にし，本契約の目的を達成するために知る必要がある自己の取締役，役員，従業員及びコンサルタント以外の第三者に開示してはならない。但し，受領者は，自己の当該取締役，役員，従業員及びコンサルタントに，雇用期間中又は雇用期間終了後に本契約に基づく守秘義務及び不使用義務を遵守させるものとする。受領者は，開示者の秘密情報の許可されない開示により，開示者が被ったいかなる損失及び損害に対しても，連帯して責任を負うものする。

11.3　前項の秘密保持義務及び不使用義務は，以下の情報には適用されない。

(1)　開示者による開示の前に受領者が保有している情報

(2)　受領者の過失なしに公開され，又は公開された情報

(3)　開示者への秘密保持義務を負わない第三者から受領者によって制限なく合法的に受け取られた情報

(4)　開示者の秘密情報を使用せずに，受領者が独自に開発した情報

(5)　法律，政府機関の命令又は証券取引所規則によって開示を要請されている情報。但し，当該開示に先立って，受領者は開示者に開示者当該開示を防ぎ又は制限するのに必要な措置を講じるための合理的機会を与えるために事前に通知するものとする。かつ，いかなる場合でも，受領者は，秘密情報の秘密措置を確保する条件のもとで，当該法律，命令又は規則を遵守するために必要な情報のみを開示するものとする。

第12条　第三者との共同開発の制限

各当事者は，本契約の期間中，他の当事者の書面による事前の同意なく本部品及び/又は本製品に関して第三者との共同開発を実施してはならない。

第13条　期間

13.1　本契約第14条の規定により早期終了しない限り，本契約は，締結日にかかわらず，本契約第４条に定める共同開発期間中有効である。

13.2　本契約第13条１項にかかわらず，本契約の______の規定は，本契約の終了又は満了後も存続するものとする。

第14条　終了

14.1　次のいずれかの事由が相手方当事者側で発生した場合，各当事者は相手方当事者に通知することなく本契約を直ちに解約することができる。

(1)　当事者の財産及び/又は権利が，差押，仮差押え，競売の申立て，強制執行，公租公課又はその他の債務の支払い遅延から生じる滞納処分，又はその他の類似の手続の対象となった場合

(2)　支払不能又は破産，民事再生，会社更生の申立てその他の類似の手続が開始されたとき

(3)　決済機関から不渡処分又は取引停止の報告を受けたとき

(4)　事業の閉鎖又は停止に関する政府当局による命令がなされたとき

(5)　事業の停止，又は解散について決議が可決されたとき

14.2　次のいずれかの事由が相手方当事者に発生した場合，いずれの当事者も，相手方当事者に30日前までに書面で通知することにより本契約を解除することができる。

(1)　本契約の条項の一に違反した場合

(2)　相手方当事者の権利の侵害を例とする不誠実又は不正行為がなされた場合。

14.3　本条による本契約の終了は，本契約を終了した当事者が相手方当事者に対して本契約の違反について損害賠償請求をすることを妨げない。

第15条　仲裁

本契約から生じる，又は本契約に関連して発生する可能性のあるすべての紛争は，ABC及びXYZによって誠意をもって友好的に解決されるものとする。当該紛争が60日（又は当事者が書面で合意した他のいかなる期間）の期間以内に解決することができない場合，それは排他的かつ最終的に＿＿＿＿＿仲裁協会の仲裁規則に従って，日本での仲裁によって解決されるものとする。仲裁は１人の仲裁人によって行われるものとする。この決定は最終的なもので，当事者らを拘束するものとする。仲裁人が別段の決定をしない限り，仲裁費用は，敗訴した当事者が負担するものとする。仲裁中であっても，当事者らは，仲裁に関連する事項又は仲裁の対象となる事項を除き，本契約に従って自らの義務を履行するものとする。

第16条　不可抗力

ABC又はXYZのいずれかが，自然災害，火災，洪水，ストライキ，戦争，封鎖，

内戦，暴動又はそのような当事者の合理的な支配を超えた他の事象を含む不可抗力の場合には，直ちに相手方当事者に通知するものとし，本契約に基づく義務の履行の不履行又は遅延に対する責任から解放され，そのような不履行又は遅延は本契約の違反とはみなされない。但し，影響を受ける当事者は，そのような不可抗力を回避し，その影響を軽減又は軽減するためにあらゆる合理的な努力を払い，本契約の条件を合理的に可能な限り遵守するためにすべての措置を講じ続けなければならない。

第17条　可分性

本契約のいずれかの条項が無効，又は執行不能となった場合，その条項が本契約のその他の条項に影響を及ぼすことはない。無効，又は執行不能条項は，無効及び/又は執行不能条項の意思及び意図された目的及び/又は当事者の意思及び意図された目的にできるだけ近い法的に有効かつ執行可能な条項に置き換えられるものとする。本条の規定は，本契約の内容に省略，あいまいさ，又は矛盾がある場合も同様に適用される。

第18条　譲渡

各当事者は，相手方当事者の書面による事前の承認なしに，本契約の期間中又は期間終了後に，本契約に基づく権利，利益又は義務の全部又は一部を第三者に譲渡してはならない。本条項に違反する譲渡は，無効であり，効力を有さない。

第19条　修正及び権利放棄

本契約の条項は当該修正又は放棄が書面化され，署名された場合にのみ修正又は放棄が可能である。本契約に則ってなされた修正又は放棄は当事者及びその承継人をも拘束する。

第20条　準拠法

本契約は，抵触法の原則にかかわらず，日本法に準拠して解釈される。

第21条　通知

ABCとXYZ間のすべての通知及びその他の連絡は英語書面で行われ，手渡し，受領書付きの配達証明郵便，特別な宅配便，又はFAXの送信/電子メールにて当事者が都度書面にて指定する以下のアドレス又はその他のアドレスになされるものとする。

いずれの当事者も，相手方当事者に対して10日前の書面通知によってアドレスを変更することができる。

ABCへの場合：
ABC Corporation
―――――――――――
担当者：[●]
ファックス：[●]
Eメール：[●]

XYZの場合：
XYZ Corporation
担当者：[●]
ファックス：[●]
Eメール：[●]

(1)手渡しで送付される場合には，配達された日に，(2)ファクシミリ/Eメールで送付された場合，そのようなファクシミリ/Eメールが送信された時点で，適切な確認がなされた（又は，そのような時間が通常の営業時間内でない場合は，翌営業日の初めに），又は(3)書留郵便又は特別な宅配便で送付される場合は，上記で指定された該当する住所に配達される場合に，通知又は伝達がなされたものとみなす。

第22条　輸出管理

各当事者は，本契約に基づく義務の履行に適用されるすべての輸出法規制の遵守に対して責任を負うものとする。この遵守には，データ及び技術サービスを含む，ハードウェア，ソフトウェア及び技術の輸出又は再輸出に必要なすべての必要な承認及びライセンスについて関連する政府当局から取得することが含まれる。各当事者は，そのような承認又は許可を得るために必要に応じて相手方当事者と協力するものとする。

第23条　協議

本契約に関連する疑義又は規定されていない事項は，ABCとXYZの間の協議により解決されるものとする。

本契約締結の証拠として，本契約は締結日にて２通を作成し，各当事者は１部の写しを補完する。

ABC：ABC Corporation

によって______________________
名：
タイトル：

XYZ：XYZ Corporation

によって______________________
名：
タイトル

書式6 共同出願契約書

共同出願契約書

A株式会社（以下「A社」という。）とB株式会社（以下「B社」という。）は，A社とB社が■■年■月■日付けで締結した共同研究開発契約に定める本共同研究開発に関して得られた研究成果のうち，A社及びB社の共有の研究成果にかかる本発明（定義は本契約第1条のとおり）について共同出願することに関し，以下のとおり本契約を締結する。

第1条（本発明）

A社及びB社は，本契約に基づいて共同出願する本発明を下記のとおり特定することに合意する。

記

発明の名称：■■■■
A社の発明管理番号：■■■■
B社の発明管理番号：■■■■

第2条（権利の持分）

本発明について，特許を受ける権利及び本発明に基づき得られる特許権（以下「本特許権」という。）は，A社及びB社の共有とし，その持分はA社が■%，B社が■%とする。

第3条（出願及び登録手続）

1　本発明に係る特許出願（以下「本特許出願」という。）及び本発明に基づき得られる特許権の設定登録に関する手続は，A社が担当する。ただし，本特許出願に関する出願審査請求，拒絶理由通知及び拒絶査定への対応を含め，A社及びB社が協議のうえで手続をすることが適当と認められる事項については，A社及びB社は事前に協議を行うものとする。

2　A社は，前項本文に定める手続の経過につき，その都度遅滞なくB社に報告する。

第４条（費用）

前条に定める手続に要する費用（弁理士費用を含む。），本特許権に係る特許料及び本特許権の取得維持に関する諸費用は，本契約第２条の持分割合に応じてA社及びB社が負担する。

第５条（外国出願等）

1　本発明について，外国において特許権その他の産業財産権を出願する場合には，その取扱いについて，A社及びB社が協議のうえ決定する。
2　本発明について，本特許出願を先の出願とする国内優先権を主張して出願する場合，及び，本特許出願を原出願として分割出願をする場合その他本特許出願に基づく出願を行う場合には，その取扱いについてA社及びB社は協議のうえ決定する。

第６条（実施）

1　A社は，■■分野向けの製品を製造，販売，輸出，輸入，販売の申出及び使用を目的（以下「本件目的」という。）として，本発明を実施（第三者に対する委託による実施を含む。）することができる。但し，A社は，本件目的の範囲外で本発明を実施する場合には，B社の事前の書面による承諾を得なければならない。
2　B社は，■■分野向けの製品以外の製品を製造，販売，輸出，輸入，販売の申出及び使用を目的として，本発明を実施（第三者に対する委託による実施を含む。）することができる。但し，B社は，本項前文の目的の範囲外で本発明を実施してはならない。

第７条（第三者に対する権利譲渡及び実施権許諾）

1　A社及びB社は，相手方の事前の書面による承諾を得ない限り，本特許権の全部又は一部を第三者に譲渡し，又は，本特許権について第三者に実施権を許諾してはならない。
2　A社及びB社は，前項に定める相手方の承諾を得て第三者に対して本特許権について実施許諾をしたときは，当該許諾によって得られる実施料その他の対価について協議の上でその分配について決定する。

第８条（職務発明に関する取扱い）

1　A社及びB社は，本発明に関して特許を受ける権利を特許法第35条に基づいて適法に取得又は承継を受けるために，本発明についての発明者に対して必要かつ適切な措置を講じるものとする。

2　A社及びB社は，本発明について，特許法第35条に基づき本発明についての発明者に対して付与すべき対価又は利益について，それぞれ自己に所属する発明者に対して付与する責任を負うものとする。

第９条（第三者との紛争）

A社及びB社は，本特許権に関して，第三者から異議申し立て，審判請求又は訴訟提起をされた場合，速やかにその旨を相手方に通知するとともに，相互に協力してこれに対処するものとする。本条前文に定める対処を行う際に，本特許権に関する訂正審判を含めて権利の取得及び維持を図るために必要な措置を講じるときは，相互に協力するものとし，合理的根拠なく必要な措置を講じることについて同意を拒んではならない。

第10条（権利侵害）

A社及びB社は，本特許権を第三者が侵害した場合には，相互に協力してその侵害の排除措置を講じるものとする。なお，当該費用の負担については，A社及びB社は協議して定める。

第11条（改良発明）

A社及びB社は，本発明に関する改良発明等が生じたときは，速やかにその内容を相手方に通知し，その取扱いについて協議の上，決定するものとする。

第12条（秘密保持）

A社及びB社は，本発明の内容を事前に相手方の書面による承諾を得ることなく，本発明が出願公開されるまでの間，第三者に開示してはならない。

第13条（有効期間）

本契約の有効期間は，本契約の締結日から本発明に関する本特許権の存続期間満了日（権利が複数ある場合には，最も存続期間の遅い権利を意味する。本条において以下同じ。）までとする。但し，次の各号に該当するときは，本契約は当該日をもって終了するものとする。

⑴　本特許権の出願について拒絶をすべき旨の査定若しくは審決が確定したとき
⑵　本特許権の無効の審決が確定したとき
⑶　本特許権の出願が取り下げ又は却下されたとき
⑷　登録料及び特許料の不納等によって本特許権が消滅したとき

第14条（準拠法及び専属的合意管轄裁判所）

本契約に関する準拠法は日本法とし，本契約は日本法に則って解釈されるものとする。本契約の成立，内容及び解釈に関して紛争が生じたときは，■■地方裁判所を第一審の専属的合意管轄裁判所とする。

第15条（協議）

本契約に定めのない事項又は本契約の条項の解釈若しくは運用に疑義を生じたときは，両者が誠実に協議の上，これを処理及び解決するものとする。

本契約の成立を証するため，本書２通を作成し，両者記名捺印の上，各自１通を保有する。

〇〇年〇月〇日

A社

B社

索　引

〔著者紹介〕

重冨　貴光（しげとみ・たかみつ）

弁護士法人大江橋法律事務所パートナー

弁護士・弁理士・ニューヨーク州弁護士。1997年大阪大学法学部卒業，1999年弁護士登録。2003年６月University of Washington School of Law卒業（IP LL.M.）後，2004年までFish & Richardson P.C.（NewYork），Bardehle Pagenberg Dost Altenburg Geissler（Munich）にて勤務。2005年ニューヨーク州弁護士登録。2005年弁理士登録。主な取扱分野は，知的財産権（特許・商標・著作権・意匠・不正競争防止法）に関する紛争解決，ライセンス・共同研究開発などの知的財産取引，国際取引，国際紛争解決（訴訟・仲裁），企業法務全般。

酒匂　景範（さこう・かげのり）

弁護士法人大江橋法律事務所パートナー

弁護士・ニューヨーク州弁護士。2001年京都大学法学部卒業，2002年弁護士登録。2009年UC Berkeley School of Law卒業（LL.M.）後，2010年までWeil, Gotshal & Manges LLP（Silicon Valley office）にて勤務。2010年ニューヨーク州弁護士登録。2016年公認不正検査士登録。主な取扱分野は，独占禁止法，国内・国際紛争解決（訴訟・交渉），コンプライアンス（危機管理・不正調査），企業再編・M&A等。

古庄　俊哉（ふるしょう・としや）

弁護士法人大江橋法律事務所パートナー

弁護士・弁理士・ニューヨーク州弁護士。2004年京都大学法学部卒業，2006年弁護士登録。2011年 University of Washington, Center for Advanced Study & Research on Intellectual Property 主催 Patent and Intellectual Property Law and Practice Summer Institute 修了，2012年 University of Washington School of Law 卒業（IP LL.M.），2013年ニューヨーク州弁護士登録。2015年弁理士登録。主な取扱分野は，特許，商標，ノウハウ等の知的財産に関する紛争解決，ライセンス・共同研究開発などの知的財産取引，企業法務全般。

共同研究開発契約の法務（第２版）

2019年11月10日　第１版第１刷発行
2021年10月30日　第１版第５刷発行
2022年９月15日　第２版第１刷発行
2024年11月30日　第２版第３刷発行

著　者　重冨貴光
酒匂景範
古庄俊哉

発行者　山本　継
発行所　㈱中央経済社
発売元　㈱中央経済グループパブリッシング

〒101-0051　東京都千代田区神田神保町１－35
電話　03（3293）3371（編集代表）
03（3293）3381（営業代表）
https://www.chuokeizai.co.jp
印刷／㈱堀内印刷所
製本／㈲井上製本所

ISBN978-4-502-44241-4　C3032